英国メディア史

小林恭子
Kobayashi Ginko

Cs
004

中公選書

英国メディア史——目次

第4章　放送メディアが産声上げる（19世紀末―第2次世界大戦終了）

巻末資料

本書に関連する事項の経過表

英国メディア史

本文ＤＴＰ／今井明子

はじめに

まずはロンドンの地下鉄の話である。乗って見ると、東京の地下鉄と比べて車両内部がやや小ぶりである。どことなく窮屈そうに座席に腰掛ける乗客たち。ふと気づくと、携帯電話の画面を見ている人と同じぐらい、新聞を手にしている人が多い。一通り紙面に目を走らせた後、座席に読みかけの新聞を置いて、下車してゆく。他人が読んだ新聞をまた拾って読み出す人も同じぐらいいる。

「英国はずい分と新聞好きが多いなあ……。」２００２年、新聞離れの国、日本から英国にやってきた私は、電車内で新聞を広げる英国人の姿を見ていたく感心したものである。

実は、英国でも、米国そして日本同様、新聞の発行部数は低下の一途をたどっている。それでも、毎朝、駅構内の新聞スタンドに無料朝刊紙「メトロ」がうず高くつまれており、これを１部手にとって電車に乗る人が多い。帰りにはこれも無料の「ロンドン・イブニング・スタンダード」でその日のニュースが読める。電車に揺られながら新聞を読む、これが長年のロンドン近辺在住者・通勤者の習慣になっているのだ。携帯電話でネットを見たり、最新ニュースをチェックする人が増えているとはいえ、なかなか古い習慣も捨てがたいもののようだ。

私も新聞を手にとって見た。一口に「新聞」とは言っても、何だか日本の場合とはずい分違うことが分ってきた。例えば英国最大の日刊紙「サン」を開くと、3ページ目にはほとんど裸同然の女性がこちらに向かってにっこりと微笑みかけている。ここで驚いて捨ててしまうわけにはいかない。言葉遊びを用いた1面の見出しはその時々の国民感情をうまくすくい上げており、社会観察の重要な羅針盤になる。また、「サン」がどの政治家、政策を支持しているかで選挙結果に影響があるといわれているため、例えば政治の動向に関心を持つ人にとっては、決して無視できない存在なのだ。

「サン」以外に目を転じれば、保守派の気持ちを代弁する「デイリー・メール」、大企業の不正を暴く記事を頻繁に出す「ガーディアン」、下院議員の灰色経費問題をスクープ報道した「テレグラフ」、社会の少数派の問題を丹念に追う「インディペンデント」など、それぞれの新聞がありとあらゆる主張を声高に訴えている──「中立」とか「不偏不党」とか、そういうしがらみは全くなしで、好き勝手なことを好き勝手に書いているようである。

日本にいた時は、新聞と言えば社会の公器であり、公平・公正・中立でなければならない、事実の間違いは絶対にあってはならない──そんな「べき」論で凝り固まっていた私にとって、「何でもあり」の英国の新聞はかなり新鮮だった。

毎日、英国の新聞のページをめくっている内に、世界には米国、中国、韓国、北朝鮮ばかりではなく、中東もアフリカも中南米もあることが改めて実感できた。その国によって世界観が異なるから、メディアに頻繁に登場する国の範囲も変わってくる。
「他者の視線」で日本を外から見れば、また違った面が見えて来る。例えば、「世界にこんな制度は他にない」とよく日本で批判される記者クラブ制度。しかし、英国には19世紀に端を発するロビー記者制度（議会内の「メンバーズ・ロビー」に立ち入ることが許されたことから、この名がついた）がある。現在では記者の名前が議会のウェブサイトに掲載されているほどオープン化したが、かつては家族にも自分がロビー記者の1人であることを言ってはならないとされるほど、秘密に包まれた存在だった。現在でも、政治家に優先的に取材する権利を持ち、オフレコでの情報もふんだんに持つ特権記者たちだ。

また、英国は日本の格差社会論が色あせて見えるほど、女王を頂点にする階級制度がいまだ強く残る国である。階級も、肌の色も、考え方も、人はいろいろと異なるものだ――これが日々の生活を通しての実感だった。こうした社会の現実を反映するのが英国のメディアである。議論百出の中で、何が正しくて、何が正しくないのか、それを判断するのは自分自身だということも教えてくれる。

テレビをつければ、BBCがある。ニュースからドラマまで幅広い番組を放映している。見逃した番組を好きなときに視聴できるサービスが無料で利用できるので、決められた時間にテレビの前に座っている必要はなくなった。

本書では、多彩で面白い英国のメディアの創成から現在までを、その時代を代表するようなエピソードを通してつづってみた。歴史とメディアの移り変わりという2本の流れがすっと頭に入ってくるように書いたつもりである。最初から読んでいただいても、関心をお持ちの時代から読んでいただいても、興味深い話が見つかる……となることを願っている。電車の中で、あるいはゆったりした椅子に座って、あるいは寝転がって読んでいただけると幸いに思う。寝転がって本を読みながら、うとうとし、目が覚めてまた読む――これは私が大好きな読書法の1つである。

さて、話は15世紀にさかのぼる――。

２０１１年9月

ロンドンにて

小林恭子

第1章　英国メディアの始まり

ニュースが生まれるまで（15世紀―17世紀）

初めに、「プレス」ありき

ロンドンに来られたら、是非一度は足を運んでいただきたいのが、ウェストミンスターにある英国議会の建物である。愛称「ビッグ・ベン」で知られる大きな時計台があることでもおなじみだ。

ウェストミンスターの語源は「西」（ウェスト）の「僧院」（ミンスター）で、元々はここに修道院があったことに由来する。議会の建物は「ウェストミンスター宮殿」と呼ばれる場合もある。16世紀まで、王室の住居としても使われていたからだ。

建設が始まったのは11世紀で、その後数世紀にわたる改・増築で、歩いても歩いても横に広がる巨大な建築物となった。実際に目の当たりにすると、とにかく「デカイ」。中には上院、下院の両議場の他に1000を超える部屋がある。階段数は100、通路の長さはのべ4・8キロメートルに上るという。この中で、17世紀には、英国史上初めて国王の処刑を決めた裁判が行われ、第2次世界大戦ではナチスドイツと戦うため、ウィンストン・チャーチル首相が国民を鼓舞する力強い演説を行っている。英国の、そして時には国際社会の動向を変えた決断が、この建物の中で行われた。

議会正面から道路を隔てた真向かいにある緑の芝生「パーラメント広場」（パーラメントは

「議会」の意味）は、市民が様々な抗議活動を行う場所としてもよく知られている。

この広場の一角には、反戦運動家ブライアン・ホーさんの仮の宿があった。ホーさんは2001年から、ここに設置したテントに寝泊まりしながら、世界中の戦争に反対する運動を続けてきた。数々の反戦バッジを付けたヘルメットがトレードマークのホーさんは、議事堂正面をにらみつけるように立ち、「大量殺りくをやめろ」、「イラクやアフガンの子供たちを殺すな」と訴えてきた。

ホーさんは、2011年6月、肺がんを患い、治療を受けていたドイツの病院で亡くなった。没後も、ホーさんが座っていた椅子や仮の宿だったテントが同じ場所に残る。反戦プラカード、ポスター、写真などの展示物も残り、数人の反戦運動家たちが抗議活動を続けている。

数百年前も現在も、政治のメッカ、ウェストミンスターは「熱い」場所だ。そして、実はここは英国メディアの発祥の地でもある。

パーラメント広場の後方に、壮麗なゴシック建築の建物、ウェストミンスター寺院が見える。ここは2011年4月29日、王位継承権順位第2位のウィリアム王子（現エリザベス女王の孫にあたる）とケイト・ミドルトンさんが結婚式を挙げたところとしても、よく知られている。

今から500年以上前、この寺院の境内の一角に英国初の印刷所が開業した。ワイン作りのためのブドウ搾り機をヒントにしたといわれる印刷機（その名も「press」、プレス）を設置したのは、毛織物商人として頂点を極めたビジネスマン、ウィリアム・キャクストン（1422頃—

92年）だ。後に、「プレス」が印刷・出版業、そして新聞メディアの同義語になるのはご存じの通りである。

キャクストンが印刷業に手を染めたのは50代半ば頃。その後、70代半ばで亡くなるまでの約20年間で、現在知られている中では108冊の本の印刷・出版に従事した。その5分の4は英語の本だ。単に誰かの作品を印刷するだけでなく、自分の手で26の作品を英語に翻訳している。当時、英語は英国（ここでは主にイングランド王国、以下イングランド）以外ではほとんど使われない、ローカルな言語だった。自分でコツコツと英訳をして、文学作品を出版したキャクストン。「自分の手で」というあたりに、並々ならぬ熱意が感じられる。

代表的な出版物の1つは「英語の詩人の父」といわれるジェフリー・チョーサー（1340頃－1400年）が書いた『カンタベリー物語』。チョーサーが1387年に書き出した作品（未完）で、キリスト教布教の中心地、英国南部ケント州カンタベリーに向かう巡礼の旅の途中で、巡礼者たちが語る話を集めた形をとる。チョーサーはキャクストンがその作品を愛読した作家の1人で、手書き原本の字体にできる限り似せた字体で、1476年、初版を印刷した。1483年には登場人物の姿を描いた木版画を多数入れた第2版を出版している。

ドイツ西部の都市マインツで生まれたヨハネス・グーテンベルク（1398年頃－1468年）が、羅針盤、火薬とともに「ルネサンス期の3大発明」と後に呼ばれる活版印刷を発明したのは1440年代前後。活版印刷の技術はその後ドイツから欧州全域に広がってゆく。

グーテンベルクの発明から30年ほど経った１４７０年頃、キャクストンは独ケルンで印刷技術を学んだといわれている。

15世紀のビジネスマン

さて、キャクストンとは一体どのような人物だったのだろう？　幼少時の情報は現存していないが、一言でいえば、「15世紀のやり手のビジネスマン」であろうか。

キャクストンは、ロンドンの大手商人に弟子入り後、当時の花形産業だった毛織物貿易の商人として成功を遂げた。１４６０年代初期、40歳前後にして、当時欧州の主力輸出品だった毛織物の産地の１つフランダース地方（現在のオランダ南部、ベルギー西部、フランス北部にかけての地域）の中心都市ブルージュに設置された英商館の館長に就任している。当時のブルージュはブルゴーニュ公国（１３６３―１４７７年）の一部で、イングランドとの毛織物取引の中心都市だった。

イングランドとフランダース地方は、それぞれの地元毛織物業者を保護するため、互いに貿易障壁や禁輸措置を科すなど激しい貿易競争に明け暮れた。イングランド王エドワード４世（在位１４６１―８３年）は、１４６４年、キャクストンにブルゴーニュ公フィリップとの貿易交渉の役目を与え、キャクストンは外交官として尽力することになった。

キャクストンが、何故印刷業に手を染めるようになったのかは正確には分かっていない。一説には、政治状況の変化がきっかけといわれている。

イングランドでは1450年代半ばから、封建諸侯による内乱が起きていた。ランカスター家とヨーク家との権力争いは1485年、ランカスター家の勝利に終わるが（両家の紋章がバラであることから、この争いは後に「バラ戦争」と呼ばれた）、1470年10月、ランカスター家のヘンリー6世がヨーク家エドワード4世から一時王座を奪う政変が起きた。ヨーク家の側についていたキャクストンはブルージュの英商館の館長役を解かれ、独ケルンに滞在する。

ケルンはドイツの印刷業の中心地の1つで、ここでキャクストンは印刷技術を学び、ラテン語の百科事典の出版に参加した。また、自ら『トロイ歴史集成』を原語のフランス語から英語に「暇に飽かせて」翻訳している。

ブルージュに戻ったキャクストンは『トロイ歴史集成』を出版し（1475年頃）、エドワード4世の妹で、ブルゴーニュ公爵夫人マーガレットに献呈した。これがキャクストンが最初に印刷した英語の本である。

毛織物ビジネスから印刷・出版業に転じたキャクストンの成功にはいくつかの要因があった。書籍ビジネスを立ち上げるには、印刷機の手配に加えて、本を買ってくれる人が必要だ。キャクストンはまず、宮廷人や富裕な商人たちをパトロンにした。本の序文には、パトロンになってくれた貴族に捧げる文章を入れた。パトロンの支援に感謝の意を述べるとともに、社会的に高い地位にある人物の名前を出すことで、宮廷人や土地所有者、富裕商人が読むべき本であることを読者に告げた。王室を頂点とする階級社会のイングランドでは、上の階層の行動様式を下層階級が模倣したがる。そんな模倣心をくすぐるような文章を入れたのだった。また、翻訳に関する思いや苦労話を書くことで、読者に書き手の生の声を伝えた。

キャクストンは同時に、手っ取り早く現金が入る仕事として、教会で使う「インダルジェンス」（贖宥状《しょくゆう》）と呼ばれる書状の印刷も手掛けた。

当時、人々はこの世に生きている間に犯した罪によって死後罰せられることへの恐怖を持っており、祈りや巡礼に出かけるなどの方法で罪を償う期間を短縮することができると信じられていた。

教会側は、お金を集めるための方法として、インダルジェンスを信者に販売していたが、これを手書きで1つひとつ作成するのは非常に手間がかかる作業だった。購入者の名前を書き込む部分が空白になっているインダルジェンスの印刷・販売は、キャクストンをはじめとする印刷業者や教会運営者の懐を大いに暖めた。

また、ローカルな言語である英語での印刷を主眼にすることで、ラテン語が主要言語で競争が激しい国際市場よりも、先駆者としての優位性を保てるイングランド国内市場で出版業の勝負に出た。

ウェストミンスター寺院の境内に印刷所を設けたことも有利となった。寺院から徒歩で数分のウェストミンスター宮殿は国王一家の居住地の1つで、政務を行う場所でもあった。宮殿の中のウェストミンスター・ホールには主要裁判所が置かれていた。当時特定の集合場所を持っていなかった庶民院議員は、寺院の境内にある8角屋根の部屋「チャプター・ハウス」によく集い、商人たちも「シティー」から政治の中心地ウェストミンスターに所用で訪れたり、近辺に居を構えた。宮廷人、貴族、司法関係者、聖職者たち、商人たちが行き交う場所、ウェストミンスターのど真ん中にキャクストンの印刷所があった。

亡くなる直前の1490年、それまでフランス語で書かれていたイングランドの法令が、初めて英語で印刷されることになった。この仕事を請け負ったのは、他ならぬキャクストンだった。死後、ビジネスは弟子のウィンキン・デ・ウォルデが引き継いだ。1500年、デ・ウォルデは印刷所をウェストミンスターから東方のフリート通りに移動する。後に、「フリート街」が印刷業、ひいては新聞業界やメディアの同義語となってゆく。

キャクストンや同時代の印刷業者が使っていた印刷機は現存しないが、印刷物の原本の一部は大英図書館や公文書保管所に残る。最もアクセスしやすいのは、ほぼ毎日開館しているロンドン博物館だ。チョーサーの『カンタベリー物語』も原本の一部が常設展示されている。

印刷所自体もすでにないが、ウェストミンスター寺院の「詩人のコーナー」のドアの裏あたりに設置されていたようだ。ここにはキャクストンの記念碑もある。

キャクストンの遺体は寺院の隣に建つ聖マーガレット教会前の庭に埋められている。教会内にも記念碑があり、ステンドグラスの1つにその姿が描かれている（第2次大戦中の爆撃で損傷し、一部残るのみ)。

迫害された宗教人

キャクストンは、書き言葉としての地位が低かった英語に注目し、文学作品や教科書、キリスト教の書状インダルジェンスを印刷・出版した。当時文法や綴りが一定していなかった英語を知識人が読む「合法な」言葉に変えた。

しかし、英語の印刷物が一般庶民の生活に深く関連し、魂の分野にまで影響を及ぼすには、英語で出版したことで最終的には命を落とす、ある人物の登場を待たなければならない。

キャクストンは1490年代前半に亡くなったが、まるで入れ代わりのように生まれてきたのが、のちに聖職者となるウィリアム・ティンダル(1494―1536年)である。英南部グロスタシャー出身で、オックスフォード大学とケンブリッジ大学で学んだティンダルは、類まれなる言語力の持ち主だった。聖書をギリシャ語やヘブライ語の原典から英語に翻訳したが、「異端」とされ、1536年に焚刑になった。

何故英語への翻訳が大罪となるのだろうか?

中世のイングランドではローマ教皇を最上位に置くキリスト教が生活のありとあらゆる分野に影響を及ぼしていた。誕生後まもなくして行われる教会での洗礼はもちろんのこと、悩みごとやもめ事の相談所、規範の設定など、キリスト教と教会が心のよりどころとして社会の中心的な役割を果たした。毎週日曜日、教会に出かけるのは人々の義務となっており、政府への税金とは別に教会にも税金を納める必要があった。聖職者を最上位に置く階層の上下関係の中に人々は生きていた。

教会ではラテン語聖書の一部の抜粋を使うのが一般的だった。英語の祈禱本はあり、説教も英語で行われていたが、ラテン語を理解しない多くの信者にとって、礼拝は意味不明な言葉が神秘的に飛び交う儀式だった。聖書に関わる情報を聖職者のみが教会内で独占していたのである。

これに異を唱えたのが、「宗教改革の先駆者」といわれる神学者ジョン・ウィクリフ（１３２０頃―８４年）である。「人民による、人民のための」聖書作りのために、ラテン語の聖書を英語に翻訳した人物だ。当時は印刷技術が発達しておらず、その英訳は広く流布しなかったが、ローマ・カトリック教会の権威に挑戦し、聖書のみが神聖なる真実としたウィクリフの考えは、１５００年代の欧州の宗教改革の進展に大きな影響を与えた。

ティンダルは、ウィクリフの死後約２００年を経た16世紀、オックスフォード大学を卒業して牧師となった。聖書は神の言葉であり、神に通じる道と考えていた。聖書は一般庶民にとって分かりやすい表記であるべきだと信じ、ヘブライ語及びギリシャ語原典からの英訳を思いついた。聖書の英訳は禁じられていたが、ティンダルは固い決心でこの偉業に取り組んだ。

当時のロンドン司教から英訳の認可と支援を得ようとしたが理解を得られず、ティンダルは、印刷技術がイングランドよりも進んでいる、母語への聖書翻訳の先輩の国ドイツに渡ってひそかに翻訳を手がけた。

1520年代後半、ティンダルの英語版新約聖書はイングランドに秘密裏に運び込まれた。手のひらにちょうどおさまる大きさの聖書の存在が教会に次第に知れ渡り、1530年、国王の布告でその配布が禁止された。イングランド国王ヘンリー8世（在位1509―47年）は当時熱心なカトリック信者で、教会の秩序を脅かすような書物は認めなかった。神の言葉をすべての信者の間で共有するべきだと考えたティンダルは、当時のカトリック教会を中心とした社会では異端と見なされた。

ティンダルは逃亡生活中のベルギー・アントワープで逮捕され、1536年、絞首の後、火あぶりの刑にされた。最後の言葉は「神様、イングランド国王の目を開かせたまえ」だったと伝えられている。

生前のティンダルがドイツで会った人物の1人に、宗教改革の立役者となるマルティン・ルターがいた。ルターはバチカンを訪れ、聖職者たちのぜいたくな暮しぶりや官僚制度に嫌気がさした。特に問題視したのは、キャクストンをはじめとした印刷業者と教会の収入源の1つとなっていた、インダルジェンス書状の販売だった。インダルジェンスを買うことで、悔い改めなどをしないままに償いが軽減されるとする考え方は、贖宥行為の乱用とルターは感じていた。

1517年、ルターは何故インダルジェンスの販売がキリスト教を冒とくしているのかを記した「95か条の提題」を教会の扉に貼りだしたといわれている。これが教会の改革を求める「宗教改革」運動の始まりだった。ルターの改革を支持する神聖ローマ帝国内の諸侯や都市が、宗教改革を求める「抗議書」（プロテスタンティオ）を出した（1529年）ことから、改革派は「抗議者（プロテスタント）」と呼ばれるようになった。

プロテスタントは神の真実が書かれている聖書を信仰の基本に置く。印刷技術は聖書へのアクセスを大きく広げ、宗教改革の進展に重要な役割を果たした。

ヘンリー8世の不都合な事情

英国の硬貨をよく見ると、「F.D.」という文字が刻み込まれている。これは16世紀に端を発する。1521年、ヘンリー8世はルターを批判する本を書き、この本は欧州各国でベストセラーとなった。これを非常に喜んだローマ教皇レオ10世は、ヘンリー8世に「Fidei Defensor」（信仰の守護者）という称号を贈っている。

ヘンリー8世は、世継ぎができない妻キャサリンと離婚して、愛人の1人だったアン・ブーリンとの結婚を望むようになり、離婚を許さないローマ・カトリック教会と対立するようになった。ブーリンと結婚するために、1534年、カトリック教会から独立して、自分を頂点とするイングランド国教会を設立した。ヘンリーはローマ教皇に破門された初めての欧州の国王となった。

こうなると、ヘンリーにとって、ローマ教皇を頂点に置く教会組織と分かちがたく結びついたラテン語による聖書を、母国語の英語に翻訳することが急務となった。

1538年、ヘンリー8世は英語の聖書の正式な発行を許可し、翌年、マイルズ・カバーデルが編集者となった「グレート・バイブル（大聖書）」が、発行された。カバーデルはその数年前に、ラテン語やドイツ語訳の聖書を英語に訳していた。これは国王がお墨付きを与えた最初の英語の聖書となった。その中身は、ほとんどがティンダル版新約聖書やそのほかの著作を基にしていた。

「グレート・バイブル」の表紙上部中央には神の姿があり、その下にヘンリー8世が描かれている。国主は聖書を大司教と側近の政治家に手渡している。下方には、聖書の言葉に耳を傾ける国民の姿がある。

ティンダルの最後の言葉を使えば、最終的には「国王の目は開かれた」のである。しかし、ティンダルが火あぶりの刑にあったのは、「グレート・バイブル」発行のほんの2〜3年前だった。あと少し、ティンダルが生きていれば――と思わざるを得ない運命のめぐり合わせである。

1611年発行のジェームズ1世（イングランド王・アイルランド王としては在位1603―25年、スコットランドではジェームズ6世として在位1567―1625年）による欽定訳聖書は、その後数世紀にわたり、英語による公式聖書の役割を果たした。新約聖書の84％が、また旧約聖書の78％がティンダルの英訳を基にしている。

国民の心の中へ

ティンダルの伝記（『William Tyndale: A Biography』）を書いたデービッド・ダニエルによれば、ティンダルは英訳に際し、話し言葉を基本とし、直接性やリズム感を大切にした。ラテン語によくあるような複数の音節よりは単一音節（例えば「高い」を意味するなら、elevatedではなくhigh、「贈り物」であればdonationではなくgift）を選択し、話し手の意識に深く届く表現（the＋名詞＋of＋the＋名詞、例えば、the birds of the air「空の鳥」、the fish of the sea「海の魚」など）を工夫した。「今この時に（a moment in time）」、「きらきら輝く瞳（twinkling eyes）」、「光あれ（let there be light）」など、英語表現の一部になったティンダル訳は数えきれない。ダニエルの分析によれば、聖書の英訳を通じて、英語の「言葉、語彙、軽快なリズム、語順」が次第に作られていったという。

国教会の徹底普及を試みたヘンリー8世は、各教区に対し、英語版聖書の購入を義務化した（ただし、後に、英訳聖書は国民を反体制運動に扇動する可能性があるとして、知識層のみが読めるように法律を制定する）。ティンダル英語は、イングランドの国民の心の中に、深く染み込んでいった。

口コミと印刷物による「ニュース」

印刷技術が浸透し始めたチューダー朝（１４８５－１６０３年）初期、口コミが情報の主な伝達手段であった。

定期的に開かれる市場や毎週通う教会で、人々は噂話、ユーモア、ゴシップ、冠婚葬祭の情報を互いに交換した。劇団や旅芸人を通してドラマ、様々な情報、ニュース（新しい出来事）が伝播した。王室の布告や軍の戦況が印刷物として流布し、町中の会合場所に貼られた。

現存する印刷物の中で、イングランド最初のニュース報道といえるのが、１５１３年の「True Encounter」（トゥルー・エンカウンター＝「真の対決」）である。小型の「ニュース本」（数ページの小冊子）で、木版画のイラストがついていた。１５１３年９月の「フロッデンの戦い」の様子を伝えている。スコットランド王国の軍隊とイングランド王国の軍隊が、イングランド北部フロッデン近くの丘で交えた４時間にわたる一戦は、イングランド軍の勝利に終わった。この時、スコットランド兵１万人（数には諸説ある）が命を落としたという。スコットランド軍の犠牲者では最大規模とされる。当時のスコットランドの貴族の家では、必ず誰かがこの戦いで命を落としていたという。犠牲者を悼む歌「森の花」までできた。

その他にも、その時々の出来事に関わる思いをつづる散文詩「バラード」、１枚の紙にバラードやニュースを印刷した「ブロードサイド」、「アルマナック」（年鑑。その年に開催される地元マーケットの予定、主要な道路情報、郵便物の配達や、医療、農場に関わるお知らせなどが満載）、宗教の伝道冊子（パンフレット）、風刺冊子などが印刷されて流布し、手書き冊子も同様に人気があった。現在の星占い人気にも通じる、将来を予言する印刷物も好まれた。怪物のような生物の誕生、人魚、猟奇殺人などのニュースが人々の好奇心をかき立てた。

読者は、貴族、ジェントリー（地主、紳士階級）、職人、自作農、小作人など。印刷物は都市では本の印刷・販売業者やニュース冊子の販売人、行商人が販売したほか、郵便によって地方に運ばれた。

ちなみに、ロンドンから地方に広がる基幹道路を行き来する定期的な郵便物配達制度を管理するために、ヘンリー8世が郵政長官のポストを新設したのは1516年のことである（『ブリタニカ大百科事典』）。この時までに、王室のメンバーや宮廷に従事する人々、貴族などは馬やメッセンジャーを使って、自分たちの都合に応じて必要なときに書簡を互いに行き来させていた。しかし、この「ロイヤル・メール」（王室の郵便）制度を一般市民は使うことができなかった。『チューダー朝とスチュアート朝が私たちに残したもの』（アダム・ハート＝デービス著）によれば、普通の人が誰かに書簡を送りたければ、自分がその書簡を相手に直接届けるか、王室のメッセンジャーに賄賂を渡して運んでもらうか、受け取り手が住む地域に商用で向かう商人に書簡を託すしかなかった。

ロイヤル・メールを一般国民が利用できるようになったのは１６３５年、チャールズ１世（在位1625―49年）の時代だ。爆発的な人気となり、1660年代に郵政省が発足した。1680年にはロンドンの商人ウィリアム・ドクラの発案で、ロンドン市内の郵便の送付を1ペニーで行える「ペニー・ポスト」制度が始まった。

政府当局にとっても印刷技術は重要だった。同じ文面の情報を大量にかつ迅速に国内の隅々にまで行き渡らせることができるため、布告や条例の通知に最適だった。また、「国王の声」を国民に認知してもらい、敬愛や支持を得るための媒体としても大いに利用された。

「目にはひどく不快で、鼻には嫌なにおいを残し、頭を悪くするタバコ」を吸うなんて、「恥を知れ」。こんな呼びかけをしたのは、即位後まもないジェームズ1世だ。当時流行りだしたタバコを嫌い、「タバコへの抗議」（1604年）という論文を書いている。特に徹頭徹尾嫌ったのはタバコの煙だ。欧州にタバコをもたらした「インド人たち」（ここでは米大陸の先住民インディアンを指す）を非難し、間接喫煙の被害に不満をもらした。高額のタバコ税を導入し、愛煙家撲滅を狙ったが、残念なことにタバコの流行は止められなかった。ジェームズ1世は英国で最初の禁煙運動家の1人となった。

検閲とのイタチごっこ

印刷物の国民への影響力を察知した王室当局は、16世紀以降、様々な手段を用いて情報の流布に統制を加えるようになる。『英国新聞の百科事典』（デニス・グリフィス著）によると、153

8年、印刷免許制度を導入し、王室が認可する印刷業者にのみ印刷を許可した。1557年以降はロンドンの出版ギルド、書籍出版事業組合の加盟者に印刷業の独占権が与えられた。後には、著者、印刷者、印刷の場所の明記が必要となった。

当時、当局が最も注意を払ったのは宗教に関わるニュースだった。

16世紀半ばから、イングランドには、他の欧州諸国同様、宗教戦争の風が吹いた。ヘンリー8世は、1534年、ローマ教皇を最上位に置くカトリック教会から分離し、自分が首長となる英国国教会を作った。修道院の解散を命じ、財産を没収した。国教会は、カトリックから分裂した教派としてプロテスタントの範ちゅうに入れるのが一般的だが、ローマへの政治的反抗として分離したために信仰内容に関する改革は行われなかった。プロテスタント色が強くなるのはヘンリーの息子エドワード6世（在位1547－53年）の時代になってからである。

ヘンリーの娘メアリー1世（在位1553－58年）は熱心なカトリック信者で、プロテスタント信者の迫害運動を行った。統治時代の5年間で3000人の「異端者」を火あぶりの刑にし、「ブラディ（bloody＝「血に染まった、残忍な」の意味）・メアリー」というあだ名がついた。赤いトマトジュースを使ったアルコール飲料「ブラディ・メアリー」の名前はこれに由来するという説がある。

メアリーを引き継いだエリザベス1世（在位1558－1603年）は40数年にわたる治世の間、宗教に関しては中道をモットーとした。メアリーよりは宗教に関して穏健な姿勢を見せたが、カトリック教徒にとって生きやすい社会ではなかったことは確かだ。支配下にあったカトリック国アイルランドに、イングランドからプロテスタント国民の「入植」を積極的に行っている。国教会を国家の主柱として改めて位置づけたエリザベスは、カトリックを信仰する北部諸侯の反乱を鎮圧し、時のローマ教皇から正式に破門宣告を受けた。

『概説イギリス史新版』（青山吉信・今井宏編）によると、この時の国教会は「教会の最高統治者である国王を頂点とする主教制度をとり、聖職者服の着用を強制したり」、礼拝の際にひざまずくことを命ずるなど、「カトリック教会の残りかすとみられるものがまだ多く残っていた」。

投獄のリスクもあった印刷業

人々は、異端の定義が統治者によって激変する時代を生きた。自由に言論を表現し、これを印刷する環境は整っておらず、印刷業者たちは、罰金、罰則、投獄などのリスクを背負いながら活動を続けた。治安妨害の恐れがある発行物を印刷すれば、死刑もあり得た。17世紀後半までは、星室庁（国王大権のもとに開かれた裁判所で、ウェストミンスター宮殿の「星の間」で行われたことに由来）の命令で、国内の政治ニュースの印刷が禁止されていた。

王室批判もご法度で、プロテスタント改革派ピューリタン（清教徒）のウィリアム・プリンがその一例だ。

清潔、潔白などを表すpurity《ピュアリティー》に由来する名を持つピューリタンたちは、演劇はモラルの低下につながる、聖書の教えに反する存在と考えた。1632年、プリンは芝居やこれに出演する俳優、女優の存在を批判する本を出した。ところが、時の国王チャールズ1世の妻ヘンリエッタ・マリアは女優として芝居に出た経験を持っていた。プリンの本は国家権威への侮辱となった。星室庁で有罪とされ、ロンドン塔に1年間幽閉された後、巨額な罰金を科され、耳の半分を切り取られて、終身刑となった。オックスフォード大学からの学位も剝奪されてしまった（『チューダー朝とスチュアート朝が私たちに残したもの』）。

国内政治や宗教をカバーできないという制約はあったものの、ニュースの発行物は16世紀以降、どんどん増えていった。数ページで小型のニュース冊子あるいはニュース本と呼ばれた印刷物を大量に発行したジョン・ウルフは海外の話題を中心に編集し、発行物をロンドンの書店や、ロンドン市内を売り歩いた「ホーカーズ」（行商人）を通じて販売した。

しかし、この時のニュース媒体はその時々の出来事を報じていたとはいえ、出来事の発生から印刷・発行までにはかなりの時間があき、連続性を持った定期刊行物ではなかった。

新しい出来事の発生を定期的に連続して伝える、私たちが現在想定するような「新聞」が出てくるのは1620年前後になる。

ロンドンよりも印刷業が進展していたオランダ・アムステルダムでは、1619年頃までには「コラント（coranto）」と呼ばれる週刊ニュース紙が印刷されていたという。コラントは一説には「走る」を意味するフランス語courirにその端を発するといわれ、欧州各国で発行されたが、これがイングランドにも輸入されるようになった。現存する最初の英語のコラントは、1620年12月、やはりアムステルダムで印刷されている。

様々な情報源から集められた海外のニュースが、ぴっちりと詰まった字でつづられたコラントには、発行の日付と番号が入り、定期刊行物になっていた。英新聞の先駆的存在がコラントである。

海外ニュースの切り貼り

オランダ発の英語のコラントをイングランドの印刷業者も真似し始めた。ロンドンでは印刷業者トーマス・アーチャーが1621年から発行していたが、許可なく印刷を行ったとして、一時投獄の憂き目にあった。

国内で発行された初期のコラントの1つとされる「ウィークリー・ニュース・フロム・イタリー」にはトーマス・アーチャーとニコラス・バーンの名が編集者として入っている。バーンは、後にナサニエル・バターと組んでコラントを発行した。ほかに、読者に語りかけるような文章を書いたトーマス・ゲインスフォードもコラント市場に参入した。

当初は1枚の紙に印刷されていたコラントだが、まもなくその形式は変化し、小型冊子で、ページ数は大体8ページから24ページが主流となった。ほぼ週に1度の発行だったが、ニュースがない時には2～3週間ほど間があくこともあった。

コラントには、それまで特定の名前がつかず、1回毎に別の名前で発行されていたが、バーンとバターが発行したコラントには「マーキュリアス・ブリタニカス」という名前が1624年頃までにつくようになった。

国内の政治ニュースの報道が禁じられていたため、掲載した「ニュース」といえばもっぱら海外の出来事で、オランダやドイツのニュース媒体が掲載した記事を拝借し、これを英語に翻訳する、つまり「カット・アンド・ペースト」(切っては貼る) が主だった。

海外の話で最も注目を集めたのは、カトリックとプロテスタントの宗教戦争に端を発し、ドイツを舞台にして行われた欧州列強の戦い「三十年戦争」(1618―48年) だ。約100年前のルターの宗教改革をきっかけに、欧州はカトリックとプロテスタントという2つの陣営に割れた。両勢力の争いは17世紀に入ってもまだ続いていたのである。

プロテスタント国イングランドにとってその戦況の行方は大きな関心事となった。イングランドは傭兵指揮官を大陸に派遣し、義勇兵として参加する人も少なからずいた。

ジェームズ1世の娘はプロテスタント連合の中心人物だった独ファルツ選帝侯と結婚していた。国王自身が和平の一環として息子のチャールズをカトリック国スペインの王女と結婚させようと試みている (計画は失敗)。戦況がプロテスタント側に不利に展開すると、当局にとって都合の悪いニュースが主流となった。

1630年代、ジェームズ1世の次にチャールズ1世が即位して数年が経つと、専制政治を批判する冊子や急進的な宗教の教えを説く冊子が政府からの認可を得ずに出回るようになった。政府はニュース媒体の発行に厳しい制限をつけるようになった。バーンとバターがコラントの発行を禁止され、その後一時復活したものの、国内ニュースに人々の関心が移る中、海外ニュースを伝えるコラントは1640年代初頭には廃れていった。

2つの革命

コラントが次第に勢いを失いつつあった頃、イングランド国内は大きな政治危機を迎えていた。対立していたのはカトリック教の教義を残す国教を押し付ける国王と、プロテスタント改革派ピューリタンを中心とする議員たちだった。宗教の自由を巡る戦いと政治の主導権争いという2つの側面があった。

その原因を探るために時計をやや前に戻してみよう。

1603年、エリザベス1世は独身のままで世継ぎを作らず、この世を去った。これを継いだスコットランド王ジェームズ6世がイングランド王ジェームズ1世として即位した時、混迷が始まった。

ジェームズはスコットランド、イングランドとともに、イングランドの支配下にあったアイルランドをその統治下に置いた。スコットランド王国では「長老派」プロテスタント（仏人ジャン・カルバンの教えを受けて、聖職者ではない一般信徒の代表、つまり長老が教会運営に参加する）を国教としていたが、イングランド王国の国教は、プロテスタントではあるもののカトリック色が強く、改革派ピューリタンが勢力を拡大させる状況となっていた。一方、アイルランドは大部分がカトリック教徒であった。宗教に注目すれば、それぞれ異なる状況の３つの地域をジェームズ１世は支配下に置いていた。

王権神授説を信奉していたジェームズは、国教会に従わないピューリタン派の聖職者を追放し、議会を無視して課税を強行しようとした。「議会を無視」――これだけでイングランド国民にしてみれば、当時外国として認識されていたスコットランドからやってきた国王に不信感を抱くのに十分であった。多くの国民は絶対王政のカトリック教国（スペイン、フランス）にイングランドが近づくのではないかという大きな懸念を抱いた。

１６２５年、父同様に王権神授説を信奉するチャールズ１世が即位した。チャールズは、課税強硬策に議会が同意しなかったため、１６２８年召集した議会を翌年解散してしまう。その後11年間、議会は開かないままになった。父親に輪をかけて、議会無視派だったのだ。

この間、財政の窮乏に瀕したチャールズは、議会の同意を必要としない収入源を確保するため、関税や罰則の強化を実行した。１６３０年代半ば、それまで戦時に港湾都市にのみ課していた船舶税を平時に内陸の都市にも拡大しようとしたところ、全国的な反対運動が起きてしまった。同時期、長老派を国教にしていたスコットランドに対し、イングランド国教会の祈禱書と儀式を導入しようとしたため、スコットランドの聖職者たちが反乱を起こした。

その後、一旦反乱は収まったものの、今後の戦費をまかなうために1640年春、国王が議会を召集すると、議員たちは過去11年間議会を召集せず専制政治を行ったチャールズ1世を責めた。そこで国王は召集からわずか3週間で議会を解散してしまったのである。

同年秋に召集された議会で、議会側は国王に対しその悪政を批判する大抗議文を出した。国王はこれに対し、兵を率いて議場に入り、批判の中心となった議員の逮捕を命じた。議会側はこれを阻止したが、この時点から武力対決は避けられなくなった。

チャールズが身の危険を感じて議会派（地主でもある議員たち、商人層、司法関係者）が拠点としたロンドンを離れると、ロンドン市民は議会派に肩入れするようになった。イングランドは国王派（貴族、特権商人など）と議会派との間で真っ二つに割れた。

1642年8月、イングランド全土を巻き込む内戦が始まった。1つの家族の中で親子あるいは兄弟同士が国王派と議会派に分かれ、互いに戦う悲劇は珍しくなかったという。

議論百出とメディアの戦争

1649年1月30日、昼過ぎ。ロンドン・ウェストミンスターにあるホワイトホール宮殿の祝宴会館前は、国家反逆罪で有罪となったチャールズ1世の公開処刑の様子をこの目で見ようと、数えきれないほどの観衆がひしめき合っていた。

「正直な人間、良い国王、キリスト教信徒として汚名を払拭したい――自分は無実だ」――チャールズ1世は、国民に向かって語りかけた。「国民よ、解放と自由が訪れることを心から願う」。そして、「解放と自由は政府があってこそだぞ」。

演説を終えたチャールズは、長髪が処刑の邪魔にならないかと処刑執行者に聞いた。マントを脱いで、十字軍勲章を取り、これを自分の息子に渡すよう執行者に頼んだ。マントをもう一度身にまとい、「迅速にやってほしい」、「両手を前に出すのが合図だ」と告げた。

チャールズが斬首台に頭を乗せると、処刑執行者が、国王の髪を帽子の中に押し込めた。「私からの合図を待つように」とチャールズ。「待っています」と処刑者。その直後、チャールズが両手を前に出した。これが合図だった。処刑者が斧で国王の首を切り落とし、集まった観衆によく見えるように、切った首を高く上に掲げた――。

1649年発行のニュース本「チャールズ1世の処刑」(政府当局編集)は、当時の模様を生々しく伝えている。この年に創刊されたニュース本は200を超えていた。

国王軍と議会軍との間で内戦が始まる直前の1641年、印刷業者に手枷足枷をつける存在となっていた星室庁が廃止され、ニュース本があふれるように出版され出した。

1641年11月、国内ニュースが入った初めての定期印刷物となったニュース本『ヘッズ・オブ・セブラル・プロシーディングズ・イン・ジス・プレゼント・パーラメント』(後『パーフェクト・ジャーナル・オブ・ザ・パッサージ・イン・パーラメント』に改名)をジョン・トーマスが発行した。書き手は自分の足で情報を集めることをモットーとするサミュエル・ペッケであった。

1年もしないうちに同名あるいは似た名前のニュース本が複数発行され、議会の動向を競って報道した。

『リード・オール・アバウト・イット』（ケビン・ウィリアムズ著）によれば、1642年には100紙の週刊新聞が創刊され、国王が処刑された49年にはその倍が出た。大部分は短期間で消えていったが、国王を頂点とする国家体制が崩壊する中で、検閲体制は機能せず、議論は百花繚乱となった。

政治ニュースを扱う印刷物は国王派と議会派が戦うためのプロパガンダとしても大いに利用された。英国最初の「メディア戦争」ともいえよう。

それまでのニュース本は事実を伝えることを主眼としていたが、「マーキュリー」あるいは「マーキュリアス」という題名がつくニュース本が発行されるようになると、ニュースに党派的な解説をつけることで、大衆の意見形成に影響を及ぼそうとする動きが出てくる。

こうしたニュース本の1つで国王派の代表が、ジョン・バーケンヘッドが編集した「マーキュリアス・アウリカス」（1643年創刊）だ。国王が根城にしたオックスフォードで印刷され、議会派が牛耳っていたロンドンにこっそりと持ちこまれた。しかし、需要があまりにも高いので、ロンドン市内の非認可の印刷所でも印刷されるようになった。議会派指導者を攻撃し、ライバルとなるニュース本の議論の不一致を指摘し、議会と商業の中心地シティー、そして上下院を分裂させるような論説記事を掲載した。

議会派はこれに対抗してマーカモント・ネッダムによる「マーキュリアス・ブリタニカス」などを発行した。ネッダムは「王よ、どこへ行った」と呼びかける記事の中で、王が吃音である事実を暴露するなど、大胆な論調で人気を高めた。

両紙は発行日を互いにずらし、読者がやり取りを継続して読めるよう工夫した。編集人や書き手個人へのからかいや愚弄は日常茶飯事だった。議会派「ブリタニカス」のネッダムは、国王派「アウリカス」のバーケンヘッドを「大嘘つき」、「売春婦のポン引き」と揶揄し、バーケンヘッドは後に共和政下で護国卿となる議会派の指揮官オリバー・クロムウェルを「人参のような鼻を持つ人物」と呼んだ（クロムウェルの鼻の先は人一倍赤みを帯びていたようだ）。

国王派、議会派のそれぞれのニュース本はライバルとなる相手の戦場での「残虐行為」を誇張して報じ、読者の支持を得ようと努力した。

議会派の中でも主義主張は様々だった。国王派との和解を目指した長老派は中産階級を中心に支持され、兵士やロンドンの一般市民が支持した平等派（議会派の中の分派。社会契約や普通選挙の導入を主張した）は、平等な政治体制の実現を求めた。平等派の論客ジョン・リルバーンは「自由な国民」による政治、今でいうところの民主主義や報道の自由を主張した。

スクープ合戦が盛んになり、平等派のニュース本「モデレート」に書いたジョン・ハリスが議会派の軍隊と行動を共にして従軍報道を行うなど、実体験を基にした記事も出るようになった。

ジョン・クラウチが発行した、セミ・ポルノ的なニュース本（ニュース記事に性的ジョークを交えた）「ザ・マン・イン・ザ・ムーン」や「マーキュリアス・デモクリタス」なども同時期、人気となった。

政治を国民にぐっと身近な存在にしたのが1640年代、50年代に発行された手書きのニュースレターやパンフレット、印刷されたニュース本だった。あらゆる階層の人が議論に参加し、請願や抗議行動を行った。ニュース・メディアは英国で民主主義の文化が育成される機会を提供したといえよう。

現在の英国の新聞はそれぞれの政治姿勢を表に出し、決して「中立」ではない。また名誉毀損すれすれの中傷的表現を見出しに使って読者の人気を得る大衆紙など、歯に衣を着せぬ批判も健在だ。17世紀のニュース本や手書き冊子での議論は英国の新聞の伝統となってゆく。英国の読者にとって、「新聞を読む」とは「片方の議論を読む」ことと同義語になった。

国王チャールズ1世の処刑（1649年1月）後、1660年まで続く共和制が始まった。共和国の指導者となったクロムウェルは、非認可、ならびに中傷的な書籍・冊子を禁止する法律を制定した（1649年）。また、1655年には政府公認のニュース本（議会派の論客ネッダムが編集した「マーキュリアス・ポリティカス」と「パブリック・インテリジェンサー」）以外のニュース媒体の発行を禁止した。1641年に星室庁を廃止するための法案を提案した議員は、実はクロムウェル。自分が権力側に就くと、言論の自由を抑圧せざるを得なくなった。

しかし、クロムウェルの統制や印刷免許法は、非公式の新聞、ニュース冊子、風刺冊子の発行を完全に止めることはできなかった。ニュースには事欠かない激動の時代で、ニュース媒体を読んで情報を得る習慣がすっかり国民の間に定着していた。後戻りはできなかったのである。

広告と購読料を収入源とする、ニュース媒体の制作・発行が小規模ながらもビジネスとして発生してくるのがこの頃である。ニュースを書いてお金を得る「ジャーナリスト」という言葉が登場する（ちなみに、「ジャーナル」とは日記、つまり日々の出来事を綴ったものという意味がある）。検閲をものともせず、王室批判も含めたありとあらゆる議論を世に出してゆく、英国メディアの伝統が芽生えてきた。

コーヒーハウス

公的な言論空間の発展に欠かせない存在が、17世紀半ばから18世紀を通じて人気となった「コーヒーハウス」だ。

現在では紅茶の国として知られる英国だが、当時、ブームになった熱い飲み物と言えばコーヒーだった。インスタント・コーヒーがなかった時代、人々はコーヒーハウスに集ってコーヒーを飲み、タバコをふかしながらくつろぎ、議論に興じた。

英国で初のコーヒーハウスは、オックスフォードに「エンジェル」という名前で1650年オープンした。ロンドンではトルコ人パスカ・ロゼーが開業したコーヒーハウスが最初だ。60年代には全国に広がっていった。

顧客は全員が男性で、コーヒー1杯に1ペニーを払う。コーヒーを飲みながら知識を得られるので、コーヒーハウスは「ペニー大学」とも呼ばれた。ニュース本に加えて富裕層が購読料を払うニュース冊子や手書きのニュースレターが読めるので、一種の図書館でもあった。コーヒーハウスで生まれたのが中流階級向けの啓蒙的な発行物「タトラー」や「スペクテーター」などの定期刊行物だ。ベストセラーとなった書籍も置かれていた。出版業者や書き手にとっては書いたものを販売し、広める場所でもあった。

なかなかコーヒーが来ないのでいらついた顧客たちが「TーP」と書かれた箱にお金を入れるようになったという。TーPは To Insure Promptness（「敏速さを確実にするために」の意味）の略で、一説にはこれがレストランなどで客が支払う「チップ」になったといわれている。

1665－66年の大疫病（約10万人が亡くなった。これはロンドンの人口の20％にあたる）や、4日間の火災でロンドン市内の家屋の80％以上にあたる約1万3200戸が焼け落ちたロンドン大火（1666年9月）があってもコーヒーハウスの人気は衰えなかった。

ロンドン証券取引所や海運保険業のロイズなどがコーヒーハウスから生まれたほか、医師、不動産業、書籍出版業者など、職業別に行き付けのコーヒーハウスが存在していた。

こんなコーヒーハウスを閉鎖しようとしたのが、王政復古で王座に就いたチャールズ2世（在位1660－85年）である。

過熱メディアが噂を広める

チャールズが恐れたのは王政批判や共和政を説く言論の広がりだった。1662年制定の印刷・出版物免許法（The Licensing of the Press Act）や反逆罪及び治安妨害に関わる法律を使って、厳しい検閲を実行した。法律違反の印刷業者や書き手の捜索、非合法の印刷物の押収を国務大臣の担当にし、プレスの監視役を設置した。違法印刷業者は公開絞首刑の後、その遺体は町中を引きずり回された。同業者を大いに萎縮させるような怖い警告方法だった。

1665年、プレスの監視役ロジャー・レストランジの監督の下、当局によるニュース本「オックスフォード・ガゼット」が生まれた。「オックスフォード」と名付けられたのは、ロンドンの疫病に感染することを恐れて王室がオックスフォードに引越していたためだ。翌年ロンドンに戻ると、「ロンドン・ガゼット」と改名された。「ガゼット」は「ニュース本」と書いたが、1枚の紙に2段組みで印刷されており、まさに「ニュース紙＝ニュースペーパー」だった。

1675年、チャールズはコーヒーハウスが政府への反逆や陰謀を生み出す巣になるとして、閉鎖の布告を出した。当時、女性はコーヒーハウスへの立ち入りが禁止されており、夫たちがコーヒーハウスに入り浸り、家庭を顧みないことへの不満を持っていた。こうした声を背景にチャールズは閉鎖の布告を出したのだが、国民から猛反対にあい、最終的には布告を撤回せざるを得なくなった。

チャールズの懸念には一理あった。メディアが噂を広め、世論形成に大きな影響力を持つようになっていたからだ。先述のように1680年に始まったロンドン中に郵便代1ペニーで手紙を送れる制度が、ニュースを迅速に伝えるようになっていた。

「カトリック陰謀事件」(1678―81年)は噂が大きな事件に発展した例だ。反カトリック感情が根強いイングランドで「ロンドンのプロテスタントがカトリック教徒の手で皆殺しにあう」という噂が広まり、集団ヒステリー事件が起きたのだ(後、噂には実体がないことが分かった)。少なくとも15人の無実のカトリック教徒が処刑される事態にまで発展した。

宗教がからんだ政治の危機は議会の動向にも影響を及ぼした。チャールズ2世に後継ぎができず、弟でカトリック教徒のジェームズが次期国王となる見込みが出てくると、反カトリック・反ジェームズの議員らが中心となって、ジェームズの王位継承を阻むための王位継承排除法案が3度にわたって提出された(1679―81年)。法案は最終的には廃案になったものの、チャールズとジェームズを共に暗殺する計画(ライハウス暗殺未遂事件、1683年)が発覚するなど、緊張感が続く日々となった。

排除法案を巡って、議会に2つのグループができた。法案通過、つまりジェームズの王位継承を認めない議員を「ホイッグ」(語源はスコットランド・ゲール語 whiggamore で「馬どろぼう」の意味)、法案通過に反対した議員たちを「トーリー」(中期アイルランド語 toraidhe で「ならず者」あるいは「山賊」。ホイッグ同様、当初蔑称だった)と互いに呼んだという。

ホイッグとトーリーは当初政党の形を成しておらず、社会的構成に大きな差はなかった。その違いはトーリーが「国教会中心に傾き、王権の世襲制と王権に対する服従を重視し、土地所有者の利害に敏感」(『概説イギリス史』)で、ホイッグは「王権の制限と宗教の寛容への原則の支持者」(同)であることだった。

一方、1679年、印刷・出版物免許法が一時失効した。その後、カトリック陰謀事件や王位排除法案提出を巡って議会は紛糾し、更新決議をすることができなくなっていた。これで無認可のニュース本の創刊が相次いだ。バプチストのベンジャミン・ハリスが出した「ドメスティック・インテリジェンス」、カトリックのナサニエル・トンプソンによる同名の別のニュース本などが知られている。

この時のニュース「本」(News books)はいずれも1枚の紙に2段組みで印刷された。イラストやそのほかの装飾はほとんどなかった。週に2回発行され、通し番号と日付が入っていた。それぞれのニュース本は特定の政治グループ、宗派・宗教、政治のイデオロギーに結びついており、人々はむさぼるように読んだという。

もう1つの革命

チャールズ2世没後、実弟のジェームズ2世(在位1685—88年)が国王の座に就いた。カトリックのジェームズは、処刑されたチャールズ1世をほうふつとさせるような親カトリック政策を進めた。国民にとって波乱の時代がまた始まったのである。

印刷・出版物免許法が更新され、プレスにとって厳しい時代が続いた。公式新聞としては「ロンドン・ガゼット」の他にもう1紙が追加されたものの、非公式の新聞はほぼなりをひそめた。しかし、郵便制度を使って特定の予約購読者にニュースレターを発信する方法は続き、特にガイルズ・ハンコックが主導したニュースレターは、次に続く「名誉革命」にいたる道筋を作ったといわれている。

名誉革命（イングランド内では比較的無血だったために、こう呼ばれている）が動き出したのは、1688年。ジェームズの妻が男子を生み、次の国王もカトリックになることが確定したことが直接の引き金となった。

反カトリックの急進派議員たちは、ジェームズの娘婿でオランダのオレンジ公ウィリアムに対し、国王即位を要請した。これに応じてウィリアムはイングランドに上陸し、最終的にアイルランドのボインの戦いで国王軍に勝った。ウィリアムとその妻メアリーは、ウィリアム3世、メアリー2世として共同統治を開始した。合同統治は1689―94年。メアリーの没後はウィリアムのみが1702年まで統治した。

官報新聞「ロンドン・ガゼット」はウィリアムのイングランド上陸をそっけなく伝えたが、ニュースレターは2万人を従えてやってきたその様子をドラマチックな物語として生き生きと描いた。

ウィリアムとメアリーは1689年、王位に対する議会の優位を認めた「権利宣言」に署名し、同年これを「権利章典」として発布した。

印刷・出版物免許法の更新の時期がまた到来したが、当局による発行物のみでは追い付かないほどニュースの需要が高く、かつ非公式発行物の多さから、更新はもはや現実的ではなくなっていた。1695年、改めて更新法案が提出されたが、議会内で反対論が多く成立しなかった。その後、18世紀に入って数度にわたり更新法案が出たものの、2度と成立することはなかった。

印刷・出版物免許法の失効で当局による認可を得ない印刷が違法ではなくなり、新聞の発行部数は急激に増加した。18世紀、質と量の面で新聞は大きく成長してゆくことになる。

まとめとして、時代をもう一度さかのぼれば、15世紀、イングランドに初めて印刷所が設置され、それから約200年の間に、コラント、マーキュリー、ジャーナル、ガゼットなど、様々な名前がついたニュース媒体が発行された。こうしたニュースの印刷物は手書きのニュースレターと共存しながら次第に公的な言論空間を築き上げた。すべての国民がニュース本やニュースレターを読んだわけではないが、17世紀が終わる頃には、メディアは国内に議論を起こし、政治や社会を動かす存在として広く認知されるようになっていた。

第2章　政治権力と戦うプレス（18世紀―19世紀初）

日刊紙登場

印刷者の登録制や印刷物の事前検閲など、印刷業者の手足を縛ってきた印刷・出版物免許法が1695年に失効すると、せきを切ったように新聞の創刊が相次いだ。

『英国新聞の百科事典』によれば、1712年までにロンドンだけで12紙(日刊、週刊、週に2~3回発行など)が創刊された。これが1790年には22紙、1811年には52紙に拡大した。イングランド地方全体の新聞の発行部数は、1713年で1日当たり250万部、1750年で730万部、75年で1260万部、1801年で1600万部と急成長を遂げた。

地方紙市場は最初の地方紙「ノーウィッチ・ポスト」が1701年に創刊され、1723年までに24紙、1753年に32紙、1760年に35紙、1782年に50紙が市場に出て、1808年には100紙を超えた。

1702年3月11日、英国で最初の日刊紙「デイリー・コラント」が創刊の運びとなった。国王ウィリアム3世がその3日前にこの世を去っており、アン女王(ジェームズ2世の次女で国教徒、在位1702—14年)の統治が始まったばかりである。「デイリー・コラント」の誕生は、新しい時代の幕開けを象徴しているかのようでもあった。

コラントの印刷は、ロンドン・フリート街の宿屋「キングズ・アーム・タバーン」の隣で、エドワードとエリザベスのマレット夫妻が開始した。創刊号は外国のニュースのみを扱い、1部1ペニー、横2段組みで1枚、片面のみの印刷だった。オランダやフランスの新聞から集めた外国のニュースで紙面を埋め、最後には「広告」という題字の後に、「事実をそのまま伝える」と編集方針がしたためられていた。当時、ニュース媒体と言えば国王派、議会派、共和政派、プロテスタント系、カトリック系と「色」がつく場合が多く、あえて中立の姿勢をアピールしたところに創刊者の心意気が垣間見える。創刊号は昼までには売り切れてしまい、当時の市民のニュースへの渇望ぶりが想像できる。

マレットは経営に行き詰まったのか、9号を最後として、サミュエル・バックリーに新聞を売却している。バックリーは両面印刷にし、海外の英大使館など独自の情報網を使ってページ数を増やしていった。次第に800部前後が出るようになったという。その後は1735年まで発行が続いた。

「デイリー・コラント」は、当時政府から助成金を得る多くの新聞の1つとなり、1713年には政府が大部分を郵便局に配達させるように手配していた。

1704年当時、当局が発行する新聞「ロンドン・ガゼット」の発行部数は約6000部。ロンドンでは他に「ロンドン・ポスト」(400部)、「フライング・ポスト」(400部)、「イングリッシュ・ポスト」(400部)、「ポスト・ボーイ」(3000部)、「ポストマン」(3800部)などがあった。「ポスト・ボーイ」や「ポストマン」は週に3回の発行で、郵便で地方に運ばれた(『フリート街――新聞の500年』デニス・グリフィス著)。

一般ニュースのみでは飽き足らない読者の要求に応えるため、ビジネス専門紙(海運情報の「ロイズ・ニューズ」など)や文学、政治を主とする定期刊行物の発行も次第に増えた。

18世紀のメディア界には、小説『ロビンソン・クルーソー』(1719年)で知られるダニエル・デフォー、『ガリバー旅行記』(1726年)のジョナサン・スウィフト、力をつけてきた中流階級の市民に人生のマナーを教える雑誌を創刊するリチャード・スティールなど、才能ある書き手が続々と姿を現した。新聞や雑誌に原稿を書いて生計を立てることが曲がりなりにも成立してゆく時期である。ただし、記事はほとんどが無記名であったので、書き手の名前が判明するのは後に作家など著名人になった時のみだった。

英国の伝統である2大勢力による政治が始まるのがこの頃である。前章を振り返ると、名誉革命が起きる直前の17世紀末、政界の中に2つのグループができた。カトリック教徒のヨーク公ジェームズの即位を認めるグループと、議会の法案で即位を阻もうとするグループだ。前者は「トーリー派」と呼ばれ、後者は「ホイッグ派」と呼ばれた。両者はいずれも地主貴族や地方の資産家であり、政治信条においては即位問題以外では際立った違いはなかったが、18世紀から、2つのライバル勢力が交代で政権を担当する仕組みができていった。

スパイでジャーナリスト

「デイリー・コラント」の執筆者の1人だったデフォー（1660―1731年）は多作の作家、ジャーナリストだ。パンフレット（冊子）、ニュースレター、書籍に加え、新聞や雑誌に書いた記事を合計すると600近い作品を残した。「英語によるジャーナリズムの父」と称賛される一方で、政界の大物をパトロンにして情報を収集するスパイという知られざる側面もあった。

デフォーはロンドンの肉屋の息子として生まれた。本名はダニエル・フォー（Daniel Foe）だったが、貴族出身を想起させる「De」をつけたペンネームを使うようになった。一説には200近いペンネームを持っていたという。

英国教会に属さないプロテスタント（「非国教徒」）の両親の下で育ち、当初商人として生計を立てた。1685年、カトリックの王ジェームズ2世が即位すると、これに反対した前王チャールズ2世の庶子モンマス公が反乱を起こした。デフォーは20代半ばでこの反乱に参加する。反乱は鎮圧され、1000人以上が火あぶりなどの極刑を受けた。デフォーは幸運なことに恩赦を受けて命をしのいだが、1692年には負債を払いきれず、投獄の身になってしまう。

ウィリアム3世を支持する政治パンフレットの作成や政治活動に熱中していたデフォーが文筆家として頭角を現すのは、「ザ・トゥルーボーン・イングリッシュマン」（「イングランド人気質」の意味、1701年）という詩の出版だった。この中で、オランダ人の国王に対する英国内の外国人嫌いの感情を批判した。さらに、パンフレット「ザ・ショーテスト・ウェイ・ウィズ・ザ・ディセンターズ」(「非国教徒撲滅への早道」の意味、1702年)で、国教会の一派「ハイ・チャーチ」(宗教改革以前の慣習を重要視する)や王権神授説を信奉するトーリー派が非国教徒の絶滅を主張していたのを皮肉った。

デフォーは後者のパンフレットの出版により、1703年、治安妨害・名誉毀損で逮捕され、有罪判決を受けた。罰金を科された上に、3日間、さらし台に立たされた。

当時、罪人などが顔と両手を差し込む穴が開けられた木製の板(さらし台)とともに路上に立ち、さらし者にされる処罰の方法があった。さらし台に立たされた人物に人々は汚物などを投げたそうだが、一説によれば、「さらし台への賛歌」という詩を出版したデフォーには花が捧げられたという。

ロンドンのニューゲート刑務所に収監されていたデフォーに、新たな道が開ける。後に事実上の首相となる下院議長のロバート・ハーリー卿(ホイッグ派だったが、後にこれに対抗するトーリー派による政権を率いる)が、政府のスパイにならないかと持ちかけたのだ。

ハーリーの尽力で恩赦となり、デフォーは刑務所から釈放された。ハーリーは政敵打倒のためにメディアが大きな武器になることを心得ており、デフォーや『ガリバー旅行記』のジョナサン・スウィフトらに政治プロパガンダを行う役目を頼んだ。

『紳士の国のインテリジェンス』(川成洋著)によると、ハーリーの依頼により、デフォーはロンドンに「スパイ・ネットワークの本部事務所を構え、各地のスパイたちに反政府運動やその首謀者の動静を逐一報告させた」。同君連合であったイングランドとスコットランドとを統合させるための「合同法」成立の前年となる1706年、ハーリーはスコットランドの「世論を刺激し、スコットランド人を合併賛成に導く」ため（同書）、デフォーをエディンバラに送った。翌年、スコットランド議会は合同法を僅差で可決し、グレートブリテン王国（ウェールズを含むイングランド王国、スコットランド王国）が発足した。

デフォーは1704年、「フランスの出来事のレビュー」と題した定期刊行物を、ハーリー政権から資金と援助を得て創刊した。「レビュー」は当初週刊だったが、週3回に増えて1713年まで続いた。

ウィリアムの統治を引き継いだアン女王は世継ぎを残さず、これをネタにしたエッセーを書いたデフォーは再度投獄の憂き目にあった。

トーリー政権が崩壊すると、デフォーはホイッグ政権のために情報収集活動を続けたと見られている。『ロビンソン・クルーソー』を上梓したのはデフォーが60歳に近づいた頃だった。

英ジャーナリズムの父、デフォー

ベストセラーを生み出した小説家、活発な政治活動家、そして特定の政治家のために働いたスパイなど、デフォーは実に多彩な面を持つ人物だ。その評価はどの面に注目するかで変わってしまう。

前述したように、デフォーは「英語によるジャーナリズムの父」と呼ばれている。その理由はまず「文章の分かりやすさ」だ。デフォー自身が「完璧な文章の様式は何か」と聞かれ、あらゆる階級の様々な能力を持つ500人の前で話した時に「全員に内容が理解してもらえる」もの、と答えている。

事件が起きたら、「自らが現場に出かけて当事者から話を聞くこと」を実行したのもデフォーだ。「足で稼ぐ」デフォーは、公開処刑が行われていた当時、処刑で命を落とす前の人物の最後の言葉を書き取った。1724年には、何度もロンドンのニューゲート刑務所から脱走したことで有名となった泥棒ジャック・シェパードを取材するために刑務所を訪れている。「今、ここで起きていることを報道する」——新聞ジャーナリズムの基本中の基本の信奉者、実行者だった。

残念ながら、「レビュー」を発行している間に、デフォーがトーリー派の指導者ハーリーのスパイであり、ライバルとなるホイッグ側からも資金を受け取っていたことが明らかになって、その名声は傷ついてしまうのだが——。

もう1つの有力な政治エッセーの定期刊行物「エグザミナー」は「レビュー」同様トーリー側の発行物だった。週に3回発行され、当時の国務大臣も記事を執筆した。「トーリー党の声」として頭角を現したのが、後に小説『ガリバー旅行記』を書くジョナサン・スウィフト（1667—1745年）だ。

スウィフトはイングランド人の母とアイルランド人の父の下、アイルランド・ダブリンで生まれた。司祭、風刺作家、随筆家、政治パンフレット作者で、時には匿名、あるいは筆名を使いながら、ホイッグ、トーリーの両方の側を支援あるいは攻撃する論評を書いた。1710年代前半にはトーリー派指導部の取り巻きの1人になっていた。

ホイッグ派の政策を痛烈に批判する「エグザミナー」に対抗してホイッグ派は「ホイッグ・エグザミナー」、「メドレー」などのトーリー批判の発行物を出版した。

マナーを説く雑誌が人気に

印刷術が英国に到来した15世紀以降、最も人気のある出版物の1つが、翌年の出来事を予測する「アルマナック（年鑑）」だった。

1708年2月、アイザック・ビッカースタッフなる人物が編集したアルマナックが、奇妙な予言を行った。当時著名なアルマナック制作者で占星術師のジョン・パートリッジが、同年3月29日午後11時に、「ひどい熱病にかかり死ぬ」というのである。

まだ生きている人物の死の予言、しかも相手は著名人である。ロンドン市民は驚愕した。パートリッジは早速、ビッカースタッフの予言は根も葉もないと反論する声明文を発行した。

3月29日夜、ビッカースタッフは黒枠で囲まれた紙を使って、パートリッジが死んだと告げる追悼文を発行した。翌日には、「ビッカースタッフの予言が的中した」と題するパンフレットが発行された。しかし午後11時ではなくその前の7時5分に亡くなったので、予言は4時間ずれていた。このパンフレットのメッセージを多くの人が受け取る頃には、「4月1日」（エイプリル・フール）になっていた――。

この日、生きていたパートリッジは、自宅の窓の外に立つ寺男に起こされた。「葬式の準備はどうしましょう？」と聞きにきたのだった。その後、パートリッジが通りを歩くと、人々はそばに寄ってきて、「あなたにそっくりの人が亡くなったんですよ」と話しかけてきたという。

生きている人の追悼文を書き、国民にパートリッジの死を信じ込ませてしまったビッカースタッフ。ジョークの頂点がエイプリル・フールにあたるように周到な計画を立てられるような人物は、英国広しといえど数は限られる。

実は、ビッカースタッフは司祭・風刺作家のスウィフトだった。パートリッジがアルマナックの中で生存中の教会関係者数人を死亡したと間違って記したため、スウィフトはパートリッジ自身が亡くなったと書いてからかってやれ、と思ったのだった。

この「アイザック・ビッカースタッフ」名を使って発行されたのが、ロンドンのコーヒーハウスやクラブで聞いたゴシップを集めた、週3回発行の「タトラー」（1709―11年）である。実際の発行者はスウィフト同様アイルランド・ダブリン生まれの作家・政治家のリチャード・スティール（1672―1729年）だった。

当時力をつけてきた中流階級を主な読者とし、モラル、マナー、公共空間での振る舞い方に関わるエッセーを掲載した。新聞は「ニュース」を扱うが、スティールによれば、「タトラー」は「ビューズ」(見方、意見)を伝える、とした(余談になるが、現在の英高級紙の1つ「インディペンデント」は、同紙が「ビューズ・ペーパー」であると宣言している)。「いかに考えるべきか」を教える、啓蒙的な発行物だった。ただし、啓蒙的と言っても、ビッカースタッフの名前を使うぐらいであるから、堅苦しい発行物ではなかった。スティールはもともと、当局が発行する週刊新聞「ロンドン・ガゼット」の編集者だったが、制約が多く、「タトラー」の創刊に至った。1710年には「タトラー」で政府を批判する記事を載せ、「ガゼット」を解雇されている。

「タトラー」の記者はクラブやコーヒーハウスを回って情報を集めた。身の振る舞い方、マナーに関する情報なら「ホワイツ」、文学は「ウィルズ」、最新の情報は「セント・ジェームズ」、アンティーク関連には「グレシアン・コーヒーハウス」と、集める情報の種類によって訪問先も変わったという。

オリジナルの「タトラー」は2年で発行が終わるが、「フィーメイル・タトラー」、「ロンドン・タトラー」など同様の名前の発行物が複数出た。ちなみに、「タトラー」という名前を持つ雑誌は、20世紀初頭、上流社会のゴシップ誌として生き返った。

スティールの名声がとどろくのは次に手がけた発行物「スペクテーター」だ。私立校の元学友で、「タトラー」に記事も書いていたジョゼフ・アディソン(1672―1719年)とともに立ち上げた。その狙いは「道徳観を機知で活性化させ、機知を道徳観で活性化させること」、「哲学を押入れ、図書館、学校、大学から持ち出して、クラブ、集会、お茶のテーブル、コーヒーハウスに住む」ようにさせること（10号より）だ。

スティールとアディソンは、17世紀の内戦や名誉革命によって国民が宗派や政治的立場の違いで対立し、社会の共通の価値観が破壊されたと感じていた。そこで「礼儀正しい（polite）社会」の構築を提唱した。向上心、教育、自助努力がこの社会の基本となる、と。啓蒙的だが決して堅苦しくなく、あくまでも「ウィット（機知）」を利かせるところがミソだ。

雑誌は架空の人物、ミスター・スペクテーター（スペクテーターとは「見物人」、「傍観者」のこと）が語り手となり、その友人たちが「スペクテーター・クラブ」のメンバーとして登場する。初老のジェントルマン地主のロジャー・ド・カバーリー卿、道楽者ウィル・ハニーコム、商人のアンドリュー・フリーポートに加え、軍人、聖職者など、一定の教育を受けた、社会の中流階級に属する人物が登場した。会話の話題は何にするべきか、「礼儀正しく」振る舞うにはどうするかなどを教えた「スペクテーター」は、中流階級や中流階級の行動を模倣する人々にとって、必須の読み物となった。

「スペクテーター」は日曜日を除く毎日発行され、10号までに3000部が出るようになった。これを約3000人が読んだと解釈するとその影響を見誤る。18世紀初頭はコーヒーハウスの大人気の時期で（1739年までに全国に550か所）、新聞や雑誌を読む場所として主要な位置を占めていた。新聞を買えない人や文字が読めない人は、コーヒーハウスで読んだり、他の人に読んでもらった。当時ロンドンにはコーヒーハウスの他に２０７の宿屋と４４７の居酒屋があったというから、「スペクテーター」などの定期刊行物を読んだり、読んでもらったりする場所には事欠かなかった。

スティール自身や学者の推定では、１部を２０人が読んだとして３０００部の発行で６万人が愛読していたという。「スペクテーター」は英国内のコーヒーハウスで最も人気のある発行物となり、インドネシア諸島や後に英国から独立する米国にも読者がいたといわれている。「スペクテーター」は、コーヒーハウスを礼儀正しい会話と道徳の啓発の場所として理想化した。

読者に語りかけた「スペクテーター」は人々を指導し、一定の方向に考えるように誘導するエッセーと論説を基本にしたが、これは、後年の多くの新聞でも同様だ。国民全体に語りかけ、「国内の声を代弁する」（実際には代弁していなくても）というスタイルも、後年の新聞に引き継がれた。また、この「スペクテーター」と直接は関係はないが、保守系の政治雑誌「スペクテーター」が２０１１年現在発行されている。

アン法成立

名誉革命を主導したウィリアム３世を引き継いだアン女王は、印刷・メディアの観点から後世に大きな影響を及ぼす「アン法」の施行と、ある課税措置を実行している。

アン法とは、英国最初の著作権法（１７０９年制定、施行は１７１０年）のことである。17世紀まで、出版物を複製・再印刷する権利（著作権は、英語では copyright ＝「複製する権利」）は、印刷免許法によって、書籍出版事業組合（に所属する印刷業者）に独占的に与えられていた。しかし同法が17世紀末失効してしまったので、組合はこの権利を失っていた。

アン法は出版物の再生産の独占権を、印刷業者ではなく作者に与えた。現代の著作権法の考え方に最も大きな影響を与えたといわれている。

アン女王の時代に新聞に拡大適用されることになったのが印紙税で、別名「知識への税金」ともいわれた。

印紙税の開始は17世紀末。対フランス戦の戦費を稼ぐために、羊皮紙や紙に対する税金として始まり、18世紀以降、新聞やパンフレットなどの出版物、当時流行となっていたかつら着用の際に装飾用に振りかける粉、広告、トランプのカード、サイコロ、帽子、手袋、香水、保険契約などに適用範囲が拡大した。

印紙税の新聞への適用には戦費負担以外の理由もあった。１６９５年に印刷免許法がなくなって、新聞やパンフレットの発行が急激に増えた。国教会や国家を批判する論説、風刺がコーヒーハウスなどを通じて広く出回るようになった。公的機関への信頼度が低下し、社会暴動が起きる可能性を懸念したアン女王は、議会に対し、出版物の取締りを何度か訴えていた。課税の背後には政治への不満や異端を増やすプレスの力への恐れがあった。しかし、かつてのように法律で言論を取り締まる方法は国民にはもはや受け入れられない――。

そこで考え出された「洗練された方法」が、1712年からの、パンフレットや新聞への印紙税の課税だった。プレスのプロパガンダ力を十分に承知していた、有力政治家ロバート・ハーリーも課税適用を後押しした。

1712年の印紙法は新聞用紙1枚につき1ペニー、各広告毎に1シリング（当時、1ペニーの12倍）を課し、さらに重量によって紙代を徴収した。結果として新聞、パンフレットの値段が上がり、一時、読者の層を狭めた。新聞への印紙税が「知識への税金」といわれるゆえんである。「スペクテーター」は、コストが維持できなくなり廃刊した。後、復活するが、勢いを取り戻すことはできなかった。他の新聞は合併したり、発行頻度が低くなった。ロンドンでは数紙が、イングランド地方では24の地方紙が廃刊を余儀なくされた。

スウィフトは、「（新聞・印刷業が集まっていたロンドンの）グラブ・ストリートは死んだ」と表現した。

先の「エグザミナー」、「タトラー」、「スペクテーター」は上流か中流の上に属する人々が主に読んでいた。印刷業者が考えた生き残り策は、読者層を拡大して収入増を図るか、あるいは政府から助成金や優遇策（新聞の郵送代の無料化など）を施してもらうなどであった。

1720年代に人気が出た、ナサニエル・ミストの「ウィークリー・ジャーナル」は前者の例だ。

アン女王の亡き後、国王の座に就いたのはドイツからやってきたハノーバー朝のジョージ1世

（在位1714―27年）である。ミストは「ジャコビアン」（カトリックの元王ジェームズ2世を支持するグループ）の1人であったため、プロテスタントの国王ジョージ1世に対する批判的な姿勢を発行物を通じて表明した。

こうして、1716年の創刊からまもなくして、ミストは政府を中傷した罪でさらし台、投獄、重労働の刑にあう。政府はミストに対し様々な嫌がらせを実行した。例えば名誉毀損罪で訴えたり、郵便制度を使わせないようにした。しかし、根強い読者と広告主からの支持で、ミストは罰金を払い、当局に対抗しながら出版を継続した。

読者からの支持を集めることができたのは、「死、処刑、最も大胆で、聞いたことのないような悪事の発見が毎週読める発行物」（1726年の同紙の宣伝）だったからだ。ミストは酒場、刑務所などに記者を送り、ゴシップのネタを拾った。次第に政府の嫌がらせが強まり、ミストはフランスに逃げざるを得なくなったが、今度はフランスから「フォッグズ・ウィークリー・ジャーナル」を出した（「フォッグ」も「ミスト」も「霧」という意味になる）。

新聞が販売促進策として宣伝や配布方法に工夫し出すのはこの頃である。1730年以降、音楽バンドの行進や、蒸気機関車を使って宣伝を行い、無料紙を配ったり、街中で新聞を配布する売り子にユニフォームを着せて新聞の存在をアピールする方法などがとられた。

当時の新聞は主に行商人（ホーカーズ）が販売しており、コーヒーハウス、郵便局、書籍販売者まで新聞を運んだり、路上で直接通行人に売っていた。

「報道の自由」で市民を熱くさせた男

斜視の目と長いあご——その面相の悪さはイングランド一といわれたある下院議員が、1760年代、多くのロンドン市民の心を熱くさせた。「報道の自由」を主張して投獄された上に議会から追放されたが、めげずに戦い続けた。後にロンドン市長（＝「ロード・メイヤー」、金融街シティーを含むロンドンの中心部「シティー・オブ・ロンドン」の名誉職）に就任し、議員への再当選も果たした。

「ウィルクス、自由、ナンバー・フォーティー・ファイブ（45号）！」——こんなスローガンを人々は叫び、ジョン・ウィルクス議員（1725－97年）は報道の自由の象徴となった。

ウィルクスは決して聖人君子というわけではなかった。ロンドンの酒造家の家に生まれ、英国教会以外の宗派の信者が生きにくい当時の世の中で宗教の寛容を信奉し、強い愛国心をもって成長した。資産家の妻と結婚したがほどなく離別し、放蕩家として知られるようになった。悪ふざけを好み、熾烈な悪口とともにウイットにもたけていた。当時の貴族や富豪が参加して、放蕩を繰り広げた秘密結社「地獄の火クラブ」のメンバーでもあった。

1762年、ホイッグ派のウィルクスは、週刊新聞「ノース・ブリトン」を発行した。ライバルとなるトーリー政権の首相でスコットランド人のビュート伯ジョン・スチュアートや、王室でのスコットランド人勢力の拡大を攻撃した。新聞の名前はビュート伯が出していた新聞「ブリトン」をもじったもので、「北のブリトン人」つまりはスコットランド人を意味していた。

1762年7月17日号では、「正直者」の「ジョン・ブル（典型的英国人を意味するがここではイングランド人を指す）が、うっかりしてアザミ（スコットランドの花）を飲み込んで窒息死した」とする弔文をだし、スコットランド人は「不潔、息が臭く、寝具は尿の、手は豚の糞の、体は汗の」匂いがする、とこき下ろした。

何故ここまでスコットランド人が侮蔑の対象になり得たのだろう？ 1つには国民の多くが「1745年の反乱」を覚えていたからだ。

17世紀末、議会の有志が中心となって後に名誉革命と呼ばれる政変を引き起こしたことを思い出していただきたい。スチュアート朝の国王でカトリック教徒のジェームズ2世が追放され、ジェームズの娘メアリーと夫でオランダ人のオレンジ公ウィリアムが、新たな統治者となった。その後、ジェームズ2世かあるいはその直系男子によるスチュアート朝の復活を願う反革命勢力「ジャコバイト」（ジェームズのラテン名「ジャコバス」を由来とする）が数度にわたり反乱や国王暗殺未遂事件を起こした。ジャコバイトの支持基盤が最も大きかったのが、スチュアート家の地元であり、イングランドへの対抗意識が強いスコットランドだった。

1745年、カトリック国フランスの支援を受けて、ジェームズ2世の孫にあたるチャールズ・エドワードが兵を率いてスコットランドに上陸し、内戦が始まった。最終的には政府軍が勝利し、反乱は鎮静されたが、その30年前にも大規模な反乱が起きており、野党ホイッグ派勢力は

「スコットランド人＝ジャコバイト＝イングランドの安寧を脅かす危ない人々」、そして「トーリー派＝ジャコバイト」と見なし、ライバル勢力を攻撃した。アン女王没（1714年）後、スチュアート家は断絶し、ドイツのハノーバー王国から新国王ジョージ1世を迎えることになった。ハノーバー朝の始まりである。

ウィルクスは、「ノース・ブリトン」を使って、国王ジョージ3世（在位1760－1820年）やその政策を舌鋒鋭く批判してきたが、1763年4月23日に発行した第45号では、数日前に行われた国王の議会演説をこき下ろした。これに国王は「個人的に憤慨」した。そこで、45号の出版が「扇情的名誉毀損」に当たるとして、「一般逮捕状」を使ってウィルクスを含む新聞関係者約50人（書き手、印刷者、検閲者、ホーカーたちなど）を逮捕させた。

5月上旬、民訴裁判所に呼ばれたウィルクスは、裁判所内に集まったたくさんの聴衆を前に、イングランドの自由が「現実のものか、影なのか」を決定する時が来た、と述べた。議員特権で釈放されたウィルクスはロンドン市民から歓声を受けた。他の逮捕者の多くも釈放に向けて訴訟を開始し、最後には損害賠償を勝ち取った。裁判では、罪名や罪人名を特定せず、捜査当局により恣意的に使われてきた「一般逮捕状」が非難の的になり、2年後の1765年には廃止に至っている。

政府が問題の45号を王立取引所前で焼却しようとしたところ、これを止めようとする大衆と政府関係者との間で小競り合いになった。新聞を燃やすために使う鋼鉄片（ビレット）を大衆が盗み、事態を見守っていた役人が乗っていた馬車に投げつけたという。45号が燃えないよう、放尿をして「火消し」を行ったという説もある。

一方、ウィルクスの自宅から当局が没収した書類の中に、私的に書かれた「エッセー・オン・ウーマン」があった。詩人アレキサンダー・ポープが書いた「人間論（エッセー・オン・マン）」のパロディーで、ポルノグラフィックな内容だった。エッセーは貴族院で読み上げられ、貴族院は「最もスキャンダラス、ひわい、不信心な名誉毀損の作品だ」と宣言した。

12月末から一時フランスに亡命したウィルクスに対し、議会は、翌1764年1月、議員職を剝奪することを決定した。2月、王座裁判所が、欠席裁判により、ウィルクスを「ノース・ブリトン」の再発行と「エッセー・オン・ウーマン」と題されたわいせつ及び誹謗文書印刷の罪で有罪とした（『A New History of London: Including Westminster and Southwark』John Noorthouck著）。

ウィルクスが英国に帰国したのは1768年。イングランド南部ミドルセックス（当時はロンドン北西部を含む地域。現在はそのほとんどが「大ロンドン」の行政区に入る）選挙区の議員選挙に立候補し、当選したものの、議会側は当選を認知しなかった。

有権者による選挙権の行使の結果を認めようとしない議会の態度にロンドン市民の反感が高まった。ロンドン中の家の窓やドアにはウィルクスへの支持を示す「45」の番号が表示されるようになった。

4月、王座裁判所に出頭して議員特権としての免責を放棄したウィルクスに、国王を誹謗する文書を作成した罪で懲役2年と罰金1000ポンドが科された。5月、王座裁判所の監獄に収監中だったウィルクスの釈放を要求した市民が、南ロンドン・サザクにあるセント・ジョージズ広場に集まった。「正義のないところに、平和なし!」と叫ぶ民衆を抑えようとした政府軍が丸腰の支持者たちに発砲し、10人近くが命を落とす悲劇が生じた。

1770年3月の釈放後、ウィルクスはロンドンの治安官となり、1774年にはロード・メイヤー職に就任している。同じ年にミドルセックス選挙区の下院議員に当選し、今度は無事にその後16年にわたり議員として活動を続けた。

人々はウィルクスをイメージした、あるいは「45」という数字が入ったバッジ、風刺画、ボタン、指輪あるいは45番という番号を入れた眼鏡をかけるなどして、ウィルクスの自由のための運動を支持した。新聞が大衆を巻き込んでキャンペーン運動を展開するのは、現在でも英国の新聞の十八番である。その始まりはウィルクスだった。

名誉毀損は誰が決める?

ウィルクスの戦いとほぼ同時期、政府や権力者を批判する自由を拡大するもう1つの動きがあった。

主役となったのは広告のみを集めた新聞「パブリック・アドバタイザー」紙である。ニュース記事を増やすようになってから人気が出た。反政府の連載物「ジュニアスの手紙」を掲載すると、発行部数は2800部から約5000部に増えた。

「ジュニアス」という名の手紙の書き手の正体は現在でも確定していないが、連載の中で、ジュニアスは読者にイングランド人としての権利や自由に関する情報を伝え、政府がこうした権利をいつどのような形で侵害したかを説明した。

1769年12月17日付の手紙は国王ジョージ3世に宛てて書かれた。「真実を語ることができない」人物でも、「間違いを是正するには遅すぎない」として、「政府を批判するための障害を断固として取り除きたい、と議会に対して言いなさい」と呼びかけた。最後は、「1つの革命で手に入れた王位は、もう1つの革命で失うこともあると覚えておくことです」と書き、国王にしてみれば首筋が冷たくなるような文句で終わっていた。

反政府系の新聞が一斉にこれを再掲載し、「アドバタイザー」の編集長ヘンリー・サンプソン・ウッドフォールとほか数紙の編集長が名誉毀損罪に問われた。陪審団は編集長の1人を名誉毀損で有罪としたものの、他の2人の編集長に関しては無罪とした。当時の法務長官が「出版物が名誉毀損かどうかは裁判官が決める。陪審団は被告が出版したかどうかについてのみ審理する」という見解を表明していたが、陪審団は自分たちで名誉毀損についても判定を出していた。ウッドフォールについては「出版をしたことのみ、有罪」としたが、名誉毀損では有罪にしなかった。

その後、名誉毀損であるかどうかは当局の都合や裁判官によってではなく陪審員が決定することが次第に確立し、1792年制定の名誉毀損法（これを提唱した政治家チャールズ・ジェームズ・フォックスの名をとって、「フォックスの名誉毀損法」と呼ばれる）で明文化された。

サミュエル・ジョンソンの告白

1770年頃のある晩のこと。劇作家の友人宅に招かれたサミュエル・ジョンソン（1709－84年）は、他のゲストとともに食事と会話を楽しんでいた。ジョンソンは、独力で編さんした『英語辞典』（1755年）で既に高い評価を手中にしていた。古典学者の1人が政治家ウィリアム・ピット（「大ピット」）の議会での演説は、自分がこれまで聞いた中でも最高だったと嘆息を漏らした。これに同意する声が続き、演説の一節を再現するものもいた。よっぽど忘れがたい印象を残す演説だったようだ。議場で直接聞いたわけではなく、新聞や雑誌に掲載された政治家の演説を読んでいたのである。

大ピットを称賛する声が相次ぎ、会話が弾んだ。ただ1人、沈黙していたのはジョンソンだった。話が一段落すると、ジョンソンはおもむろに「告白」した――「実は、あの演説は、自分が屋根裏部屋で書いたものなんだ」。

ジョンソンは1730年代後半から2～3年、月刊政治誌「ジェントルマンズ・マガジン」の編集者の1人だった。議会報道に厳しい制限がつく中、同紙の記者が審議のやり取りを書き取った後、形にするのがジョンソンの仕事だった。時として、編集するはずの元の原稿がない場合もあった。そんな時、ジョンソンは、発言者の名前とその議員が議論のどちら側についたかという情報を元に、そのときの発言者の議論を想像して「作る」作業を行った。ジョンソンの名前は報道には出ず、読者は虚実入り混じった演説報道をそのまま信じていたわけである。

1743年、「マガジン」が演説報道を外国語に翻訳すると宣言すると、ジョンソンは自分の嘘が広がる可能性に衝撃を受け、編集業から足を洗ったという。後に、ある歴史家がイングランドの歴史に関する著作を書いていると知ったジョンソンは、「ジェントルマンズ・マガジン」の議会報道を使わないように、と警告している。

亡くなる前に友人に語ったところによれば、自分の著作の中で良心の呵責を感じる唯一の仕事が議会報道であったという。英議会報道の歴史をつづった『オブスキュア・スクリブラーズ』(「不明瞭な速記人たち」の意味)を書いたアンドリュー・スパローによれば、ジョンソンは、「自分が書いたものを人が実際に信じたという事実に困惑した、数少ない作家の1人」だった。

議会と戦うメディア

議会の審議が新聞や雑誌を通して広く報道されるようになるまでには、紆余曲折《うよきょくせつ》があった。長い間、議会での発言は議会の外には漏らさないという暗黙の了解があった。これは、国王側に発言内容が知られて議員が治安妨害・扇情的発言行為で逮捕されるのを防ぐという自衛手段でもあった。

議会自体の手で審議の記録を残す試みは16世紀から始まっていた（貴族院「上院」は1510年頃、庶民院「下院」は1540年代後半）。1620年代、ニュース紙「コラント」が発行される頃になって、ニュース業者が審議の内容を報道し始めた。下院が報道を停止させるために調査を開始するのは1620年代も後半である。

17世紀半ば、時の国王チャールズ1世と議会との関係が悪化すると、議会内での動向が国民の大きな関心事となった。ニュース業者は代書人たちに審議の内容を書き取らせ、これを文書化して個人の購読者に販売した。部数は多くなかったが、次第にいわゆる「世論」が作られていった。議会派と国王派の対立の中で、議会にまつわるニュースは互いのプロパガンダのための材料となった。

1660年の王政復古の年、議決事項の投票結果と審議内容の印刷を禁止する法案が可決された。手書きのニュースレターの作成者たちはこれに応じず、議会報道を行っては下院に呼ばれて懲戒処分を受けた。1680年以降、動議、賛成票と反対票の数の報道は許されたが、個々の議員がどちらに票を投じたかを書くことは許されなかった。

本格的な議会報道が始まるのは18世紀に入ってからである。

フランス人の作家でパンフレット作者のアベル・ボイヤーが先駆けとなった。ボイヤーの雑誌「英国政治事情」（1711年創刊）は、オランダにいる友人に英議会の様子を伝える形を取り、発言者を特定せず、イニシャルを使って表記した。これに続いた2大政治雑誌が「ジェントルマンズ・マガジン」（1731年創刊）と「ロンドン・マガジン」（1732年）である。「英国政治事情」から記事を借用したり、議論の中身を一部消したりしながらの報道だった。

こうした政治メディアの記者たちは、議会で審議を聞いた人に取材して内容を書き取り、これを後で居酒屋などに集まってメモを見せ合って原稿を完成させた。審議の報道は議会休会中に出し、当局からの罰金や印刷業者の拘束につながらないようにした。

1738年、議会は休会中の審議報道も禁じた。

議員が報道への反対理由として挙げたのは「演説より前に報道が出るのは間違っている」、「実際の演説とは異なる、ねつ造だ」、「議員特権の侵犯だ」など。当時、「議会報道の権利」は議論に上らず、報道されることで一般国民が審議内容を知ってしまうと、説明責任が生じ、議会と大衆の位置のバランスが崩れる、という自己保身の考えがあった。これはラテン語の聖書の英訳に反対した聖職者の言い分とどこか似ているようだ。

先の2誌はさらに頭をひねりながら報道を続行した。例えば「ロンドン・マガジン」は、ある政治クラブの秘書が手紙を書くという形を取り、発言者を古典文学に出てくる人物の名前に変えて報道した。「ジェントルマンズ・マガジン」はスウィフトの『ガリバー旅行記』に出てくる架空の国リリパットの議会での議論として出した。しかし、両誌ともに、読者は誰が実際の政治家に該当するかに関して相当頭を働かさなければならず、決して分かりやすくはなかった。

こうした苦労が続く中、「ジェントルマンズ・マガジン」に参加したのが、先のサミュエル・ジョンソンだった。生涯1度も（あるいは1度のみ）議場で審議を聞かないまま、ジョンソンは時には演説のほぼすべてを創作していた。

実際に議会に足を運んだ最初の記者といわれるのが、ジョン・オーモンだ。審議を聞いた複数のジェントルマンから話を聞き、毎日の審議の情報を集めた。これを週に3回発行の「ロンドン・イブニング・ポスト」に掲載した。報道は短いが正確だった。同じく週3回発行の「セント・ジェームズ・クロニクル」では、「壁」と自称する記者が毎日下院に出かけ、ロビーやコーヒーハウスで情報を集めた。後に形成される「議会記者」の先駆けだった。

1769年、新たな議会が開会となった。新聞各紙はこれまでのような概要ではなく、審議の詳細な動きを報道し始めた。1771年、議会側は改めて、1738年の報道禁止決議を再確認した。これに違反した複数の印刷業者に懲罰を与えようとしたが、6人を召喚したところ、3人は姿を現さなかった。ここに介入したのが、ロンドン市民からの支援を得た、報道の自由の戦士ウィルクスである。

3月15日、居場所が分からなかった3人の印刷業者の1人、「ミドルセックス・ジャーナル」のジョン・ホイーブルが同業者によって「逮捕」され、ロンドンの裁判所に連れて行かれた。この時の判事がウィルクスだった。ウィルクスはホイーブルを無罪として釈放した。「ロンドン・イブニング・ポスト」のジョン・ミラーを下院のメッセンジャーが逮捕すると、今度はロンドン市がこのメッセンジャーを逮捕し、ウィルクスと他の判事が裁判を行うことになった。判事たちは下院の逮捕状を無効とした。議会の威信は丸つぶれとなった。

ウィルクスとともに判事となっていた2人、ブラス・クロスビー（ロード・メイヤー職に就いていた）とリチャード・オリバー（参事会員、現在では区議に相当）は下院議員でもあった。議会報道とプレスの戦いは、いつのまにか議会対ロンドン市の戦いの様相を呈してきた。

クロスビーとオリバーは議員特権の違反行為で有罪となり、ロンドン塔に送られた。会期が終了し、6週間の拘束の後2人が釈放されると、ロンドン市民は歓喜にわいた。ロンドン市は21発の祝砲を撃ち、50台以上の馬車を出して、クロスビーとオリバーをロード・メイヤーの公邸「マンション・ハウス」に運んだ。これ以降、下院当局が議会報道を行った新聞に処罰を下すことはなくなった。議会報道は新聞の主要ニュースの1つとして揺るぎない地位を得た。

「ハンサード」誕生へ

議会報道は新聞の目玉となったが、記者は議場内で審議の内容をメモに取ることが許されなかった。

となると、記憶に頼って審議内容を再現する能力が問われる。頭角を現したのが「モーニング・クロニクル」（1769年創刊）の記者、ウィリアム・ウッドフォールである。稀有な記憶力を持つウッドフォールはじっくり審議を聞いた後で、間接話法を使って議論を再現した。報道が正確だと評判になり、アイルランド議会の報道のためにダブリンに向かったウッドフォールは、集まった民衆にもみくちゃにされるほどの有名人になっていた。

下院が記者にメモを取ることを許したのは１７８３年。上院はその後になった。各紙はチームを作り、数人が交代でメモを取った。

１７７１年以降、議会報道自体は禁止されなくなったものの、記者たちは議院内にとどまる特別な権利を得たわけではなかった。議員は議会内に「『ストレンジャー』がいる」と声を発すれば、その人物を議会内から排除できる権利を持っていた。ストレンジャーの意味は「見知らぬ人」だが、ここでは議員以外の人物すべての総称である。

１７６０年代半ば、英国は米国の13州の植民地に対し本国同様に印紙税の課税を決定し、これに対する米国側の反発が独立運動につながってゆくが、こうした重要な政治問題（しかも英政府にとっては不名誉な動き）の審議では、しばしば「ストレンジャーがいる」という文句を使って、記者の出席が阻止された。

また、議会内には記者の傍聴専用の席は設けられておらず、一般市民同様に、記者は議会の前に並び、審議の開始前に中に入るのが普通だった。

状況が変わるのは19世紀初頭。英国はフランスと１７９３年以来戦争状態にあったが、１８０２年、「アミアンの和約」で講和条約が結ばれていた。１年ほどは和平が続いたが、マルタ島の管理をめぐって英仏関係が再び悪化し、翌年５月、英国は和約を破棄しフランスに対し宣戦布告した。
　プロテスタントの国英国から見た、宗教上の敵国カトリックのフランスは、世界に広がる植民地の領地争いでも、ライバル同士となっていた。宣戦から数日後の5月23日、対フランス戦に関して、議会は2日間にわたる審議を予定した。審議の口火を切ったのは対フランス強硬派の政治家で前首相のウィリアム・ピット（小ピット）である。

　議会報道が盛んになったこの時の、長年の敵フランスとの新たな戦争の行方に関する審議は、国民の大きな関心を集めた。多くの国民がピットの演説を聞こうと議会に詰めかけた。議員らは自分の友人、知人を傍聴に呼んでいた。午後4時の審議開始のため、通常議会のドアは正午に開くのだが、この日、議長は審議開始直前になってドアを開けさせた。その結果、どの新聞の記者も議場に入ることができなくなった。翌朝、せっかくのピットの演説や審議内容をどの新聞も報道していなかった。

　こんな由々しき事態の後で、傍聴席の後列に記者用の席がようやく設けられるようになった。

　議会報道が本格化するのは、１８０２年、ウィリアム・コベットが「ウィークリー・ポリティカル・レジスター」を創刊してからだ。コベットは審議内容をレジスター紙の付録として出版するようになり、これを「議会討議録《パーラメンタリー・ディベーツ》」として発行した。

　しかし、資金繰りに窮したコベットは、１８１２年、「討議録《ディベーツ》」を議会の印刷業者ルーク・ハンサードの息子で父同様印刷業者となったトーマス・カーソン・ハンサードに売却する。ハンサードの所有となった「討議録」は人気を博し、公式の議会報道の記録と同義語となった。下院自身が議会報道録の制作を行うようになったのは１９０９年で（下院資料による）、一時は「オフィシャル・レポート」（英国国会議事録）と呼ばれたが、現在までに「ハンサード」に落ち着いている。

産業革命とフランス革命に揺れる

18世紀の英国の政治やメディアは、社会全体で言えば少数の特権グループ（王室と地主貴族層）が牛耳っていた。政党政治は初期段階にあり、王室の合法性についての解釈の違いにより政治家はほぼホイッグとトーリーの２つの派閥に分かれ、メディアを使った熾烈な政争が起きた。

政治家が批判的な意見を抑圧するために新聞に賄賂や助成金を出すのは日常茶飯事で、１７８３年、24歳という若さで首相になったウィリアム・ピット（小ピット、１７５９－１８０６年）の時代はこの頂点となった。ピットはロンドンの朝刊紙の大多数に金銭的支援を行っていた。政府が新聞を「金で買う」のはピット以前にも行われており、１７２２年、鋭い政府批判で知られたエッセー紙「ロンドン・ジャーナル」をロバート・ウォルポール卿（英国初の首相）が買い取っている。プレスを黙らせるために巨額の秘密資金を使っていたことがウォルポールの政権離脱後、明らかになった。

有権者は国民全体の数％で、選挙区はコネや賄賂で支配されていた。

少人数のエリートによる議会の権威を「報道の自由」を旗印に大きく揺さぶったのが、1763年以降のウィルクスの運動とこれを支持した国民だった。プレスは国民の声を代弁する媒体として、自己定義するようになってゆく。

ちょうどその頃、英国民は大きな革命に遭遇し、生活のありとあらゆる面での変更を迫られた。1760年代以降に本格化する産業革命（工業化）だ。工業化による大量生産で仕事を失った労働者たちが、機械や工場の打ちこわしを行ったラッダイト運動を思い出す方も多いかと思う。産業革命は英国の社会・経済・文化を大きく変容させ、労働者階級の形成、中流階級の成長につながった。この上に位置する地主貴族の階級と合わせると、3段階の階級構造となる。

こうしたなか、上・中流階級向けの「リスペクタブル（尊敬すべき、礼儀正しい）」新聞と、労働者のために書かれた「ラジカル・プレス（急進的な新聞）」という2つの流れが出てきた。前者は印紙税を納めた（そのため価格が高い）新聞で、後者のほとんどは印紙税を払うことを拒否し（価格が安い）、違法に発行された新聞である。

1789年、ブルボン王朝による絶対王政が続いていたフランスで、革命が勃発した。7月14日、民衆がパリ・バスチーユ牢獄を襲撃し、仏全土で暴動が起きた。

英社会思想家トーマス・ペインがフランス革命を擁護するパンフレット「人間の権利」を発行すると（1791－92年）、あっという間に人気となった。1793年までに20万部が販売され、特に労働者階級に大きくアピールした。

中・上流階級は仏革命の波及を恐れ、１７９３年、「人間の権利」を国家扇動・名誉毀損罪で発禁措置にしている。

また、労働者階級に急進的思想が流布することを止めるため、反フランス革命の雑誌（「チープ・レポジトリー・トラクツ」、「ペニー・マガジン」など）を廉価で発行させた。こうした出版物はそれぞれ人気があったが、同時に、労働者の大義のための新聞である急進プレスは大きな成長を遂げ、19世紀半ばに頂点を迎えた。

18世紀初頭の新聞は印刷業者が書き手でもある場合が多く、少人数の家内工業的ビジネスだったが、19世紀初頭には、次第に広告収入が増え、利益率の良いビジネスと見なされるようになった。例えば１８２０年代の新聞の編集部は編集長１人、整理・校閲を担当する「サブエディター」が１人、取材記者は10〜14人を抱え、印刷所には30人程の植字工たち、校閲担当が１人か２人、発行人と副発行人が１人ずつ、事務方が２人、荷物運びが１人、使い走りが数人、臨時雇いの取材記者が数人という体制だった。

週に３日発行の新聞が日刊紙に取って代わり、初めての日刊夕刊紙（「スター」）が１７８８年、発行された。ロンドンの新聞は郵便馬車などを使って地方に運ばれていた。

キリスト教の安息日である日曜日に物品をビジネスとして販売することは違法だったが、18世紀末には日曜紙が発刊されるようになり、平日、新聞を毎日買うほどの金銭的余裕がない労働者たちに人気となった。１８１２年までにロンドンでは18紙の日曜紙が発行された。その内容は

「血と犯罪」（レイプ事件、ボクシングの試合の様子など）に関わる記事が多いのが特徴だった。

現在の英国の一般紙は、大雑把にいうと「大衆紙」と「高級紙」に分かれる。前者が急進プレスや日曜紙、後者が「尊敬すべき新聞」をほぼ引き継ぐ。階級制の名残が強い英国で、大衆向けの新聞が大きな人気になってゆく状況は次章で詳細に見てみたい。

大胆に、下品に——風刺漫画ですべてを笑い飛ばす

道の真ん中でスッテンコロリン——。ステッキを持った紳士がしりもちをつく。カツラと帽子が半分脱げ落ちて、禿頭が露わになった。その後ろには見物人たちが並び、書店の窓ガラスの中を何やら興味深げに見ている——。英国の風刺漫画家ジェームズ・ギルレイ（１７５６—１８１５年）の「とても滑りやすい天気」（１８０８年）が描く情景だ。

王室や政治家など支配階級のぶざまな格好や、庶民の生活の一場面を誇張しながら、ユーモアたっぷりに表現する風刺漫画が人気となったのは、17世紀初頭頃からである。風刺画の歴史を書いた『笑いの都市』の著者ビック・ガトレルによれば、ジョージ３世が即位する１７６０年から息子ジョージ４世の治世が終わる１８３０年頃が「風刺画の黄金時代」となる。この間、約２万点の風刺版画が制作されたという。

国王ジョージ３世は、父親が急逝したために22歳で即位した。在位60年という長期統治を成し遂げた（ただし最後の10年は認知症になり息子が摂政となった）人物である。王自身は家族を大

切にし女性問題のトラブルもなかったが、成人した子供たちのスキャンダルには悩まされた。長男はギャンブル好きで浪費がかさみ、軍最高司令官となった次男は愛人を通じて賄賂を受け取っていたことを議会で指摘され、辞職せざるを得なくなった。王室は新聞や風刺画の格好のネタとなった。

風刺画はもともとはエリート層、中流階級がゴシップを共有するために制作され、こうした層が風刺画を購入することでビジネスが成り立っていた。1点につき、500〜1500枚、人気がある場合は3000枚が印刷された。ロンドンの書店や風刺画販売専門店のウィンドウに飾られ、「無料のギャラリー」として庶民の目に触れた。流行に敏感な人は風刺画を見るために書店の前を通ることが日課となった。

街中で新聞販売人たちが風刺画を販売したり、地方や外国でも売られた。男性たちが行き付けの場所、例えば喫煙所、ビリヤードが置かれている場所、床屋、旅館、売春宿などにも貼られた。人気があったのはギルレイ、クルックシャンク一家（父アイザック、1756―1811年、と息子ジョージ、1792―1878年、兄のアイザック・ロバート、1789―1856年）、ジェームズ・セイヤーズ（1748―1823年）、トーマス・ローランドソン（1756頃―1827年）など。風刺画家という枠に収まりきれないが、英国近代絵画の父といわれるウィリアム・ホガース（1697―1764年）も風刺画を描いている。

『笑いの都市』によれば、当時の風刺画の半分は政治物で、残りは社会ネタだった。国内では王室のスキャンダルに加え、ホイッグとトーリーの熾烈な政争、国外に目をやれば7年戦争（1756－63年）、米独立戦争（1775年）、フランス革命（1789－99年）、ナポレオンの皇帝即位（1804年）、その侵略を阻止したトラファルガー海戦（1805年）、世界に広がる植民地を抱えた英国の姿など、風刺対象としてのネタには事欠かない時期だった。

人間の愚かさをユーモアを通して露わにする一方で、支配階級を徹底的に茶化し、批判し、人物の特徴を誇張して描いた風刺画は、東洋の春画を思わせるようなポルノ的な作品、人間の排せつ物を描いたスカトロジックな表現も頻繁にある、幅の広い表現媒体だった。

例えばホガースは1726年の作品で、スウィフトの『ガリバー旅行記』のガリバーが「処罰」として尻の穴に浣腸のための注射器を刺されている様子を描き、ギルレイは「フランスの侵攻――またはジョン・ブルが尻の船を砲撃する」（1793年）と題した風刺画で、地図上のイングランド島を時の国王ジョージ3世の顔に見立て、その下に位置するフランスをフランス人の顔として描いた。国王は尻から放屁とたくさんの船（糞尿に見える）をフランス人の鼻と口をめがけて排出していた。

ギルレイと言えば、最も著名な作品の1つが、ナポレオンと英首相ウィリアム・ピットが地球儀を分け合っている姿を植民地戦争にだぶらせて描いた風刺画「プラム・プディングの危機」（1805年）だろう。王室や貴族の一群が集った様子を描いた「ラサンブレ・ナショナレ」（1804年、副題が「聖アンズ・ヒルの偉大な助け合いの集まり」）は描かれた人物の1人ひとりが、実在の人物に非常によく似ていたそうである。登場人物の1人となった皇太子は、この風刺画の印刷を停止させ、元になる版画本体を破壊させようと巨額を費やしたという。

英歴史研究家デービッド・ジョンソンによれば、風刺画が政権交代に一役買った例がある。フレデリック・ノース（トーリー派）と、彼の政治上のライバル、チャールズ・ジェームズ・フォックス（ホイッグ派）による連立政権の崩壊（1783年）である。

ノース・フォックス政権はポートランド公を名目上の首相にして、ノースを内相に、フォックスを外相にという形をとった。ノースとフォックスという政敵同士が連立内閣を結成するという異例の形で、共和主義者フォックスを嫌っていた国王ジョージ3世は、自分は「無原則な政治の『奴隷』になったと側近に漏らしたという。

国王がことさら、フォックスを嫌ったのには訳がある。フランス革命や米国の独立を支持してきたフォックスは国王の長男の取り巻きの1人だった。国王は、長男の浪費癖、ギャンブル好きはフォックスの悪影響によるものだと思い込んでいた。

政権崩壊までの8か月間、フォックスを攻撃する記事や辛辣な風刺画が増えた。国王の意に沿った風刺画を描いたのがギルレイやジェームズ・セイヤーズだった。セイヤーズは反ホイッグで、トーリー派の若い政治家小ピットを支持していた。

1783年冬、東インド会社を国家の管理下に置くための法案が議会で審議中だった。セイヤーズは、フォックスを私腹を肥やす架空のインド人の王様、カーロ・カーンとして描いた。同年末、米独立戦争による政治の混乱やジョージ3世と大衆の支持を追い風としてウィリアム・ピット（「小ピット」、トーリー派）が新政権を樹立する。フォックスとノースの連立政権は数か月の短命となった。後に、フォックス自身が「議会での審議や新聞記事よりも、風刺画がダメージとなった」と認めている。

デービッド・ジョンソンの分析によれば、風刺画の強みは誰でも分かる「普遍的な言語」で表現されている点だ。当時の国民は風刺画を見れば「フォックスだ」とすぐ分かった。教育を受けた知識層が見れば、風刺画が暗示する文学的及び歴史的な背景を読み取ることができた。

18世紀から19世紀にかけて盛んになった風刺画の伝統は、英国の新聞の論説面に毎日掲載される風刺画に脈々と続いている。時の政治家や政治の動きを容赦なく批判し、その新聞の「顔」としての役目も持つ。下ネタも（頻繁ではないが）健在で、例えば「ガーディアン」の政治風刺画を担当するスティーブン・ベルは、デービッド・キャメロン首相（2010年5月就任）を、何と、ピンク色の透明なコンドームとして描く。「スムーズでツルツルしているけど、どこかつかみどころのない感じがキャメロン氏の性格を表している」とはベルの弁である。英国に来られたら、是非どこかで新聞を入手し、風刺画を覗いてみてはいかがだろうか。

第3章　国民と歩むメディア（19世紀―20世紀初）

「タイムズ」の時代

デイリー・ユニバーサル・レジスター紙と聞いて、すぐにピンと来る方は英国の歴史か新聞について相当詳しい方かもしれない。

1785年に創刊され、3年後に「タイムズ」になった新聞の元の名前である。19世紀、「新聞といえば『タイムズ』」として、英国内のみならず欧州にまでその名をとどろかせた。躍進の秘密は、継続した技術革新、広告収入を運転資金に政府の財政支援を受けずに報道の独立性を維持できたこと、そしてジャーナリズムへの投資をしたことであった。

「デイリー・ユニバーサル・レジスター」の初期の紙面をご覧になったことのある方は、その1面には目立つ写真も大きな見出しもなく、文字広告でびっしり埋まった様子を見て、なんとあか抜けない紙面かとがっかりするかもしれない。しかし、これには訳があった。

創業者のジョン・ウォルターは石炭取引で財を成したビジネスマン。その後保険業に手を染めるが大失敗し、破産状態になった。今度は印刷業を始め、「ロゴタイプ」と呼ばれる新しい印刷技術の特許を取得すると、これを宣伝するために新聞を創刊した。ウォルターは、読者に活字印刷そのものを見てほしかったのである。また、広告のみを集めた新聞がすでに複数存在しており、紙面が広告で埋まっていること自体に当時の読者は違和感がなかった。広告をたくさん集められるというのは、その新聞の価値を多くの人が認めていることも示していた。

タイムズ紙自身が「グーテンベルクの活版印刷に匹敵する発明」と評するのが、蒸気力の印刷術への応用である。創業者の父親の後を継いだ息子ジョン・ウォルター2世は、ドイツ出身の印刷業者フリードリッヒ・ケーニッヒが開発した蒸気力による輪転印刷機を、即時性が求められる新聞の印刷のために改良させている。1台に約1000ポンドという当時としては高額を払って2台の改良輪転機を購入し、1814年から使い出した。導入以前には1時間に250枚だった印刷が、新型印刷機のおかげで1時間1100枚に増加した。1827年には両面印刷で1時間に4000枚にまで向上した。

高額投資をしても回収できたのは十分な量の広告が集まったからだ。広告だけを集めた「付録」が数面つくことも珍しくはなかった。このため、例えば1829年、「タイムズ」が掲載した広告に課せられた税金は1万6332ポンド。今で言うところの高級紙の部類に入るほかの新聞の場合は、モーニング・ヘラルド紙が7325ポンド、モーニング・ポスト紙が5854ポンド、モーニング・アドバタイザー紙が5560ポンド、モーニング・クロニクル紙が3714ポンド。いかにタイムズ紙が多くの広告を集めていたかが分かる。

1850年代半ばには、「タイムズ」の発行部数は5万部を超え、ロンドンの日刊紙の総発行部数のほぼ4分の3を占めるようになった。広告市場でも発行部数でも、市場を独占していた。19世紀は「『タイムズ』の時代」だったのである。

他の多くの新聞が政府からの賄賂や助成金に依存していたのとは一線を画し、「タイムズ」は新たな印刷技術への投資と大きな広告収入を頼りに、政府や政党の束縛から自由になった。いざという時に英国のために言論活動ができる新聞になった。

タイムズ紙は率先して「新聞としては初」の道を進んでゆく。1807年には、ドイツ語が巧みなヘンリー・クラブ・ロビンソン記者を初の外国特派員に任命し、後に独ハンブルクの一部となるアルトナに赴任させた。14年には世界で初の蒸気力による印刷機で新聞を印刷した。1844年8月、ビクトリア女王の次男が生まれたとき、電報で受け取った情報を元に「女王がご出産。男子ご誕生」と報じた初めての新聞となった。他紙が電信情報を使うようになるのは1850年代も半ばである。1902年には大西洋横断無線のメッセージを受け取る最初の新聞となった。

こんな「タイムズ」のデザインに今一度注目してみると、8ページ構成の3ページは広告で埋められ、5ページはニュース、特集記事、読者からの手紙、解説・意見、世界中の特派員が送ってきた記事で埋められていた。

ビクトリア朝（1837―1901年）の新聞は、紙面レイアウトにはそれほど注意を払っていなかった。記事の位置を工夫し、見出し、写真やグラフ、イラストなどをちりばめた現在の新聞に慣れている私たちの目には、「タイムズ」は読みやすい新聞には見えないだろう。

しかし、「タイムズ」が他を圧したのはそのコンテンツ、つまりジャーナリズムであった。

同紙初期の名編集長といわれるトーマス・バーンズ（在任1817―41年）は、新聞は特定の有力者、政党、時の政府と提携関係を持つべきではなく、「タイムズ」が提携関係を持つのは国民とのみと考えていた。

新聞の義務は大衆が何を考えているかを探り当て、これを紙上で記事化することであるとして、速記ができる記者を市民が参加する集会や催しごとに派遣して、メモを取らせた。

1819年、イングランド北部の都市マンチェスターで、選挙法改正などを訴えて集まった約6万人の労働者たちを騎馬義勇隊が粉砕した。15人が死亡、600人以上が負傷するという大きな事件となった。これは「ピータールーの虐殺事件」と呼ばれている。「ピータールー」というのは、デモが行われた聖ピーター教会前広場（セント・ピーターズ・フィールズ）の名前と、ナポレオン戦争を終結させた「ワーテルローの戦い」（1815年、ベルギーのワーテルロー村の近くで、英国とプロイセンの連合軍が、ナポレオン1世が率いるフランス軍を破った）とを合わせた呼び方である。「ワーテルロー」は英語読みでは「ウォータールー」となる。

バーンズはこの事件の犠牲者の様子を報道させたほか、国王ジョージ4世（在位1820－30年）に嫌われた妻キャロライン王妃の不遇や、貧民層を救うための改革の必要性など、当時の知識層の幅広い関心に応える記事で読者をひきつけた。発行部数が増えると広告媒体としての価値も上がる好循環となった。

質の高い論説面を作り、知識人には必読の新聞となったバーンズの「タイムズ」は、「ニュースペーパー・オブ・レコード」（Newspaper of record）と呼ばれた。直訳すると「記録の新聞」で、政府の公的記録や法的通知を行う新聞（例えば17世紀に創刊された、政府発行の新聞「ロンドン・ガゼット」）を指すとともに、「信頼に足る報道を行う新聞」という意味がある。

「タイムズ」は、政府や新聞の所有者の意見に左右されない独自の意見を社説で出し、発行部数や報道の質で他紙を圧した。欧州他国の知識層の間でも広く読まれ、世の支配者層が読む新聞としての地位を築き上げた。

バーンズの後を継いだのがジョン・ディレーンだった。23歳で編集長となったディレーンは、「人々の声を聞きとる」（「イアーズ・オン・ザ・グラウンド」）を記者の基本的態度とした。自分自身も政治家との晩餐にしばしば出かけて政治のゴシップを仕入れ、紙面のネタとして使った。

「タイムズ」には「サンダラー」（「雷が落ちるように怒鳴る人」）という呼び名もある。これは、1832年の第1次選挙法改正に向けての議論が続く中、ある新聞が「改革を叫んで怒鳴る人」と同紙を評したところから発祥した――これが通説だ。

改正を主張した「タイムズ」の強い論調から、こうした見方が出るのは自然な成り行きだったが、「タイムズ」の資料によれば、もともとは1830年のある貴族の不審な死にまつわる報道がきっかけだという。

「タイムズ」は社説の中で、この貴族の死を「自殺」とした検死結果は、スキャンダルを隠すための上流社会の隠ぺい行為だと指摘した。これが非常に迫力のある文章で書かれていたため、「雷が落ちるように怒鳴る」新聞＝「サンダラー」というニックネームがついたのだという。いずれにしろ、知識層への影響力の大きさを表すエピソードである。

また、「タイムズ」を1850年代頃から「フォース・エステート（「第4の階級」、あるいは「第4の権力」）」と呼ぶ言い方も出てきた。現在ではフォース・エステートはプレス（新聞）、あるいは言論界を表している。「第4」というのは、中世に作られた貴族、聖職者、平民の3区分の階級・身分に加えられた新しい身分を指す。ちなみに、君主はこの身分制度の上に君臨する。

大きすぎる？　影響力

「第4の階級」となった「タイムズ」の影響力の大きさがしばしば問題視されるようになった。特に言論機関としての力が最高潮に達したのが、ディレーン編集長が統括していた1850年代だったといわれている。

1851年12月、第2共和政下のフランスで、大統領に就任していたルイ・ナポレオン（ナポレオン1世の甥、後のナポレオン3世）が、クーデターを起こした。パーマストン英外相は女王の承認を得る前に独断でクーデターの正当性を承認した。かねてからナポレオン3世を批判する記事を掲載してきた「タイムズ」は政府のクーデター承認を強く批判し、反政府の論調を表に出す紙面づくりを行った。ラッセル首相は女王の怒りを買ったパーマストンを更迭し、2か月後、内部亀裂が一因となって政権が崩壊した。次期首相のダービー卿は議会の演説で、「政治家と同等の影響力を持ちたがる英国の新聞は、責任も共有するべきだ」と発言した。

「タイムズ」はこれにひるまず、政府やほかの権力者の批判を躊ちょしない報道に徹した。

従軍記者とナイチンゲール

1854年9月15日。英国、フランス、トルコ・オスマン帝国の連合艦隊が、黒海の北岸にあるクリミア半島に到着した。英戦艦「ブリタニア」に乗船して連合艦隊の侵攻を報道したのは、「タイムズ」のディレーン編集長である。

クリミア半島は現在はウクライナ共和国の一部だが、当時はロシア帝国の支配下にあった。聖地エルサレムの管理権をトルコに要求して南下を図ったロシアに対し、阻止しようとする英、仏、トルコ、サルジニアなどの連合軍が衝突したのがクリミア戦争(1853−56年)である。

当初、英国は戦闘ではなく外交による解決を望んでいたが、1853年11月、黒海南岸の港湾都市シノープに停泊中のオスマン帝国艦隊がロシア艦隊から攻撃を受けた「シノープの海戦」をきっかけに、翌年3月、フランスとともにロシアに宣戦布告した。

ディレーンは、英国の新聞で初のフルタイムの戦争特派員としてウィリアム・ハワード・ラッセルを現地に派遣し、自分の目で見た戦場の様子を生き生きと描写させた。ラッセルは、英指揮官の無能さ、物資供給管理の不手際、戦闘行為ではなく疾病で命を落とした普通の兵士の姿をつづった。ディレーン自身も現地を訪れ、惨状を目にした。

報道による戦況への負の影響を考慮して、ラッセルは編集長ディレーンに「見たことを書くべきか、口をつぐむべきか」のお伺いを立てた。ディレーンの答えは「これまで通り、真実を語れ」だった。

ある英兵士の言によれば、当時30代半ばのラッセルは「下品で低俗なアイルランド人」（ラッセルはアイルランド人）で、「歌を歌うのが大好きで、ブランディーと水をよく飲んだ」、「常にタバコを吸い」、「若い兵士から話を聞きだすのがうまかった」という（『クリミア』オーランド・ファイジーズ著）。

ラッセル自身は「戦争特派員」と呼ばれるのを嫌っていた。戦争を取材することを特別視したくなかったのかもしれない。しかし、ラッセルの報道によって、英国民は初めてクリミア戦の戦場の様子をありありと知ることができた。

戦場で傷つき、病院に運ばれて亡くなってゆく兵士の姿を描写したラッセルの記事を読んだのが、フローレンス・ナイチンゲールだった。

裕福な家庭で生まれ育ったナイチンゲールは、当時ロンドンのある婦人病院の院長になっていた。

「タイムズ」の報道で負傷兵の悲惨な扱いを知ったナイチンゲールは、戦地への従軍を志願した。1854年秋、看護婦として働く38人とともに後方基地と病院があるユスキュダル（現在はイスタンブールの一部）に到着した。病院の看護婦の責任者となったナイチンゲールは、時間がかかったものの、病院内の衛生状態を向上させることにより死者数を劇的に減少させていった。

政権交代へ

ナイチンゲールが負傷兵の看護に力を入れていた頃、ディレーン指揮下のタイムズ紙はクリミア戦争での英軍の犠牲を巡って、政権担当者の責任を追及するようになった。

実戦開始から4か月で、約2万1000人の英軍死者が出ていた。約2700人は戦闘中に亡くなり、約2000人は負傷により、また約1万6000人が疾病で命を落としていた。1855年1月23日の下院開会日、「タイムズ」は社説で、英国はこれでも軍事大国といえるのかと「何もできない」政権の能力のなさを強く批判した。

ある議員が戦況とその原因に関わる調査会を設置するべきと提案したが、当初、政府はこれを却下。しかし、下院で採決を取ると、設置への支持が過半数を占めた。アバディーン内閣はこれを政府不信任案が可決されたとして、辞職した。

政権交代の下地を作った「タイムズ」。確かにその影響力は多大だった。クリミア戦争の一連の記事が好評を得て、「タイムズ」は、戦争前は約3万部の発行部数を1年で6万部近くに増やした。

ディレーンは1877年まで編集長の座に就いた。健康が悪化して「タイムズ」を去ってから2年後に亡くなっている。62歳。36年間という長期にわたり、同紙とともに生きた人生を送った。

ディレーンは前任の編集長トーマス・バーンズが亡くなって、その後を継いだが、バーンズの死の半年ほど前には副編集長フランシス・ベーコンが若い妻フランセスを残してこの世を去っていた。

フランセスは、夫が残した文書が「タイムズ」の役に立つのではないかと思い、ディレーンを自宅に呼んで文書を引き取ってもらった。フランセスは、バーンズを自分の夫が就任するべき職を奪った人物として嫌っていた。一方のディレーンはフランセスに一目ぼれした。

２人はまもなく結婚するが、フランセスは精神を患い、施設に隔離される毎日を送った。ディレーンは仕事の合間にロンドン南東部サリー州の施設にいるフランセスをたずねた。『ディレーンの戦争』（ティム・コーツ著）によれば、妻はディレーンの言葉を理解できず、会話は成り立たなかったという。訪問を終えると、ディレーンは熱心に妻に手紙を書いた。その手紙が読まれた形跡はないとコーツは書く。それでもディレーンは訪問を続け、一方通行の会話をし、フランセスに手紙を書き続けた。自分の訪問が妻にとっては無意味であることを知っていても、「ディレーンにとっては大きな癒しになっていた」（コーツ）。フランセスはディレーンが亡くなる３年前にこの世を去った。

大物政治家を知己に持ち、社説で政界を動かした「タイムズ」の編集長ディレーンには、こんな知られざる私生活があった。

急進プレスが労働者の心をつかむ

19世紀、ジャーナリズムの質、最新技術の導入度や発行部数の多さ、政治への影響力で群を抜いたのが「タイムズ」だった。

しかし、タイムズ紙は中流階級以上の人が読む、「リスペクタブルな（尊敬すべき、礼儀正しい）」新聞で、労働者階級にとっては、1部7ペンスで売られていた同紙は手が届かない代物だった。とはいっても、当時は労働者階級の識字率は高くなく、誰かが買った新聞をパブやクラブ、家庭で読んでもらい、これを聞くという形で多くの人が新聞を「読んで」いた。

労働者に人気があったのは、1週間に1度買えばよい日曜紙や、その大部分が印紙税を払わない（したがって価格が安い）「急進的なプレス」と呼ばれた新聞だった。

急進的なプレスが伸びた背景には、18世紀後半からの産業革命の進展と社会の変容があった。狭い労働者住宅、不衛生な生活、低賃金や労働時間の長さなど、工業化の矛盾が発生していた。労働者には政治参加も阻まれていた。当時、参政権は国民1人ひとりの基本的な権利とは考えられておらず、工業都市として成長したマンチェスターやバーミンガムなど北部の都市にはほとんど議員定数の割り当てがなかった。貴族・地主がその影響力を使って票を支配する、あるいは票を買う「腐敗選挙区」あるいは「ポケット選挙区」（選挙区が地主のポケットの中にある、の意味）が多数存在していた。

地主層に独占されていた選挙制度の改革や地主の利益を擁護する穀物法の廃止を求めて、産業資本家と労働者たちが共闘する、大きな社会運動が生まれていた。

穀物法の制定は、1815年、ナポレオン戦争終結後に大陸封鎖令が解かれて、大量の安い穀物が英国に輸入されたことがきっかけだ。この法律の目的は穀物価格の高値維持だった。地主層にとって、国内価格より安い外国産穀物が普及しては困る。そこで、穀物法を使って、国内価格が一定水準を超えた時にのみ外国産穀物の輸入を認めるようにした。

地主貴族にとって穀物法は自分の利益を守るための法律だったが、産業資本家にとっては利益を侵害する法律だった。穀物価格が高騰すれば賃金水準が上がってしまうからだ。労働者にとっても、パンの値段が上がれば生活はますます苦しくなる。そこで、産業資本家と労働者が、ともに穀物法の廃止を求めるようになった。

労働者の声を代表する媒体として人気を博したのが急進プレスである。その最盛期は1830年代初頭から半ば頃。ウィリアム・コベットが編集した週刊新聞「ポリティカル・レジスター」もこうした急進プレスの1つだ。

「レジスター」は、1802年、財務省の助成金で創刊された新聞だが、創刊から3年後には、政府に批判的な記事を出すようになっていた。

対ナポレオン戦争（1803―15年）で「銀行家は肥えたが、戦費をまかなうために大きな困難に見舞われるのは農家だ」とレジスター紙は指摘した。攻撃すべきは「2つの頭を持つ怪人

＝腐敗する教会と国家」であり、現状を改善するためには、地主階級が議席を独占している「議会を改革せよ」と訴えた。政府批判を続けたコベットは当局の逮捕から逃れるため、１８１７年、フランスに一時退避している。

選挙法改正を求めた労働者のデモが、騎馬義勇兵の突撃で粉砕されたピータールー事件（１８１９年）が起きるのはこの頃である。

ちなみに、このデモを目撃したジョン・エドワード・テイラーは、デモ発生の２年後となった１８２１年、「マンチェスター・ガーディアン」紙を創刊している。現在の左派系高級紙「ガーディアン」の前身である。

１８３２年、第１次選挙法改革案が議会を通過し、産業資本家に選挙権が拡大した。都市選挙区では、年価値10ポンド以上の家屋・店舗などを所有ないし賃貸する者に、また州選挙区では従来からの40シリングの「自由土地所有者」に加えて、年価値10ポンド以上の謄本土地所有者と年価値50ポンド以上の借地農に選挙権を与えた（『概説イギリス史』）。多くの腐敗選挙区は廃止され、新興の工業都市に議席が配分された。「レジスター」のコベットは、イングランド中部オールダム選挙区で下院議員に選出された。

第１次選挙法改正では労働者に選挙権が与えられなかったので、普通選挙の実現を要求するチャーチスト運動が起きた。チャーチストあるいはチャーチズムとは、運動の指導者たちが起草した「人民憲章」＝ピープルズ・チャーターに由来する呼び名である。

労働組合の組織化につながった新聞「プアマンズ・ガーディアン」はランカシャーの織物工、コーンウォールの漁師、ロンドンの家具製作者も等しく1つの労働者階級に属することを伝えた。「知識は力だ」というスローガンが1面に印刷されていた。

最も人気があった急進プレスは、1837年、工業都市リーズで創刊した、週刊新聞「ノーザン・スター」だ。1839年には毎週5万部が発行され、当時では最大の発行部数である。1部を20人が読んだといわれ、読者数は100万人に達した。同紙はチャーチスト運動の代表者であると自称し、国内の労働者を1つの政治運動にまとめる役目を果たした。

政府は、払うべき印紙税を急進プレスの発行者が払っていない、などの理由から、逮捕・投獄してその言論を抑えようとしたが、支持者が引きも切らず、なかなか効果があがらなかった。

急進プレスが勢いをなくしていくのは1830年代後半である。

理由は、蒸気力を使った印刷機には一定の資金が必要で制作コストが上昇していったことに加え、工業化の矛盾がちょうどこの頃に起きた労働闘争で次第に軽減されてきたからだ。多くの労働者の労働環境や賃金が向上し、富裕な慈善主義者たちが住宅、学校、孤児院など社会施設を提供するようになった。景気が回復し、鉄道建設ブーム（1840年代）が起きると、急進的な労働運動はかつての勢いを失った。穀物法も、1846年撤廃された。

急進プレスが廃れてゆく19世紀後半、その代わりの役を担ったのは、娯楽や衝撃的な事件を中心に、労働者の気持ちを代弁し、娯楽を提供する日曜紙や安い価格で販売された「大衆紙」（ポピュラー・プレス）だった。

1840年代以降、読者層を伸ばしてゆく日曜紙は急進プレスと政治意識は共通だったが、これに殺人、強盗、スキャンダルなど扇動的な記事を混在させて人気が出た。当時の主要3大日曜紙は「ロイズ・ウィークリー・ニューズペーパー」（1842年、「ロイズ・イラストレーテッド・ロンドン・ニューズペーパー」として創刊後、改名）、「ニューズ・オブ・ザ・ワールド」（1843年）、「レイノルズ・ニューズ」（1850年、「レイノルズ・ウィークリー・ニューズペーパー」として創刊後、改名）で、先の2紙はそれぞれ10万部、レイノルズ紙は5万部を売った。日刊紙の部数はこの5分の1程度だった。

新聞の黄金期へ

1860年代から、英国は「パックスブリタニカ」の絶頂期を迎えた。南アフリカやインドを植民地として世界に影響を拡大させ、「世界の工場」として輸出市場を発展させた。人口も20世紀前半にかけて急増した。国勢調査によれば、1801年の人口は約960万人、1831年で約1470万人、1851年で1870万人、1921年で4249万人に増えた。増えた人口はロンドンや新興工業都市に向かった。

新聞は発行部数や種類において「黄金時代」を迎えるが、その起爆剤となったのが、新聞に課せられていた様々な税金が1860年代前半までに廃止されたことだ。1830年代に広告税や紙税が半分になり、印紙税が4ペンスから半ペニーになった。50年代半ばまでに広告税と印紙税が消えた。61年には紙にかけられていた税金が廃止された。

戦争は常にニュースへの渇望を生み出してきたが、ニュースの需要を高めたクリミア戦争も税金廃止の動きに追い風となった。

諸々の税金がなくなって、19世紀半ば以降、新聞の創刊が急増した。1856年から1914年までの間で、英国とアイルランド（当時の国名はグレートブリテン王国及びアイルランド連合王国、1801−1927年）で発行されている新聞は274紙から2205紙に達した。ロンドンに限ると、151紙から478紙に増えた。

日刊紙だけで見ると、1881年でロンドンに18紙、ロンドンを除いたイングランド地方で96紙、スコットランドで21紙、アイルランドで17紙、ウェールズでは4紙が発行されていた。

世界初の商用鉄道（イングランド地方北東部ストックトン−ダーリントン間）を1825年に開業させた英国では、1830年代以降、鉄道網が整備されてゆく。同時に、ロンドンを中心に放射線状に幹線網ができ、内陸運輸体制が大きく発展した。ロンドンで発行された新聞が鉄道で地方に運ばれ、英国の新聞業界全体を支配するようになった。

編集長＝最高権力者

19世紀は名物編集長の時代でもあった。「タイムズ」のジョン・ディレーン、「マンチェスター・ガーディアン」のC・P・スコット、「デイリー・クロニクル」のH・W・マシンガムなどがその代表者たちだ。

この部類に入る編集長は、党派的で強い論調の紙面を作り、新聞の内容や方向性を完全に支配した。時の政府、所有者、財政支援者から編集上独立し、新聞を「第4の権力」にした。独自の政治姿勢を持ち、政党や政治家と緊密な関係を持った。

下院議員になった編集長や記者も多い。「タイムズ」の社説を書いていたヘンリー・リーブは財務相になり、「マンチェスター・ガーディアン」のスコットは下院議員になっている。現在の英国の新聞記事は署名記事が主だが、当時は無記名がほとんどだったので、編集長＝新聞の顔と見なされ、その存在が目立った。

「タイムズ」のディレーン編集長は政界内の独自のコネを生かし、政治家トップとの公式・非公式なアクセスを通じて、紙面を充実させた。ディレーンは読者からの手紙を毎日3時間かけて読んだという。海外の特派員をよく訪問し、すべての原稿を読み、しばしば書き直しのメモを書き込んだ。

しかし、19世紀末までに編集長の権威は低下した。新聞を利益を得るビジネスとしてとらえる見方が強くなり、所有者と意見が合わず辞職する編集長も出た。

ディレーン自身も、実は所有者のウォルター2世とビジネスマネージャーのモーブレク・モリスとの間で、その権限が狭められていたという見方がある。

また、57年間という長期にわたって「マンチェスター・ガーディアン」の編集長だったC・P・スコット（編集長在任1872―1929年）が紙面作りを本当に自分の権限で行えるようになったのは、1907年、創業者の息子の相続人から新聞を買い取り、所有者になってからだといわれている（所有者になったのは1905年説もある）。

スコットが残した名言の1つに、「論評するのは自由だが、事実は聖なるものだ」（Comment is free, but facts are sacred）がある。意見と事実をしっかり分けることの重要性を述べたこの表現は、現在、ガーディアン紙（「マンチェスター」が取れたのは1959年）のウェブサイト上に設けられた、論説ブログ・コーナーのタイトルにもなっている。

ソールトヒル殺人事件と電信の技

1845年1月1日。年越しから一夜明けたこの日、イングランド南部ソールトヒルにある小さな別荘に住むセーラ・ハートの悶絶するような声を、隣人のアシュリー夫人が耳にした。不審に思った夫人が様子をうかがうと、セーラの家から、時々見かける男性が出てくるところだった。駆けつけた夫人は、セーラが口から泡を吹きながら床に横たわっているのを発見した。残念なことに、セーラは医者がやってくる前に息絶えた。

夫人が地元のチャンプネス牧師に助けを求めると、牧師は大急ぎで最寄り駅スラウに向かった。男が鉄道を使ってロンドンに向かうと見当をつけたのだった。駅に到着すると、案の定、問題の男性はまさにロンドン行きの列車に乗るところだったが、捕まえるまでには至らなかった。

牧師は今度はスラウ駅の駅員に頼み、ロンドン・パディントン駅に電信メッセージを送ってもらった。そのメッセージとは以下だった。

「ソールトヒルで殺人事件発生。被疑者はスラウ駅午後7時42分発、ロンドン着の1等切符を買って乗車した。男は、足元まで届く茶色の大きなコートを着て、クウェーカー教徒の格好をしている。2つ目の1等車の最後のコンパートメントにいる」(コンパートメントとは、席が向かい合わせになった客室を指す)――。

当時の英国の電信サービスではQが打てなかったのでQuaker《クウェーカー》はKwakerというつづりが使われた。

このメッセージを受け取ったパディントン駅の事務員は鉄道警察に事態を通報した。スラウからの列車が到着し、数分もしないうちに、今度はパディントン駅からスラウ駅に向けて「上り列車到着。電信が伝えた描写に合致する人物がコンパートメントから出てきた」というメッセージが送られた。

クウェーカー教徒のジョン・タウェルが、愛人セーラを毒殺した罪で絞首刑になったのは3月末である。当時は公開処刑が慣習で、約1万人の大衆が処刑の様子を見るために集まったという。

ソールトヒル殺人事件は、殺人犯逮捕で電信が役立った最初のケースだった。

電信の最初の商業化は英国の発明家ウィリアム・クックと学者チャールズ・ホイートストーン

による。1837年、クックとホイートストーンは警報機としての電信機の特許を取得し、ロンドンのユーストン―カムデン間で実演に成功した。2年後には、パディントン駅とウェスト・ドレイン駅をつなぐ、約21キロにわたるグレート・ウェスタン鉄道の線路を利用して電信体制が敷設された。

電信の通信網が拡大してゆく1840年代以前、個人が手紙を書いた時、これを先方に届けるには徒歩か、急ぎであれば馬車を使うかだった。長距離の場合は、馬車か水路、鉄道輸送しかなかった。

しかし、電信の発明で、ほぼ一瞬にして情報が先方に届くことになった。

情報伝達速度の劇的前進は、人と人のコミュニケーションの取り方やビジネスの仕組み、ニュースの配信方法を大きく変えていった。新技術を使って情報を大量に、迅速に配信する通信社が誕生し、それまでロンドンの新聞に大きく依存していた地方紙が独自の市場を拡大させるきっかけを作った。

1840年代半ばから、民間企業「電信会社」が国内の通信網を拡大させ、1848年にはニュース（競馬と株式情報）の配信を始めた。次第に配信内容を拡大し、地方紙を中心とする新聞、ホテル、クラブ、パブなどに配信された。当初は1日に4000語の配信で、議会開会中は6000語に増加した。一定の年間購読料を取り、購読料は次第に右肩上がりとなった。

霧のロンドンで馬車が止まった時

ロンドンの新聞に情報を依存しながら週に2〜3回の発行を続けていた地方紙は、新聞に課せられていた複数の税金がなくなったこともあって、通信サービスを利用しながら、日刊紙（大部分が夕刊紙）に次々と移行していった。新たな日刊紙の多くはイングランド北部の新興工業都市ランカシャー、ヨークシャー、ノーサンバーランド、ダーラムなどに集中していた。

１８５０年代から60年代、ニュースを配信する電信会社は複数に増えたが、こうしたニュースに依存すれば依存するほど、地方紙は購読料の高さ、通信の不安定さや不正確なニュースに悩まされることになった。

「一体どうしたものか――」石炭を燃やしたときに出る煙《スモーク》の微粒子と霧《フォッグ》が混じった「スモッグ」がまん延するロンドン市内を走る馬車に乗り合わせた、４人の地方紙の編集長たちは、頭を抱えた。

交通渋滞で馬車が止まった。１人がひらめく。「そうだ！　自分たちでニュースの配信をしたらどうだろうか？」これに他の編集者が賛同し、１８６８年にサービスを開始する、英国内のメディア向け通信社、ＰＡ通信が誕生した。

ＰＡ通信は地方紙が所有し、地方紙のために生まれた通信社だ。といっても、地方紙だけではなく、全国紙や放送媒体にもニュースを配信する。２０１１年現在、英国とアイルランドに２０

0人を超える記者を置いている。

伝書鳩を飛ばす男たち

ドイツ・ヘッセン州の宮廷都市カッセルで生まれたイスラエル・ビア・ジョサファット（1816－99年）は、叔父が経営する銀行で事務員として働くうちに、電信技術の可能性に強い関心を持つようになった。

もとはといえば、数学者、物理学者、天文学者のカール・フリードリヒ・ガウスと銀行での勤務を通じて知り合いになったのがきっかけだ。当時ゲッティンゲン大学の教授で天文台長でもあったガウスは電信の研究をしていた。「電信を使って、瞬時に世界中の人と交信できたらいいな」――ジョサファットはそんな夢を抱いた。

夢の実現を心に抱き、1845年秋、英国に渡ったジョサファットは、ユダヤ人の両親からもらった名前を「ジョゼフ・ジョサファット」に変えた。滞在後2か月もしないうちにキリスト教信者となり、再び名前を「ポール・ジュリアス・ロイター」に変えた。ほぼ同時に結婚もし、一旦ドイツに帰国してからは書籍業、出版業に手を染めたが、うまくいかなかった。今度はフランスに渡って、世界最初の通信社とされる、シャルル・アバスが創業したアバス通信で働いた。

アバスは1835年に通信事務所を作り、主要国の首都に配置した通信員から送られてくる株式や商品市場などのニュースを購読者に配布していた。48年からは、伝書鳩を使ってニュースを伝達した。当時の鉄道に比べると、伝書鳩の方がよっぽど効率が良かったのである。

アバスの元から、後に世界の3大通信社を構成する人物が巣立ってゆく。まず、アバスに次ぐ存在となったのが、49年、ベルリンでヴォルフ電報局を創業した、元社員のベルンハルト・ヴォルフ。もう1人が、ロイターだった。

1850年、ドイツに戻ったロイターは、当時ドイツの電信線の最終地点となっていたアーヘンとベルギーの間でニュースと株式情報を配信するために、伝書鳩と電信による配信を組みあわせたサービスを開始した。アーヘン—ベルギー間に電信線が敷設されるまで続いたほぼ1年間の配信業務に、ロイターが使った伝書鳩の数は200羽に達したという。

妻と息子を引き連れて、翌年、ロンドンにやってきたロイターは、金融街シティーにある王立取引所の建物の1つに、通信社の事務所を構えた。従業員はロイター自身と雑用係の11歳の少年のみ。後に世界に巨大情報網を築くロイター通信の質素な幕開けだった。

1851年に敷設された、ドーバーとカレー間の電信ケーブルを利用して、ロンドンとパリの株式や金融情報を主として配信した。「自分なら、もっとうまくできる」。ロイターは、ロンドンで発行されている新聞各紙の国際報道を見て、そう思った。世界各地に情報を送ってくれるエージェントにコネがあったロイターは、外国のニュースをロンドンの新聞に提供するサービスを開始することに決めた。

最初に声をかけたのが、発行部数及び世論への影響度が非常に大きなタイムズ紙であった。しかし、「タイムズ」は自社の特派員網でカバーできるという理由で、ロイターのオファーを断った。

これであきらめず、ロイターは「タイムズ」のライバル紙の1つ「モーニング・アドバタイザー」の編集長に掛け合う。アドバタイザー紙のスタッフよりも、「早く、もっと分量が多く、もっと正確な」欧州情報の2週間無料配信サービスを持ちかけた。もし編集長がロイターの配信に満足してくれれば、1か月30ポンドで配信を続けます、と。通常の国際ニュースの配信サービスよりも、10ポンド安い値段だった。

正確さと速さをモットーにしたロイターの配信ビジネスは次第に契約者を増やし、「タイムズ」を含めたロンドンのほとんどの新聞や地方紙が顧客となった。

契約者を増やす鍵となったのはスクープの数々だ。第2次イタリア統一戦争（1859年）では開戦前のナポレオン3世の演説の文章をスクープ配信し、1865年には米国の16代大統領アブラハム・リンカーン暗殺のニュースを欧州で初めて伝えた通信社となった。

ロイターは元の勤務先アバス、ドイツのヴォルフと、1870年、米国（1892年、AP通信が発足）を除いた全世界の市場を3社で分ける協定を結んだ。ロイターは大英帝国、トルコ、エジプトの一部、日本や中国を含む極東でのニュースの収集・販売を独占した。ちなみに、アバスはフランス及びその領土、イタリア、スペイン、スイス、ポルトガル、エジプトの一部、ラテンアメリカ、一方のヴォルフはドイツ及びその領土、オーストリア、オランダ、北欧、ロシア、バルカン諸国を独占した。この協定は1934年の正式破棄まで、64年間続いた。

通信社報道のモデル

ロイター通信の創業者ポール・ジュリアス・ロイターのモットーは「ケーブル（電信）を追え！」だった。ロイターが特派員に送ったメモ（1883年）によれば、通信社が送るべき「ニュース」とは、「火事、爆発、洪水、浸水、鉄道事故、破滅的な嵐、地震、多くの犠牲者が出た難破事故、軍艦や郵便船の事故、重要な街頭の暴動、ストによる混乱、社会的及び政治上の著名人の決闘、自殺、扇情的あるいは残酷な殺人など」。また、「速さを最優先にして事実のみを第一報で送り、その後なるべく早い段階で事件の重要度に応じて続報を送ること」と書かれていた。「何が何でもまず、誰よりも早く第一報」――そんなニュース報道の大原則を電信という当時の新技術を利用しながら世界中に浸透させていったのが19世紀の3大通信業者だった。

ロイターは通信業での功績を認められ、1871年、男爵の爵位を授かった。1899年、ボーア戦争が勃発する。これは英国とオランダ系ボーア人（アフリカーナー）が南アフリカの植民地化を争った戦争で、ロイターは英国側とボーア人側との両方に特派員を派遣し、質の高い報道記事を配信した。当時、ロイター通信は世界に200人以上の特派員を置いていた。

安さで人気の「テレグラフ」、ペニー新聞の時代

ジャーナリズムの質、社会への影響力、発行部数において他を圧していた「タイムズ」の地位を危うくする新聞が創刊されたのは、1850年代半ばである。「タイムズ」が7ペンス、そのほかの日刊紙が5ペンスで売っていたところ、2ペンスという格安の価格で、1855年、「デイリー・テレグラフ」が登場した。「テレグラフ」は19世紀末になって増える「ペニー新聞」(1部1ペニー、あるいは安い値段で販売された新聞)のさきがけである。

「デイリー・テレグラフ・アンド・クーリエ」というやや長い名前でデビューしたがまもなく経営が悪化し、創刊者のアーサー・スレー大佐が印刷業者のジョゼフ・モーゼズ・リービーに売却した。

リービーは、「アンド・クーリエ」を取り、「デイリー・テレグラフ」として出直した。以前の半額となる1ペニーで販売する。「そんな安い価格で質の高い新聞は作れない」とライバル紙は反発したが、「安さと高品位は一致できる」とテレグラフ紙は主張。「社会の誰でもが買える値段で販売して何が悪いのか」と開き直った(『リード・オール・アバウト・イット』)。それでも実質は中産階級向けの新聞であった。

あっという間に、2万7000部を売上げた。これは当時最も売れていた新聞「タイムズ」の

部数の半分であった。1876年までに25万部まで部数は伸び、4大朝刊紙の総部数を超えた。

1870年代から80年代、どの新聞も価格を下げて読者層の拡大を試みた。「デイリー・ニューズ」は1ペニーに下げて部数を増やし、「タイムズ」は3ペンスにまで下げたものの、国内外の特派員の維持費などの負担で台所事情が苦しくなった。安い値段の新聞の人気に押されて、「タイムズ」の発行部数は次第に下がり、影響力を失っていった。1861年で6万5000部、1883年には4万9000部、1904年には3万2000部に落ちた。1887年、初めて赤字を計上した。

ジャーナリズムの質に疑問符がついた事件も起きた。1887年、アイルランド総督殺害事件に、アイルランドの大物政治家チャールズ・パーネルが関与していたことを示す手紙を掲載。この手紙は、パーネルに反感を持つ人物の創作だったことが後になって判明した。パーネルは「タイムズ」を名誉毀損で訴え、「タイムズ」は裁判費用と賠償金の支払いを命じられた。

1880年、「テレグラフ」と夕刊紙「スタンダード」の部数はそれぞれ30万部に伸び、「デイリー・ニューズ」と「デイリー・クロニクル」が10万部。「タイムズ」の部数は5万部に届かず、『タイムズ』の時代」の終焉が到来した。

簡潔な表現を重視する「ニュージャーナリズム」

ペニー新聞の時代は、輪転機の導入、海底ケーブルによる電信サービスの広がり、通信社によるニュースのすばやい配信など、新しい技術が新聞界を変えていった時期でもあった。

スピードの競争に貢献したのが速記の向上だ。速記は既に発明されていたが、１８３０年代以降、アイザック・ピットマンの改良による、いわゆる「ピットマン式」速記が広がった。目撃した事件や発言の内容をほぼ完全に再現できるようになり、報道の速さと直接性が向上した。

輪転機の導入で印刷できる速度が高まったため、締め切りが遅くなり、より最新のニュースを掲載できるようになった。

電信サービスが開始された上に、英国と米国（１８６５年）やインド（１８６９年）をつなぐ海底ケーブルが設置され、ニュースが伝わる速度が向上した。

電信技術の発展で、まず電信で事件の概要を受け取り、特派員が郵便で送ってくる長い原稿を、電信が伝えた概要の報道から数日後に掲載するのが１つのパターンとなった。しかし、それでも「遅い」ということになって、普仏戦争（１８７０―７１年、フランスとプロイセン王国がスペイン王位継承権を巡って戦った戦争）勃発時、「デイリー・ニューズ」では特派員が直接原稿を電信送信するようにした。他の新聞社もこれにならい、発信から24時間以内に原稿が編集部に届くように調整された。

１８８０年代になると、「ニュージャーナリズム」と呼ばれるニュース報道の様式が出てきた。24時間のニュース・サイクルを前提に、逆三角形のニュース記事の書き方（重要な事実を最初に入れ、最後になるにつれて補足情報が入る）、プロのジャーナリズムの核としての客観報道に加え、記事の見せ方を考慮するようになった。当時としては画期的だった。「ニュージャーナリズム」とはもともとは、文化コメンテーター、マシュー・アーノルドが使い出した言葉で、最も代表的な例としてスター紙がある。「スター」は急進的な半ペニーの夕刊紙だ。長い、飾り立てた表現を避け、「簡潔で、元気がよく、ユーモアと常識」を備えた文章を心がけた。

「スター」はゴシップ記事や犯罪事件が売り物で、ロンドンで発生した連続猟奇殺人事件の「切り裂きジャック事件」（1888年に発生、「スター」はこの年に創刊）を詳細に報じ、人気を博した。観光客を対象にした、切り裂きジャックの被害にあった女性が殺された場所を巡るツアーがあるほど、現在でも「ジャック」は超有名だ。通信社セントラル・ニューズ・エージェンシーに送られた、ジャックが書いたとされる手紙は、実はスター紙のスタッフが部数増大のために書いたという説がある。

政治と新聞

ロンドンや地方で新聞市場が大きくなってゆくと、政治家は新聞を政党のプロパガンダや野心を達成するための重要な媒体として見なすようになり、新聞を通じて、有権者の投票行動を支配しようとした。

助成金やスクープ情報などを提供したり、政界での仕事を約束するなど、重要な議案の議会通過に国民から支持を取り付けられるよう、プレス操作に力を入れた。

英国の新聞はそれぞれ支持政党があり、当時のほとんどの地方紙は自由党（前ホイッグ党、1830年頃から自由党としての原型ができ、正式成立は1859年の第2次パーマストン内閣発足時とされる）寄りだった。ロンドンでは「デイリー・ニューズ」、「デイリー・テレグラフ」、「デイリー・クロニクル」、「パルメル・ガゼット」、「モーニング・アドバタイザー」が自由党寄りで、保守党（前トーリー党、1830年頃形成される）派は「スタンダード」、「タイムズ」、「モーニング・ポスト」など。PA通信は支持政党はないという姿勢だったが、配信先のほとんどが自由党の新聞だったので、親自由党の媒体として見なされるようになった。

自由党の首相グラッドストンの第2次政権（1880－85年）では、党内の内紛のためにライバル議員同士が敵の秘密を非自由党系の新聞に流していた。政策を円滑に実行するためや国民を誘導するために新聞を使っていた。

1870年代以降、与党は新聞の所有者やジャーナリストに爵位（オナー）を与えることで、メディアを支配した。ジャーナリストや新聞の所有者の中で後に議員になったり、あるいは議員のままジャーナリズムや新聞経営を続けた人も多く、下院議員の経歴を調べた1906年の調査によると、司法界、軍事関係に次いで、3番目に多い出身職業が新聞業だった。

プレス操作が巧みとされるデービッド・ロイド＝ジョージ（首相在任1916－22年）はしばしば新聞の所有者や編集者らと官邸で会い、支援を求めたり批判を鎮めるために利用した。見返りは爵位や高い公職の約束だった。地方紙やロンドンの新聞の経営幹部や編集長は、政治権力に最も近い位置にいた。

政治とプレスの相互依存の典型例が「ロビー記者」制度だった。

ロビー記者登場

日本で言えば国会記者クラブに相当する、議会のロビー記者と呼ばれる集団ができてゆくのはおおよそ1870年代である。正確な日にちがはっきりしないのは、第2次世界大戦中、議事堂が爆撃を受け、ロビー記者に関する書類のほとんどが焼失してしまったためだ。

ロビー記者の「ロビー」とは、もともとは単純に「待合場所」の意味。しかし、この場合は下院の「メンバー（議員の意味）のロビー（待合場所）」を指す。議場を出てすぐの場所に位置している。

長年、誰でもここに来て、議場を出入りする議員に声をかけることができた。しかし、あまりにもたくさんの人が来て、議員が「おちおち歩いてもいられない」ほどになったので、当時の議長が、ロビーへの出入りは原則議員のみとし、報道陣も含めた特別に入ることを許された人物のリストを作るようにした。各紙1人の割合でロビーに出入りが許されるようになり、出入りの許可は議会の守衛官が管理した。

ロビー記者たちが「ロビー」と呼ばれ、日本の国会記者クラブに相当するような、クラブとして組織化してゆくのは1880年代末頃である。ロビー記者であることを部外者に漏らすのはご法度で、議員や政権担当者からの独自の情報を元に、政治記事を書いた。政治家へのアクセスという特権を持っている点では有利だが、逆に政治家に利用される危険性をはらむ立場でもあった。第2次大戦前夜、記者としての権力の監視・検証能力が働かず、面目が丸つぶれとなるまで、排他的な特権集団として一目置かれた存在となった。

マスメディア時代の最初のアイドル

ビクトリア女王（在位1837―1901年）が23歳になったばかりのある日のこと。夫アルバート公と乗馬を楽しんだ女王が、バッキンガム宮殿に戻る途中で、群衆の中にいた背の低い男性がピストルを向けた。

「カチッという引き金を引く音が聞こえた」とアルバート公。宮殿内に入るや否や、大急ぎでバルコニーに上がり、外の様子に目を光らせた。怪しい人物の姿は見つからず、「気のせいだったのかもしれないな」とアルバート公は思った。

翌日、夫妻は同じ経路をたどり、ことの真偽を確かめようとした。昨日と同様に宮殿出口からグリーンパーク公園に入る道の上に、若い男性が立っていた。ピストルを向けた青年を、今度は首尾よく警察官が捕まえた。

ビクトリア女王が「暗殺」の難を逃れたことで、国民は安堵と歓喜の思いでいっぱいになった。

写真とイラストをふんだんにいれた「イラストレーテッド・ロンドン・ニューズ」誌は無事だった女王に祝辞を送り、女王は「国民の愛情の象徴である」と書いた。国中から祝辞の書簡が舞い込むと、女王もその熱意に応える手紙を送った。

「私の一番の願いは、国民の心の中に生きることです」——オックスフォード大学が送った無事を祝う書簡に対し、女王はこう返事を書いていた（『ロイヤル——エリザベス女王２世』ロバート・レイシー著）。

ウィリアム４世（前国王ジョージ４世の弟）は64歳で王位に就き、１８３７年に亡くなった。これを引き継いだときビクトリア女王はまだ18歳だった。

３年後、女王自身が選んだハンサムなアルバート公と結婚すると、モーニング・ポスト紙は御伽噺の再来であるかのように２人をロマンチックに描写した。ビクトリア女王は、マスメディア時代の最初のアイドルとなっていた。

廉価な新聞や雑誌を手に取ることで、国民は遠い存在であるはずの若い女王や王室の家族の情報を得ることができた。王室は社会階層上は遠くても、心理的には非常に近い存在になった。

ロンドンに最初の肖像写真用のスタジオができたのは１８４１年である。翌年には、アルバート公が王室最初の肖像写真のためにカメラの前に座っている（『ロイヤル』）。

１８５０年代後半には女王の複製写真を国民が気軽に買えるようになっており、写真がもたらす精緻な女王のイメージが王室と国民との距離をぐっと縮めた。マントルピースの上の家族の写真の隣に、女王の写真を並べると、まるで女王が自分の家族の一員であるかのような思いを与えてくれた。

フランスからやってきた蠟人形の彫刻家マリー・タッソーが、ロンドンに蠟人形館「マダム・タッソー館」をオープンしたのは、１８３０年代半ばである。数年後、人形館は、ビクトリア女王とアルバート公が子供たちとソファーに座っている様子を再現したセットを公開した。オリジナルの構図はある絵画から借用したものだが、宮廷の外で公開されたのは初となった。

タッソー館を訪れると、愛情いっぱいの夫、家族思いの妻、ソファーの周りで跳ね回る子供たちの姿を誰もが目にできた。女王の家庭生活を垣間見た思いをさせてくれる蠟人形の複製を目にした国民は、これで「女王に『会った』」と友人たちに自慢できた。

アイドルに対する人々の強い執着心は不思議なものだ。その人物に直接会ったことがなくても、メディアを通じて知ったその人に関するほんの一部の情報だけで、その人を十分に知っている思いがするものである。自分にとっては、その人は非常に近い存在となる。それこそ、自分の「心の中に住む」存在だ。

ビクトリア女王にピストルを向けた青年は22歳のジョン・フランシスだった。フランシスが手にしていたピストルには弾がこめられていなかった。本気で女王を殺害しようとしていなかったとすれば、フランシスは一種のストーカーだったといえなくもない。

即位と同時期に、「イラストレーテッド・ロンドン・ニューズ」をはじめとした、イラストや写真に読み物がついた雑誌が創刊され、女王の姿を描いて人気を博した。女王は現在で言うところの「有名人」として、写真や肖像画を通して人々の生活や心の中に入り込んでいった。１８９６年には英国最初の大衆紙「デイリー・メール」が創刊され、最初の王室担当記者がＰＡ通信から選ばれた。マスメディアの成長とビクトリア女王の統治とが重なってゆく。

ニュース映画も人気が高く、即位60周年記念式典では、女王がロンドン市内を歩く様子を25社を超える映画会社がカメラで追った。切手や商品のラベルに女王の肖像画や写真が頻繁に使われ、女王のイメージは英国内ばかりか大英帝国の当時の植民地を中心に世界中に伝わっていった。

元帽子職人が作った「エコノミスト」

スコットランドの帽子工場で見習いとして働いていたジェームズ・ウィルソンが、１８４３年、週刊新聞「エコノミスト」を創刊したのは、38歳の時である。

クウェーカー教徒であったウィルソンの父親は、息子が学校の教師にでもなるだろうと期待していたという。これを嫌ったウィルソンは16歳で帽子工場に弟子入りした。ビジネスで身を立ててゆくことを決心したウィルソンは、父親からの資金援助を得て、兄とともにロンドンに向かった。一時は大きな負債を抱えたが、次第にビジネスを成功させ、１８４０年代後半には下院議員に当選した。何度か内閣入りも果たした。

自由貿易、国際主義に加え、最小限の政府関与を信奉するウィルソンが「エコノミスト」を創刊したのは、穀物法廃止運動の一環であった。

１８３９年、穀物法廃止のための反穀物法同盟が結成され、大きな政治議論が巻き起こってい
た。保守党首相ロバート・ピールが穀物法廃止に動くと、これを保守党の支持基盤である土地所有者への攻撃と見た保守党議員の大部分が反旗を翻した。

１８４６年、廃止法案は野党ホイッグ党の支持で議会を通過した。ピールにとっては、自分が率いる保守党を分裂させるという大きな痛恨となった。ホイッグ党は、後に保守党からピール支持者らが合流し、自由党として形をなしてゆく。

「エコノミスト」を創刊したウィルソンにとって、自由貿易とは「すべての人にとって良いこと」だった。アダム・スミスが言うところの「見えざる手」が、市場で利益を生み出そうとする人々や社会に恩恵をもたらすと考えたのである。

自分自身がビジネスマンであったので、「エコノミスト」の想定読者は、自分と同じようにビジネスに手を染める人たちだった。すべての議論のよしあしは主観によるべきではなく、「事実」によって計測されるべき、とウィルソンは考えた。事実を元に判断を下すことを原則とする新しい発行物を、「エコノミスト」と名づけた。「どんなつまらなそうに見える統計にも、（非常に）深い、面白い意味がある」というのが、ウィルソンの持論だった。

「エコノミスト」にはいくつかの不思議な特徴がある。まず、週に１回発行の雑誌という体裁をとるにもかかわらず、「新聞《ニューズペーパー》」と呼ばれている。

『エコノミスト』自身の説明によれば、同誌はその週に起きた様々な政治経済のニュースを扱い、これについての分析や論考記事を世界中で発行している。つまり、私たちが通常言うところの新聞と変わらないという。変わっているのは発行頻度や形状だけだ、と。

掲載記事が原則すべて無記名であるのも大きな特徴だ。これは同誌が「集団としての声」を重視しているからだ。各人が書いた記事を互いに書き直しあい、まるで同じ人物がすべての記事を書いているような、独特のトーンを出している。「書かれている内容が誰が書いたかよりも重要」だから（『エコノミスト』のウェブサイトより）だそうである。

最も著名な編集長は、創業者ウィルソンの義理の息子ウォルター・バジョット（在任1861－77年）である。

バジョットはジャーナリスト、評論家としても名を成しており、『イギリス憲政論』、『ロンバード街――ロンドンの金融市場』など複数の著作が日本語でも出版されている。バジョットは『エコノミスト』に政治を盛りこみ、米国の読者を開拓した。当時の外相グランビル卿は「分からないことがあったら、『エコノミスト』の次の号を待つ」と述べ、『エコノミスト』を喜ばせるようなコメントを残している。

『エコノミスト』は読者を次第に世界中に広げてゆくが、長い間、ほんの一握りのエリート層の読み物だった。例えば、バジョットが『エコノミスト』を去った1870年代後半でも発行部数は3700部ほど。第2次大戦後は一挙に伸びたが、それでも約1万8000部。1970年代に入って、ようやく10万部に達した。ちなみに、2010年、全世界での発行総数は約160万部である。

1843年の「エコノミスト」創刊時、英国は産業革命による経済力と軍事力を背景に、自由貿易や植民地化を世界中で進めていた。国内外の政治・経済情勢を世界的な視点から俯瞰し、独特の分析とウイットで切り取る「エコノミスト」は、「世界の工場」英国の時代感覚を背景にして生まれた「新聞」だった。

ピンク色の新聞「フィナンシャル・タイムズ」

世界のビジネスマンが、今手にする大手国際経済紙といえば、米「ウォール・ストリート・ジャーナル」(通称WSJ)や英「フィナンシャル・タイムズ」(通称FT)であろう。

『フィナンシャル・タイムズ――100年の歴史』(デービッド・キナストン著)によれば、FTの前身は、1888年1月、「正直な金融家と尊敬できる仲買者」のために創刊された「ロンドン・フィナンシャル・ガイド」である。4ページ組みの新聞は、翌月、名前を「フィナンシャル・タイムズ」に変更した。

「ガイド」創刊の際に、資金を出したのはジャーナリスト、レジナルド・ブリンスリー・コーであるという。コーは所有株を新規に立ち上げた会社フィナンシャル・タイムズ・リミテッドに売却し、「ガイド」はこの会社が運営することになった。創刊を思いついたのはシェリダン兄弟で、人気の「フィナンシャル・ニューズ」に続く二匹目のどじょうを狙ったようだ。この兄弟に関して詳しいことは分かっていない。

シェリダン兄弟はまもなく印刷経費を払えなくなり、経営陣としては姿を消す。これを引き取ったのが印刷業を営んでいたホレイショ・ボトムリーであった。FTの会長職に就いたボトムリーも長くは続かず、1888年末から1901年までは、同じく印刷業者のダグラス・マッカラエが所有・経営した。その後経営者が数回変わり、1919年、ウェールズ地方出身の新聞王ベリー兄弟の傘下に入った。

一方、「フィナンシャル・ニューズ」を立ち上げたのは、ロンドン生まれのハリー・マークスである。ユダヤ教の学者の父の元に生まれ、16歳で米国に渡った。ジャーナリズムの経験はなかったが米国滞在中に新聞記者、そしてデイリー・マイニング・ニューズ紙の編集長になった。ここで金融ジャーナリズムを実践し、ロンドンに戻ると、1884年1月、「フィナンシャル・アンド・マイニング・ニューズ」を創刊した(7月には「アンド・マイニング」を取っている)。「フィナンシャル・ニューズ」は地方政府の腐敗を摘発した記事で、読者の高い評価を得た。1888年にはライバル紙となるFTが創刊され、「フィナンシャル・ニューズ」とFTとは互いの広告主を紙上で批判しあうなど、敵対心丸出しの競争を行った。FTが紙面をピンク色にしたのは1893年のこと。ほかの経済、金融紙と差をつけるためだった。

2紙の競争に終わりが来たのは1945年。「フィナンシャル・ニューズ」の会長ブレンダン・ブラッケンとFTの所有者キャムローズ卿（ベリー兄弟の兄、ウィリアム・ベリー）とが合併交渉を開始し、執筆陣はニューズ紙から、名前とピンク色の紙面はFTから引き継いで、新「フィナンシャル・タイムズ」が誕生した。

FTは1957年、出版大手ピアソンに買収されて、今に至る。ピアソンは「エコノミスト」誌の株も50％所有している。

ブラッケンは現在のFTの生みの親と見なされている。ロンドン・サザクにあるFTの建物の受付の片隅にはブラッケンの彫像が置かれている。

ノースクリフ革命

面白い、わくわくする、自分の身に引き寄せて思わず文字を追う――そんな楽しみごとの1つとして、英国で多くの人が新聞を読むようになったのは、ある新聞経営者が登場してからだ。その名はアルフレッド・ハームズワース（後のノースクリフ子爵）。英国の新聞王（プレス・バロン）の元祖だ。

ハームズワースは英国人の新聞購買習慣を変えた経営者として知られている。

背景には、1830年代以降の選挙法改正で次第に選挙権を持つ人々が増えたことがあった。また、1870年の初等教育法が庶民の識字率を向上させていた。19世紀末以降、それまでは知識層が中心となっていた新聞の読者層が大きく拡大していた。

新たな潜在的読者の増加を背景に、ハームズワースは読者の強い関心を引くような趣向で部数を急増させ、経営者でありながら紙面構成に細かく関与した。生み出した利益で複数の新聞を買い求めた結果、いつしか世論に大きな影響力を持つようになった。その影響力を買われて、第1次大戦の終結直前にはアスキス政権に参加し、敵国でのプロパガンダ作戦に従事した。

ハームズワースは所有している新聞を自分の政治的見解やメッセージを伝えるために使い、傘下の新聞で適用した制作方法やデザインはいつの間にか業界内の標準になった。今で言えば、よく「メディア王」として紹介される、米大手メディア複合企業ニューズ・コーポレーションのルパート・マードック最高経営責任者をほうふつとさせる。

1896年に創刊の日刊紙「デイリー・メール」の世論への大きな影響力は、ライバル紙ばかりか時の政府をも怖がらせた。1920年代初め、兄アルフレッドと弟のハロルド（後のロザミア卿）が発行した複数の新聞の部数は合わせて600万部に達した。当時としては世界最大の新聞発行グループで、ハームズワース兄弟が「一晩で国が何を考えるべきかを変えられる」と豪語するのも無理はなかった。

根っからの新聞好き

アルフレッド・ハームズワースは、教師として働くイングランド人の父を持ち、アイルランドのダブリン近くで生まれた。法廷弁護士の資格取得を目指した父とともに、一家はハームズワースが年少時にイングランドに渡り、ロンドン・ハムステッドに居を構えた。8歳の誕生日、父の友人だった地元紙「ハムステッド＆ハイゲート・エクスプレス」の編集長から印刷機のおもちゃをもらって遊んだという。

11歳で、成績の良い児童が通う、東部リンカンシャーにあるスタンフォード・グラマー・スクールの寄宿生となった。2年後、ロンドンの私立校ヘンリー・ハウス・スクールに入学すると、15歳で校内誌を創刊。すでに地元紙に記事も投稿するようになり、フリーのジャーナリストの道をまっしぐらに進んだ。同じ頃父親が亡くなり、一家の稼ぎ手となったハームズワースの寄稿先の1つに、週刊誌「ティットビッツ」(70万部)があった。書籍、定期刊行物、世界中の新聞から面白い話を集めて、短く掲載して人気となっていた。ハームズワースは「簡潔で面白いものを読みたがっている人たち」の存在に特に関心を引かれたようだ。

写真雑誌「イラストレーテッド・ロンドン・ニューズ」が所有していた少年雑誌「ユース」や「自転車ニュース」の編集長として経験を積み、大人気となっていた「ティットビッツ」に対抗する週刊誌「アンサーズ・ツー・コレスポンデンツ」(1888年創刊)を、3歳年下の弟ハロルドと創刊した。読者が参加できる企画や短い記事、連載物、著名人とのインタビューが売り物だった。

成功への突破口の1つが、「生涯1ポンドをもらおう」という読者参加の企画だった。読者にイングランド銀行が所有する金塊の量を当てさせる企画で、たまたまハームズワースは、「タイムズ」の小さな記事の1つにその答えが出ていたのを目に留めていた。

答えを書きとめたはがきが山のように送られてきた。ハームズワースは編集スタッフや兄弟姉妹の手を借りて、仕分け作業に取り組んだ。最終的には70万を超えるはがきが届き、当選者が発表されたクリスマス当日、「アンサーズ」は25万部売れた。

「アンサーズ」と同時に、ハームズワースは英国で初めて連載漫画を掲載した週刊誌「チップス」をはじめ、複数の出版物を次々に創刊させ、トータルの発行部数は100万部を超えるようになった。

不振に陥っていたロンドンの日刊夕刊紙「イブニング・ニューズ」(1881年創刊)を1894年に買い取って事業を好転させると、ハームズワースの次の夢は朝刊紙の創刊となった。

忙しい人のための新聞

1896年5月4日、きれいに晴れ上がった月曜日の朝。ハームズワースの日刊紙「デイリー・メール」が陽の目を見た。8ページ建ての新聞の1面上部には題字があり、その右横には、「忙しい人のための日刊紙」と書かれていた。左側には「半ペニーで買えるペニー新聞」とあった。

創刊前の丸2日間、ハームズワースはほとんど眠らずに自分でも記事を書き、校正をし、印刷工程の確認に没頭した。創刊当日、ハームズワースと編集長ケネス・ジョーンズは、「デイリー・メール」が飛ぶように売れていく様子を見て、「金鉱を当てた！」と大喜びした。「デイリー・メール」の特徴は短く簡潔な文章と派手な見出しだった。読者が見出しをサッと読んだだけでその日のニュースが頭に入るようにし、女性向けのコーナーや読者が毎日新聞を買ってくれるよう、連載記事を開始した。当時、他の新聞は例えばロシア・ニコライ2世の即位（1894年）を6000語の記事で書くなどが珍しくなかった。

「アンサーズ」でやったような、読者が参加できる企画も目白押しで、社会的なキャンペーン運動はお手のものだった。例えば、1911年には、全粒パンの消費を奨励する運動を展開した。当時、児童の栄養の偏りが問題視され、精白パンの栄養価値に疑問符がついた。そこで全粒パンを広める記事を頻繁に掲載し、全粒パンに関するエッセーを子供たちから募集した。エッセーで最優秀賞を得た児童が通う学校に、パンを無料配布した。

記録を塗り替えるようなイベントのスポンサーになったり、自動車や航空技術など当時の新発明を振興する企画も手がけた。例えば、1904年には20馬力のタルボ車を2万6000マイル（約4万2000キロ）走らせるレースや、英仏海峡を最初に泳ぎきった人に賞金を出すイベントを実行。ドーバー海峡横断飛行を実現した操縦士に1000ポンドの賞金を出す企画（1909年、フランス人ルイ・ブレリオが成功）を含め、1906年から20年代半ばまで、様々な航空レースのスポンサーとなった。

当時のソールズベリー首相は、「デイリー・メール」を「事務員の男性のために、事務員が書いた新聞」と呼び、知識層が読むような新聞ではないと評したが、国民の多くは同紙を圧倒的に支持した。創刊から2年後には40万部、3年後には50万部、そしてボーア戦争が終わりに近づく1902年には、100万部を超えた。当時、日刊紙としては最大の発行部数である。

戦う「デイリー・エクスプレス」

「デイリー・メール」が成功したので大衆向け新聞が次々と創刊された。「デイリー・エクスプレス」（創刊、1900年）、「デイリー・ミラー」（同、1903年）である。

「エクスプレス」はもと「ティットビッツ」で働いていたアーサー・ピアソンが創刊した。1面に定期的にニュース記事を出した最初の新聞となる。初期投資の巨大さや1面には広告を掲載せず代わりに記事を載せたため、これを埋め合わせるほどの広告収入が得られず、次第に経営は窮地に陥った。ピアソンの健康が悪化し、新聞は1916年、カナダ人の起業家マックス・エイトケン（後のビーバーブルック卿）に売却された。

エイトケンは、英国に居を構えた後、ロールスロイスを買収。当初は新聞経営よりも政治に関心があり、1910年にはトーリー党の下院議員に当選した。しかし、議員の生活は退屈だと分かり、ジャーナリズムに興味を持ったという。「エクスプレス」が毎日3000ポンドの損失を出していたので、同紙を買収した。利益が出るようになったのは、1922年頃である。部数は79万3000部に達した。

「エクスプレス」は読者の代表として、権力者を問いただし、批判し、攻撃した。キャンペーン報道（または「クルセーディング・ジャーナリズム」、クルセードとは十字軍の意味）を信奉し、その象徴として「赤い十字軍戦士」のイラストを1面に入れた。今でも、「デイリー・エクスプレス」を手に取ると、1面上部には小さな赤い戦士のイラストが印刷されている。

女性向けだった「デイリー・ミラー」

ハームズワースが女性向けの新聞として発行した初めての日刊紙が「デイリー・ミラー」である。女性編集長を置き、編集スタッフも全員が女性だった。しかし、発行部数は急降下し、編集スタッフを総入れ替えして1904年、「最初のイラスト日刊紙」として再出発した。当時、人々の関心が高かった写真の掲載を増やし、1年以内に30万部、第1次大戦勃発前で80万部まで部数を伸ばした。「デイリー・スケッチ」、「デイリー・ピクチャー・ペーパー」、「デイリー・グラフィック」など写真を多く使った新聞が後を追うように創刊された。

ミラー紙は人目を引く写真を掲載しようと、記者にモンブランに登らせたり熱気球に乗せてアルプス山脈を横断させたりした。混雑した地下鉄、電車、バスの中で、片手に持って気軽に読めるような新聞を想定したという。心が暗くなるようなニュースではなく、心地よく気持ちを没頭させ、楽しめる紙面づくりを考えた。

「デイリー・メール」同様に、宣伝用イベントを工夫した。ロンドン市内で「デイリー・ミラー」の名前が入った自転車を読者に見つけてもらったり、路上音楽家たちがロンドン・アポロ劇場で演奏するために競うコンテストを主催した。また、移民の経験を共有するために、記者に3等客船に乗ってもらい、大西洋を横断させた。

独占記事の掲載に力をいれ、1905年にはインドの新総督ミント卿の独占インタビューを目玉にした。

ノースクリフは同年、不振に陥っていた世界最古の日曜紙「オブザーバー」(1791年創刊)を、3年後には別の日曜紙「サンデー・タイムズ」(1821年、「ニュー・オブザーバー」として創刊。先の「オブザーバー」や平日紙「タイムズ」とは無関係。1822年、2回目の改名で「サンデー・タイムズ」に)を買収した。さらに、かつては飛ぶ鳥を落とす勢いだった「タイムズ」の部数が3万部に落ち、損失を出していたところ、これも同年買収。1部3ペンスのところを2ペンスで売り、編集長を替えて売上げを伸ばした。1914年には1ペニーにまで下げ、さらに売上げを伸ばした。

戦争を引き起こした?

「デイリー・メール」は創業者ハームズワースの政治的意向が強く反映された新聞だった。帝国主義を信奉し、愛国心にあふれたハームズワースは、自国が危機状態に瀕していると感じたとき、国を守るためにためらいなく声を上げた。

第1次大戦勃発直前まで、ドイツの脅威を警告し続け、1900年にはデイリー・メール紙上で英国がドイツと戦争にいたると予言した。後に「ノースクリフが戦争を起こした」(スター紙)と評された。

アスキス内閣の崩壊に一役買ったとされるのが、「砲弾スキャンダル」(1915年)の報道である。タイムズ紙上で、砲弾不足が原因で、英軍最高司令官が仏北部での戦いに事実上敗退したと述べ、これが英軍上層部の大きな責任問題に発展した。

「デイリー・メール」も砲弾不足事件を詳細に報じ、その責任は陸軍大臣キッチナーにあるとした。キッチナーはスーダンを植民地化した軍事行動や英インド軍での功績により国民的英雄となっており(指を突きつけたキッチナーの顔を配した新兵募集ポスターは後に大戦の象徴となった)、キッチナーを批判した同紙の部数は138万部から23万部に激減した。

アスキス政権は表向きにはノースクリフ・プレスを批判したが、砲弾生産が十分ではないことは承知していた。そこで新たに軍需大臣の職を創設し、財務相だったデービッド・ロイド=ジョージを就任させた。砲弾不足ではドイツ軍に勝てないと見たロイド=ジョージが「デイリー・メール」を利用した、という見方もある。

ハームズワースはその後も第1次大戦での連合国指導部の無能さや計画のずさんさによる砲弾不足を自分が所有する新聞で批判し続け、アスキス首相は辞任に至った。新首相に就任したのは、ロイド=ジョージであった。

ロイド＝ジョージは、世論への大きな影響力を持つハームズワースを自分の側に引き寄せることによって、批判を防ごうとした。そこで入閣をもちかけたが、ハームズワースは「批判ができなくなる」と断った。

しかし、「メール」を英軍兵士が読む公式新聞にしてもらおうと、毎日1万部を西部戦線に送り、兵士に戦場での体験の投稿を募集したほど愛国心の強いハームズワース。何らかの政治的役割を果たす誘惑に負けたのか、大戦終結の数か月前になって、「デイリー・エクスプレス」の所有者で情報大臣となっていたビーバーブルック卿から入閣への協力を請われて、これを受けている。海外でのプロパガンダ活動の担当に就任するや否や、2〜3か月で、約400万枚の反ドイツのちらしを海外で配った。

ハームズワースは、1918年11月、休戦が成立すると同時にプロパガンダ職を辞任した。ハームズワースが華々しい生涯を終えたのは1922年。遺言にはグループ内の全従業員約6000人に、それぞれの毎月の給与の3か月分を支払うよう書かれていたという（「スパルタカス・エデュケーショナル」のウェブサイトより）。

第4章　放送メディアが産声上げる（19世紀末―第2次世界大戦終了）

ヘルツとマルコーニ

ロンドンの聖ポール大聖堂から歩いて数分の場所に、英通信最大手ＢＴグループの本社ビルが建つ。建物の一角には、直径48センチの青い円形のプレート（「ブルー・プラーク」）がはめ込まれている。プレートの中央部には、「ここは、グリエルモ・マルコーニが１８９６年７月27日、最初の無線信号の公開実験を行った場所である」とある。

１８９６年といえば、元祖「新聞王」ノースクリフ卿（アルフレッド・ハームズワース、以下ノースクリフ）が、「普通の人が読む新聞」デイリー・メール紙を創刊した年だ。ノースクリフは巨大な大衆紙市場を作り上げ、新聞を読むという習慣を幅広い階層に広げたが、影響度からいえばこれをしのぐほどの大きな動きがこの時生まれつつあった。新たなメディア、放送業がいよいよ誕生する。

マルコーニ（１８７４－１９３７年）はイタリアの発明家・無線研究家である。イタリア人で裕福な土地所有者の父ジュゼッペとアイルランド人の母アニーとの間に生まれた。

マルコーニは子供時代から電気や化学に興味を持ち、ドイツの物理学者ハインリヒ・ヘルツの研究に特に心を奪われた。ヘルツは１８９４年に急逝するが、生前、電磁波の存在と伝播性を実験で証明していた。マルコーニはヘルツの死亡記事を雑誌で読み、その功績を知った。「電波を通信に利用できないか?」20歳そこそこのマルコーニは、頭をめぐらせるようになった。

この時、世界中の科学者が電波を利用した無線通信の実用の可能性を探っていた。マルコーニも自己流の実験にいそしみ、1895年までに自宅近辺で無線通信の実験に成功していた。実験を続けるためにイタリア国内で投資家を探したがうまくいかなかった。

1896年初頭、21歳のマルコーニは投資家を求めてロンドンに渡った。投資家探しの一環として、英郵政省向けに実演を行った場所の1つが、今はBT本社があるロンドンのニューゲート・ストリートであった。

実演は功を奏した。1897年、マルコーニは無線電信機の英国での特許を取得し、マルコーニ無線会社を立ち上げた。1899年には英仏ドーバー海峡横断の無線通信に成功し、遭難船の救助にも一役買った。需要は急速に高まり、海軍の演習にもマルコーニ社の無線通信が使われるようになった。1901年には大西洋横断の無線通信を成功させ、1909年、マルコーニはノーベル物理学賞を受賞している。

1912年、英サザンプトン港から米国に向かった豪華客船タイタニック号が、処女航海の途中で沈没する事件が起きた。このとき、タイタニック号からSOSの無線電信を発したのはマルコーニ社の無線技師だった。

世界初のラジオ放送

マルコーニは無線通信の実用化でその功績を認められたが、この無線が発していたのはモールス信号であった。無線電波に音声や音楽を乗せて送信する、今でいうところのラジオ放送を初めて実現させたのは、カナダ人の発明家レジナルド・フェッセンデンである。

1906年、クリスマス・イブの夜のこと。大西洋を航行する船舶の無線機に「CQ、CQ」という呼び出しの符号が届いた。何事かと思って無線技師が耳を傾けると、誰かの話し声が聞こえてきた！　いまだかつてない事態だった。無線室にほかの乗組員も集まってきた。誰かが詩のようなものを読み上げているような音、そしてバイオリンの演奏も聞こえてきた。最後に、「これを聞いた人は、米マサチューセッツ州ブランド・ロックのフェッセンデンに手紙をください」というメッセージが流れ出た。これが世界初の娯楽と音楽を内容とするラジオ放送である。

米国の発明家トーマス・エジソンの下で技師として働いた経験を持つフェッセンデンは、ピッツバーグ州の実業家やゼネラル・エレクトリック社から支援を得て、交流発電式送信機を使って放送を行った。賛美歌「さやかに星はきらめき」を自分で歌い、聖書の一節を朗読したという。クリスマス・イブのしゃれたミニ番組のつもりであったかもしれない。

無線通信は当初、主として軍用目的に威力を発揮した。第1次世界大戦（1914―18年）勃発の数か月前、ドイツは巨大な無線通信局をベルリンから約40キロの町ナウエンに建設していた。大戦勃発直前には海洋上の商船との連絡に無線通信を使い、宣戦布告と同時に、軍事声明を発信した。政治のプロパガンダに使われるラジオの歴史が始まっていた。

英海軍は、ロンドン郊外チェルムスフォードにあったマルコーニ社の通信施設を使って敵国のプロパガンダ放送の傍受を開始した。マルコーニ社の社員は昼夜の交代制を取りながら、戦争終結までの4年半、極秘の傍受作業を担当した。

労働者の声を汲み上げる新聞

労働者による労働者のための日刊紙「デイリー・ヘラルド」が誕生するのは、20世紀初頭である。きっかけは1910年12月、ロンドンの印刷工たちが、労働時間の短縮を巡って経営陣と対立し、工場から閉め出された事件であった。この時に創刊された新聞が「ワールド」である。これが「ヘラルド」の前身となった。

「ワールド」は創刊後まもなく資金が底をつき、労働者の声を代弁する新聞が必要だと考えた左派系知識人や労働運動家たちが資金集めを開始した。劇作家・社会主義者のジョージ・バーナード・ショーが300ポンドを寄付したという。

「デイリー・ヘラルド」と改名して創刊されたのが、1912年4月15日。1906年結成の労働党支持を前面に出す、初めての日刊紙となった。

当時のヘラルド紙の雰囲気を伝えるのは、オーストラリア生まれのウィル・ダイソンの風刺画だ。「ワールド」時代からのつきあいで、メッセージ性が強く、どぎつい表現で資本家を嘲笑した。

1913年、ある日のヘラルド紙に掲載されたダイソンの風刺画を見てみよう。さんさんと照り付ける太陽に背中を向けた、肥えた体の巨大な資本家が、崖の上に立っている。崖の端につかまっているのは、上半身裸の労働者である。崖の下の大きな真っ黒な穴に、今にも落ちそうだ。暖かな日差しをさえぎるような姿勢をとる資本家は、握った右手のこぶしを労働者に向かってあげ、「地の底に戻るんだ！ 全員にあげるほどの日差しはないぞ！」と叫んでいる。風刺画の題名は「労働者が『日の当たる場所』を望んでいる」。「日の当たる場所」には「恵まれた状況」の意味もある。「資本家＝悪、いじめる側」、「労働者＝善、虐げられる側」という構図を直接的な表現で描いた。

この頃には20万部を超える部数を出すようになった「ヘラルド」は、全国紙の中で唯一、女性の参政権獲得を支持し、労使問題の解決方法としてストライキを無条件で支援した。労働者の自治を基本に社会改革を目指し、植民地主義を批判した。労働者の声を表に出す、急進的な新聞であった。

第1次大戦と戦時検閲

1914年6月28日、オーストリア・ハンガリー帝国に併合されていたボスニアの首都サラエボで、帝国の後継ぎとなるはずのフランツ・フェルディナント大公夫妻が、親善訪問中に銃殺された。実行犯はボスニア在住のセルビア人青年ガブリロ・プリンチプで、セルビアのテロ組織「黒い手」が背後にあったといわれている。「黒い手」はスラブ系セルビア人の帝国からの独立を目指していた。

暗殺事件をきっかけにオーストリア・ハンガリー政府がセルビア政府に宣戦布告し、ロシア、ドイツ、フランス、ベルギー、英国を巻き込んで、4年にわたって続く大戦が勃発した。

開戦と同時に、英政府は国土防衛に必要な戦時体制を敷いた。国土防衛法を成立させ、1916年からは、徴兵制を導入した。ニュース情報を国が管理するために、検閲局と新聞局（敵に有利になるような軍関係の情報を新聞が印刷しないように管理する）を新設した。

「デイリー・エクスプレス」の所有者ビーバーブルック卿（マックス・エイトケン、以下ビーバーブルック）が、プロパガンダ政策を統括管理するために1918年に創設された情報省の大臣となり、「デイリー・メール」を始めとした数紙を所有するノースクリフが、終戦までの数か月ではあったが、敵国でのプロパガンダを監督する業務に就いたのは前章でも述べたとおりである。

秘密の書簡を託されたオーストラリア人ジャーナリスト

オスマン・トルコ帝国西部に位置するダーダネルス海峡は、地中海につながるエーゲ海と黒海につながるマルマラ海を結ぶ。エーゲ海からマルマラ海への入り口部分にあるのが、ガリポリ半島だ。

第1次大戦中、英国を含む連合軍は、ウィンストン・チャーチル海軍大臣の提案で、ガリポリ半島を占領し、敵となる同盟国側についたオスマン帝国の首都イスタンブールに侵攻する「ダーダネルス作戦」を開始した。

地中海遠征軍には英仏軍に加えて、英自治領だったオーストラリアとニュージーランドの志願兵によるオーストラリア・ニュージーランド軍団（ANZAC）が参加した。オーストラリアとニュージーランドにとって、これが本格的な海外軍事遠征である。

1915年4月、連合軍の上陸作戦が開始された。オスマン側の反撃にあい、夏に向けて戦線はこう着状態に陥った。ANZAC軍は半島北側の入り江に上陸したものの、戦況は進展せず、塹壕戦になった。

オーストラリア・メルボルンの「エイジ」紙の記者だったキース・マードックは、オーストラリア軍の従軍記者としてガリポリに行くことを願ったが、オーストラリア・ジャーナリスト協会が投票で選んだのは「シドニー・モーニング・ヘラルド」紙の記者であった。

マードックは友人のアンドリュー・フィッシャー豪首相に無念の思いを伝えていたが、8月、戦場を訪れる機会が思わぬ形でやってきた。ロンドンの通信社ユナイテッド・ケーブル・サービスで働く予定で英国に向かおうとしていたマードックに、首相が「エジプト・カイロに寄って、オーストラリア軍が使っている地中海一帯の郵便制度の様子を視察してくれないか」と依頼してきたのだ。カイロにはこの郵便制度の本部が置かれており、カイロからガリポリ半島に行ける可能性が出てきた。

マードックはカイロで視察を終えた後、地中海派遣軍司令官のイアン・ハミルトンに手紙を書いた。「ガリポリ半島への訪問を認可願えないだろうか？」新聞記者を危険な人物と見なすハミルトンはいやいやではあったが、マードックの現地訪問を許した。

マードックは、まずガリポリ半島沖のイムロズ島にある指令本部を尋ね、その後、ガリポリ半島でANZAC軍と4日間を過ごした。イムロズ島に戻ったマードックは、英国の戦争特派員記者のベテラン、エリス・アシュミード＝バートレットに出会った。アシュミード＝バートレットは、上陸作戦が失敗であること、ハミルトン司令官は無能で、これ以上作戦を続行すれば計り知れない犠牲が生じる、と熱っぽく語った。戦時の報道はすべて当局に検閲されるため、従軍記者はなかなか戦争の本当の姿を報道することができないでいた。

そこでアシュミード＝バートレットは、現状分析と作戦停止の要請をアスキス英首相に向けた手紙にしたため、これをロンドンに向かうマードックに預けた。

秘密の手紙を懐に島を出たマードックだが、事態を察知したハミルトンが、仏マルセイユに着いたマードックを逮捕させ、手紙を没収してしまった。

9月21日、ロンドンにたどり着いたマードックは、すぐに「タイムズ」のオフィスに入り、フィッシャー豪首相に向けて8000語の現状報告書「ガリポリ書簡」を書いた。記憶を頼りに、アシュミード＝バートレットの手紙の中身と自分の見聞とを入れた。マードックは同盟軍の指令本部がオーストラリア軍を見殺しにしていると感じ、強い怒りを覚えていた。

マードックは同様の書簡をアスキス英首相にも出し、首相はダーダネルス作戦関係者に配った。一方、ハミルトンによってガリポリから追い出されたアシュミード＝バートレットはロンドンに戻り、マードックと一緒になって連合軍の撤退を求める運動を開始した。10月14日、ハミルトンは司令官職を解雇された。ガリポリからの連合軍の撤退が始まるのは12月である。翌年、政府の調査委員会はダーダネルス作戦は失敗だったと結論付けた。

ガリポリ作戦とその報道を通じて、オーストラリア国民は自国の軍隊の勇敢さに感銘を受けた。この時、オーストラリア人としての強い国民意識が醸成されたといわれている。レス・カーリョン著『ガリポリ』によると、それまでは自分たちを異国に「移植された英国人」であると考え、「英国への宣戦布告は自分たちへの宣戦布告」と見ていたという。ガリポリの戦い以降は、「大英帝国への忠誠心は変わらなかったが、オーストラリア人であることにもっと自信を持つようになった」。

ダーダネルス作戦の停止を呼びかけたキース・マードックは、複数のオーストラリアの新聞を経営するようになる。その長男が後に世界のメディア王の1人になるルパート・マードックである。

試験放送の時代

第1次大戦が終わり、チェルムスフォードにあるマルコーニの通信施設では実験的なラジオ放送が細々と行われていた。数人の技師がコルネット、オーボエ、ピアノなどを操って音楽やニュースを流し、ファンレターが届くまでになっていた。

放送の宣伝効果に目をつけたのは、「デイリー・メール」などの所有者で新しい物好きのノースクリフである。1920年6月15日、当時最も著名なオペラ歌手の1人ネリー・メルバがチェルムスフォードのスタジオで歌う、特別コンサートのスポンサーとなったのである。オーストラリア生まれのメルバは特徴ある「銀の鈴を鳴らすような震え声」を駆使して、英語、イタリア語、フランス語でアリアを歌い、英国の国歌「女王陛下万歳」でコンサートを締めくくった。全欧州ばかりか米ニューヨーク、カナダのニューファウンドランドでも放送を聞くことができたといわれている。

メルバのコンサートは、当時「ワイヤレス」（無線、あるいは無線機）と呼ばれていたラジオの放送史上、1つの転機となった。無線機メーカーは潜在的に大きな市場が存在することを、このとき初めて実感したのだった。

ところが、マルコーニ社による放送が商業船舶や軍用の無線通信の妨害をしているという声が大きくなった。無線通信の許可は1904年の無線通信法を元に、郵政省の管轄下にあった。軍関係者などからの圧力で、1920年秋、チェルムスフォードからの放送は禁止されてしまった。

その後、英国中に広がっていたアマチュア無線の愛好家が中心となって郵政省に放送禁止の撤回を求める声を上げ出し、次第に郵政省は態度を緩和した。

アマチュア無線家向けに、週1回の放送を行うことが許されたマルコーニは、1922年2月、チェルムスフォードから2〜3キロ離れたリットルの木製の小屋から実験放送を開始した。5月からは、ロンドンのマルコーニ・ハウス会館からも実験放送が許された。コールサイン「2L《ツー・エル・》O《オー》」がこの放送局の通称となった。秋にサービスを終了するまで、2LOは約3万台の無線機に耳を傾ける5万人のリスナーに向けて実験放送を行った。

1922年当時、郵政省の下には、放送局を設置するための申請書が無線機メーカーから続々と届くようになっていた。周波数の混信を防ぐため、政府はメーカー側が1つの団体にまとまることを希望した。

こうして、1922年10月、民間企業の「英国放送会社」(「ブリティッシュ・ブロードキャスティング・カンパニー」のアルファベットの頭文字をとって、BBC)が誕生した(会社としての登録は同年12月15日)。200以上の無線機メーカーが1つにまとまったBBCの設立資金は10万ポンドであった。

BBCは、政府から、ラジオ番組受信機(いわゆる、ラジオ)の販売と放送の事実上の独占権を与えられた。収入の大部分はBBC製受信機の売上げと、リスナーが郵政省に払う受信免許

(ライセンス)料の一部であった。

最初の受信料は10シリング(50ペンス)で、当時としてはかなり高額であったが、1940年代半ばまでこの金額が維持された。

1922年11月14日、ロンドン・2LOのスタジオから、翌日には中部バーミンガム、北部マンチェスターから、本格的なラジオ放送が始まった。

後に公共組織となるBBCの現在までの方向性を作る重要人物、ジョン・リースがジェネラル・マネージャー(総支配人)として採用されるのはその翌月である。

スコットランド人技師が生まれるまで

ジョン・チャールズ・ウォルシャム・リースは、1889年7月20日、スコットランド北東部沿岸の漁村ストーン・ヘイブンで生まれた。父はスコットランド自由教会の牧師で、母はロンドンの株式仲買人の家庭で育ったイングランド人であった。

6人兄弟の上から5番目のジョン・リースは、頭の良い子供だった。私学の中等教育機関グラスゴー・アカデミーで学ぶ頃には、授業すべてを「楽にこなせるほどの頭脳があった」と後に自分でも認めた。しかし、リースは横柄な態度でも知られ、ミドル・ネームの1つをとって「ウォルシャム卿」とも呼ばれていた。いじめっ子だったという説もある。15歳で約197センチという、多くの生徒を見下ろすほどの長身も一因だったかもしれない。

その後は兄を頼ってイングランド地方東部ノーフォークにある寄宿学校に進学した。士官候補生になるための研修を好み、ライフル銃を使った射撃の腕をあげた。リースは大学進学を希望していたが、まず実業を学ぶべきという父の賛同を得られず、グラスゴーにある機関車製造会社ハイドパーク・ロコモティブ・ワークスに見習いとして勤務した。この時、他の見習いは労働者階級出身で、中流階級となる牧師の息子である自分が嘲笑されるのを防ぐため、リースは技師がよくかぶるような帽子を頭に乗せ、厚地のマフラーを首に巻いた。顔は相手を威嚇するような表情を心がけた。まもなくして帽子とマフラーは身につけなくなったが、威嚇の表情は「顔に張り付いたまま、取れなくなった」(本人の弁)。

見習い期間が終わると、リースはロンドンに向かい、建設会社S・ピアソン&サンに勤務した。勤務を続けながらも国防義勇軍のスコットランド・ライフル隊に所属していたリースは、1914年の第1次大戦勃発ですぐに動員され、フランスに派兵された。翌年秋、陸軍工兵隊の一員として地雷が残したクレーターを調査中、ドイツ軍の狙撃兵に撃たれた。弾は左目の下の骨を粉砕し、一生涯残る傷跡を左頬に残した。

その後の1年半は米国の武器調達会社で働き、帰国後は海兵隊が英仏海峡に地下水力用水路を構築する作業の監督を行った。1920年にはグラスゴーにある大手エンジニアリングの会社ウィリアム・ビアドモア社でグラスゴーの東方コートブリッジにある工場の運営を手がけた。

2年後、同社を辞めてロンドンに戻ったリースは、保守党議員のロンドン支部の秘書として働いていた。

「放送についてはまったく無知」だが、履歴書送付

1922年10月のある日。ロンドンの日刊紙「モーニング・ポスト」に出た求人広告がリースの目をとらえた。無線機メーカーの団体がラジオで番組を放送するために発足させる「英国放送会社」（BBC）がジェネラル・マネージャーを募集しているという。会社の運営に自信があったリースは、早速履歴書を書いた。

ロンドンの紳士クラブの1つ、カベンディッシュ・クラブに出入りをしていたリースは、履歴書が入った封筒をクラブに出し、郵送の手配を終えた。やれやれと思い、おもむろに「紳士録」で放送関係者の重鎮の経歴を眺めた。すると、驚いたことに、BBCを運営する「放送委員会」（6大無線メーカーの代表者で構成）のウィリアム・ノーブル委員長が、自分と同郷（スコットランドのアバディーンシャー）の出身ではないか——。リースはあわてて受付に戻って封書を取り返し、自分もアバディーンシャー出身であることを書き加えた履歴書を送った。

12月、「放送についてはまったく無知だった」と後で自分でも認めたリースは面接に進んだ。「あまり多くの質問が出なかった」ことが幸いしたのか、翌日リースは、BBCのジェネラル・マネージャーとして採用するという電話を受けた。信心深いリースは「神が与えてくれた仕事」として、全力で取り組むことを決心した。

三角関係のドラマ

1918年、リースは海兵隊で働いていた頃、ミュリエル・オーダムという女性と知り合った。同年秋の終戦後、リースとチャーリーは1つの家に住みだした。この家をミュリエルが頻繁に訪れるようになった。こうして、奇妙な三角関係ができたのである。

次第に結婚が3人の話題となり、リースはミュリエルと結婚するべきかどうかを悩む。「C（チャーリー）を世界中の誰よりも愛する」、しかし、「もう1つの愛情が生まれた」とリースは日記に書いた。リースはチャーリーもミュリエルを愛していることを知った。チャーリーはリースがミュリエルと親密になった様子を見て、一晩中泣き明かす始末だった。

三角関係の継続に業を煮やしたミュリエルの両親がリースに決断を迫り、1919年4月、リースはとうとうミュリエルにプロポーズする。後でチャーリーと2人きりになったリースは、チャーリーにキスをし、泣き崩れた。「チャーリーを置き去りにしてしまった」という思いが消えなかった。

1921年4月、リースはチャーリーの結婚相手として裕福な女性メイシー・ヘンダーソンを見つけた。チャーリーがメイシーと仲良くなると、リースは嫉妬した。チャーリーがメイシーにプロポーズして数か月後、リースはミュリエルと結婚した。12月、リースはチャーリーの25歳の誕生パーティーを開催するが、メイシーをわざと招待しなかった。

翌年3月、チャーリーとメイシーは結婚した。2〜3週間後、リースはチャーリーから2人の関係を終わらせたいという手紙を受け取った。リースは愕然とした。この時から、リースはチャーリーを避けるようになり、チャーリーに対する苦々しい思いは生涯続いたといわれている。

リースの愛憎劇は、人間には多様な側面があることを改めて私たちに教えてくれる。しかし、日本人の読者にとっておそらくさらに大きな驚きとなるのは、このリースの愛のドラマが詳細に記されているのが、ＢＢＣの公式サイトであることかもしれない。

■リースの愛憎劇

指輪へのキス

ＢＢＣの初代ディレクター・ジェネラル、ジョン・リースは、現在のＢＢＣの基礎を作った人物といわれている。商業主義を嫌い、公益のための放送業の理想を高く掲げたリース。牧師を父に持ち、自分自身も信心深かったリースは、厳格さ、高潔さの象徴に見える。

しかし、リースの私生活には、公共放送ＢＢＣの構築に勝るとも劣らない、ドラマチックな展開があった。リースには生涯愛し続けたある男性がいたのである。

グラスゴーの牧師館の近くに住んでいたボウザー家のチャーリーにリースが目を留めたのは、チャーリーが15歳、リースが22歳のときだった。「とてもハンサムで、ひどく美しい目」を持つ少年の存在を、リースは当時の日記に記している。1914年、ボウザー家がロンドンに引越すと、リースもロンドンで仕事を見つけた。その年の夏、スコットランド中部パースシャーで週末をともにしたリースとチャーリーは２人の若い恋人たちのように振るまい、丘の上にあったベンチに互いのイニシャルを刻みつけた。その後もハイランド地方で週末を過ごす時は１つのベッドを共有した。当時、男性２人が費用の節約のために１部屋のみを借りるのは珍しくなかったが、同性同士の性行為が合法化されたのはイングランド・ウェールズ地方で1967年、スコットランド地方では1982年のことである。同性同士の事実婚＝「シビル・パートナーシップ」制度が英国全土で施行されたのは2005年で、現在の基準からすればリースとチャーリーの行動は眉をひそめるほどではないが、当時の常識では危険な関係だった。

第１次大戦でフランスに派兵されたリースが肌身離さず持っていたのは父親の写真とチャーリーの写真だった。リースが休暇でロンドンに戻ると、駅でリースを出迎えて、キスを浴びせたのはチャーリーだった。休暇の終わりには、チャーリーはリースがはめていた指輪を抜き取り、その指輪にキスをしてからリースに戻した。「再会するまで、絶対にこの指輪をはずさない」とリースはチャーリーに約束した。

リースの仕事は具体的にはＢＢＣスタッフの雇用、運営組織の構築、番組の企画、放送、政府や新聞との対応など多岐にわたった。放送業自体がこれから始まるわけであるから前例は皆無に等しく、リースは自分がやろうと思ったことを好きなように好きな方法で実行する職に就いたのだった。

公共サービスとしての放送業

英国では放送業を公共サービスの１つとしてとらえる伝統が強い。――というと、「公共の電波を使うのだから、放送業が公共サービスなのは当たり前ではないか？」と思われる方が多いかもしれない。

しかし、これには理由があった。世界に先駆けて放送業が発達した米国では数千にも上る放送局が乱立していた。米国を視察した英政府は、米国が「混沌状態にある」として、中央からの規制体制を構築し、大小の無線メーカーを統合させて１つの放送体を形成させることにした。

この放送体の位置づけで、浮かび上がってきたのが公共組織化である。資本主義は悪くはないが、市場競争に任せたきりでは富の配分はうまく行かない――そんな考えが１９２０年代初期、英国の政治家や知識人の間で広まっていた（『責任のない権力』、ジェームズ・カラン、ジーン・シートン著）。郵便体制に加え、漁業、水道、電気がすでに公共体として立ち上がっていた。

ＢＢＣ成立前の実験放送の段階で、無線通信の可能性を語るアマチュア無線の愛好者たちの議論の中でも、「公共の利益のためのツール」としての無線通信＝放送という考えが広まっていた。放送を公共サービスとしてとらえ、かつそのサービスの提供者自体も公的存在であるべきという考えに、命を吹き込んだのがＢＢＣのジョン・リースであった。

放送という「これほどの大きな科学上の発明の目的を娯楽のためだけに使うとしたら、権力の堕落であろうし、国民の品性と知能への侮辱だ」とリースは１９２４年、自伝『ブロードキャスト・オーバー・ブリテン』で書いている。

20世紀初頭に生まれた新たな娯楽媒体である映画が娯楽の追求に突き進んでいたとすれば、英国の放送業、少なくともリース下のＢＢＣは、まったく「逆方向を志向していた」（『英国放送業の歴史　第1巻』アーサー・ブリッグス著）。

リースによれば、公共サービスとしてのＢＢＣには４つの面があるべきだった。１つ目は「お金もうけを活動の目的にしない」、２つ目は「全国隅々に放送されていること」、３つ目は「統制が一括されていること」、４つ目は「高い水準の維持、最高のものを提供し、有害なものを拒絶すること」である。

それでは、リースにとっての「パブリック（公共）」＝「放送の受け取り手」とはどんな人物か？　果たしてリースやＢＢＣは、聞き手が何を聞きたいか分かっているのだろうか？

「私たちは、必ずしも聞き手が本当に必要なものを与えていないのではないか、とよくいわれる。しかし、何が聞きたいかを分かっている人はほとんどいないものだよ。何が必要かを知っている人はもっと少ない」、「いずれにせよ、聞き手の知性を過小評価するよりは、過大評価したほうがいい」——いずれもリースの弁である。

BBCの方針は、「あらゆることを最善の形で最大の人数に提供することだ」。リースはまた、BBCは「政府の1組織ではない」とも言っている。

政府から独立した公共サービスとして、高水準の番組をできうる限り数多くの人に届ける——。これは、現在まで続く、BBCの中核となる考えである。リースが定義したBBCの目的とは、視聴者に「情報を与え、教育し、楽しませる」こと。今でもBBCのミッション・ステートメントにはこの文句がしっかりと明記されている。

高級な番組の提供を目指したリースのBBCは、現代の感覚からすれば、ややお堅い、格式ばった印象も与える。

その具体例がニュースの放送で、かつてアナウンサーがディナー・ジャケットを着用していた件である。歌い手や演奏家が正装でマイクの前に立つのが普通であったため、午後8時以降にニュースを読むアナウンサーも、1925年から、正装をすることになった。「ニュースは厳粛な事実である。これを読む作業も厳粛であるべきだ」というのがその理由だった。ラジオ放送であったため、リスナーにはその姿が見えない状態であったことを考えても、相当にお堅い決定である。

アナウンサーはBBCの組織としての人格をリスナーに与える存在として位置づけられ、「良い英語」を話すように求められた。番組内容を評価し、アドバイスを与える、「中央教育諮問委員会」という内部組織の中に「話し言葉の英語に関しての諮問委員会」も作った。作家のジョージ・バーナード・ショーやラドヤード・キップリングが諮問委員になった。

「BBC英語」が基準に

1920年代、BBCが言うところの「正しい話し方」とは、英国の上流（アッパー）あるいは上・中流（アッパーミドル）階級が使う英語であった。これは、イングランド地方南部の上・中流家庭に育ち、私立の中等教育学校（パブリック・スクール）で勉学するという共通体験を持つ人の話す英語が基本である。

「BBC英語」は次第に、Received Pronunciation《レシーブド プロナンシエーション》（「容認発音」、略してRP）と呼ばれるようにもなった。

英国では「口を開ければその人の社会的背景が分かる」といわれる。「社会的背景」とは具体的には階級を指すことが多い。英国は階級社会の名残が今でも強い。その頂点にあるのは王室だが、これに貴族階級（上流）、中流階級（主に専門職、ホワイトカラー従事者）、労働者階級（主に単純技術の労働者）が続く。1950年代までは階級間の壁が高く、社会の流動性は低かったが、60年代以降は、大学進学率が上昇し（ちなみに、イングランド地方の大学の授業料は1990年代後半まで無料であった）、中流階級の幅が広がった。それでも、RP英語を日常生活で話す人は、現在でも、英国の社会全体の2%というのが定説である。

ニュースの規制

新聞業界や通信社にとって、ニュース報道の観点からBBCはライバルだった。新聞は「第4の権力」といわれ、世論作りや政界に大きな影響力を持っていた上に、新聞業界からの税金収入も相当あったため、新聞界が政府に「BBCがニュースを報道すると、新聞の売上げが落ちる」と訴えると、政府は耳を傾けざるを得なかった。郵政省は新聞社、通信社、BBCの代表者との交渉で、ラジオのニュース報道のあり方を決めていった。

結果は、BBCにとっては不当とも思える条件で、すでに通信社が報道済みのニュースの要約版を午後7時以降のみ放送することを許された。BBCのジェネラル・マネージャーとなったリースは、ニュースの放送時間の拡大と独自のニュースの放送に向けて、長い交渉を続けた。BBCをライバル視した新聞各紙がBBCに「意地悪」をしていたことの1つが、BBCの番組予定を紙面に載せようとしないことだった。

リースは就任当初から解決策を思いあぐねていたが、1923年9月28日、自前の雑誌「ラジオ・タイムズ」の発行を開始した。最初の25万部はあっという間に売れた。1925年末には発行部数は80万部を超えた。「ラジオ・タイムズ」の販売と広告による収入はBBCの懐を暖めた。

クロ—フォード委員会が将来を決める

「ラジオ・タイムズ」の人気はBBCにとっては痛しかゆしの面もあった。1925年頃までに、複数の新聞社チェーンがラジオ雑誌を発行するようになっており、放送業者であるBBC自らが出す、番組予定表がついた「ラジオ・タイムズ」は、自社が発行する同様の雑誌の売上げを不当に阻害していると、新聞界が攻撃しだしたからだ。

こうして、放送業の将来とBBCのあり方を決めるため、クロ—フォード伯爵を委員長とする、通称「クロ—フォード委員会」が調査を行うことになった。

当時、政府や議員の間で、BBCは商業行為を目的とする民間企業ではなく、公共組織であるべきという合意が形成されつつあった。新聞界からBBCの商業行為を常に批判されることに嫌気が差していたリースも、公共団体となることに大賛成だった。

1926年3月、委員会は議会に報告書を出し、BBCを公共組織として立ち上げるよう提言した。7月、郵政相が、新組織は「英国放送協会」(ブリティッシュ・ブロードキャスティング・コーポレーション=BBC)と呼ばれ、翌年1月発足すると発表した。

民間企業のBBCが公共組織BBCに生まれ変わる直前、BBCは大きな事件に遭遇する。報道分野では傍流と見られていたBBCが、国民にとってなくてはならない存在となるきっかけとなった、放送の直接性の威力を新聞各紙にまざまざと見せ付ける大事件が起きたのだ。

それは、1926年春に発生した、英国史上唯一のゼネストである。

「デイリー・メール」の反乱

1926年5月2日夜。ロンドンの日刊紙「デイリー・メール」の編集室で、編集長と印刷工との間で押し問答が起きていた。

度重なる労働争議が深刻化していた頃である。戦後の不景気に加えて、旧式な生産体制を維持していた製造業は人材過剰状態に陥っており、経営者側は人員削減や賃金カットで事態を乗り切ろうとしていた。失業者は増加の一途をたどり、ストが続発していた。

特に状況が悪化していたのが石炭業界で、炭鉱連盟が労働組合の中央組織の1つ労働組合会議（TUC）に対し、4月30日にゼネストを起こすよう協力を求めた。

週末となった5月1日から2日にかけて、政府と労働組合幹部の交渉が続いた。2日夜には、妥協に向けた合意の見通しが出て、最終調整に入るところまで進んでいた。

2日夜、「デイリー・メール」のトーマス・マーロウ編集長は、社説でゼネストを「革命主義の運動」と呼び、「社会の中の多くの何の罪もない人たちに苦しみをもたらす」と書いた。これを不満に思った印刷工たちが社説の印刷を拒んだが、編集長は書き直しには応じなかった。とうとう新聞は印刷されないままになった。このニュースがTUCと政府との交渉の場に伝えられると、政府は交渉続行を拒否し、決裂時にTUCが実行すると言っていた3日真夜中（実質4日）、ゼネストが開始されることになった。

BBCが最初の一声を出す

BBCのジョン・リースの元に、政府筋からスト必至の連絡が入ったのは3日の午前1時であった。10分後、リース自らがマイクの前に立ち、ゼネストが開始されるというニュースを伝えた。通信社はBBCに対し、報道済みのニュースのみを伝えるなどの規制を課していたが、この規制は解かれたも同然となった。

BBCはすばやく3交代制の緊急報道チームを立ち上げ、刻々とニュースを伝えていった。情報源は主にロイター通信で、政府側の公式情報は海軍本部にいる高級官僚から入った。定時ニュースは午前10時、午後1時、午後4時、午後7時、午後9時。放送前に、リース自らが報道内容を確認した。

TUC側は、「BBCは政府の一部だから、ラジオの報道は聞かないように」と労組員に言い渡したが、公共交通機関がほぼ停止し、新聞も休刊かページを大幅減少させる中、唯一の最新のニュースが分かるBBCを誰もが聞きたがっていた。

BBCの放送内容を書き取ったものが国内のあちこちに貼り出された。電器店、新聞社、ラジオの小売店など、人々はラジオがある場所に集まってBBCを聞いた。この時、初めてラジオ放送を聞いた人も多かったといわれている。議員の中には、BBCのニュースを書き取ったものを議会内や議会記者らに配った者もいた。

経営陣も新聞制作に参加

ビーバーブルック卿が所有していた日刊紙「デイリー・エクスプレス」では、スト期間中、組合に所属していないスタッフを中心に制作が進み、ビーバーブルックの上流社会の友人、知人らも手を貸した。編集幹部は印刷工員の役目を果たすことも行った。「エクスプレス」の編集長は編集指示を出した後、上着を脱ぎ、白いエプロンを腰に巻いた。たちどころに、印刷工のできあがりである。

一方、「タイムズ」では、新聞制作が終了する頃、すでにスト期間中となっており、鉄道もバスも運行を停止していたので、同紙の所有者ジョン・ジェイコブ・アスターは自分の車の運転手を使ってスタッフの何人かを家まで運んだ後、使っていない社の自動車で他のスタッフを送った。次の日から退職者やボランティアのスタッフを使いながら、「妹（リトル・シスター）」と呼ぶ縮小版を制作した。

「デイリー・テレグラフ」でも、労組に入っていないスタッフを中心に小型タブロイド判を制作しながらストをしのいだ。

チャーチルと御用新聞

ゼネストの開始を心待ちにしていた大物政治家がいた。後に首相となる、ウィンストン・チャーチル財務相である。チャーチルは、労組との対決を機に、労働運動に打撃を加えることを狙っていた。

政府側の声を印刷する新聞が必要と考えたチャーチルは、3日昼、主要大手紙の所有者を集合させ、新聞創刊への協力を依頼した。所有者たちが結論を出す前に、日刊紙「モーニング・ポスト」のH・A・グイン編集長が協力を申し出た。

「ポスト」の編集室を使いながら、「デイリー・エクスプレス」や「デイリー・メール」からの助っ人も入れて制作した政府の公式新聞「ブリティッシュ・ガゼット」(23万部)が初めて出たのは5日の朝であった。

チャーチルはBBCのリースに連絡し、「ガゼット」の内容をBBCで読み上げてもらうよう頼んだが、けんもほろろに断られてしまった。国家の緊急事態には、政府はBBCを国の管理下に置くことができた。ところが、これを実際に行動に移すかどうかに関して、内閣でも意見は一致していなかった。チャーチルはBBCの臨時の国営化を主張する勢力の急先鋒であった。政府がBBCの独立を維持するという結論を出したのは、スト終結前日の11日のことであった。

チャーチルを歓迎し、編集室に招きいれた「モーニング・ポスト」では、忙しいときにチャーチルがやってきて、細かい点に関してスタッフにあれこれと指示を飛ばしたので、しまいにはスタッフを怒らせるようになった。グイン編集長はとうとう、官邸に「チャーチルを来させないようにして欲しい」という主旨の手紙を出した。

グインの悩みをよそに、「ブリティッシュ・ガゼット」は順調に部数を伸ばし、スト終結の翌日に出た最終号は220万部を超えた。

両方の言い分を放送

ＢＢＣが報道機関として国民のみならず、政治家からも頼りにされたのは、ニュースの扱いが公平で、当事者の両方の主張を報道することで「本当に何が起きているかを知らせてくれる」存在として認識されたためだった。

例えば、ストの間中、政府の「ガゼット」はＴＵＣ幹部の主張を伝えなかった。一方のＢＢＣは「ガゼット」の記事の要約を紹介する一方で、労組指導者の演説の内容も紹介した。野党自由党による政府批判も放送し、ＴＵＣ幹部がストの間中発行した新聞「ブリティッシュ・ワーカー」からも記事を引用した。

多様な意見を紹介したＢＢＣだが、ストを拡大させるような内容は報道しないという内部指示が出ており、労働党あるいは労組幹部の生の声は放送しなかった。

ＢＢＣは政府の管理下に入って編集権を放棄する事態を回避しながら、報道機関としての独立性を内外にアピールした。リースの指導の下、できうる限りの中立性を守った。

この時、政府とBBCの間は必ずしも対立はしておらず、特にボールドウィン首相とリースの仲はストの間中良好だった。首相はリースの自宅から国民に向けたメッセージを流している。マイクに向かったボールドウィンはこう述べた。「私は平和的な人物です。平和を焦がれ、平和のために働き、平和実現を祈っています。しかし、英国憲法の安全と治安を引き渡すわけには行かないのです」。この部分はリースが書いたものだった。国民は、「正直で、同情的な首相」というイメージにぴったりの表現だと思って聞いていた。

5月12日、TUCは経営者側から何の妥協も引き出せないままに、ストを中止した。スト終結のニュースをBBCで報じたのもリースだった。BBCの記録によれば、ストの間BBCの報道を称賛する手紙が3696通届いたという。報道を批判した手紙は176通だった。

放送の歴史を書いたアーサー・ブリッグスは、BBCのスト報道に欠けていたのは、ストをせざるを得なかった労働者層の生活の背景を探ろうという視点や、労働者階級との連帯感だったという(『英国放送業の歴史　第1巻』)。「初期のBBCで働くスタッフの中で、労働者階級の実情を知っている人は少なかった」。

政府は、1927年、労働争議法を施行した。これは、ゼネスト及び同情ストを違法化したものである。ストが許されるのは特定の争議のみで、労組の資金を政治利用するのは原則禁止となった。これでゼネストの発生を封じこめたのである。

「お茶、カメラ、ストッキングはいかがでしょう?」

20世紀に入り、新聞は100万部単位で発行される、マス(大衆)・コミュニケーションの媒体となった。新聞業は次第に株式会社化され、経営の大きな原動力は配当金を増やし、部数を増やし、広告収入を上げることになった。新聞を社会の啓蒙活動の1つとしてとらえる19世紀までの考えはいつのまにか、後方に追いやられてゆく。

1930年代、熾烈化した新聞販売競争で各紙が力を入れたのは無料のおまけの提供だった。業界全体で約5万人の勧誘員を雇い、戸別訪問を行いながら、カメラ、お茶のセット、絹のストッキング、洗濯機などを無料で提供する代わりに、購読の勧誘を行った。1924年から1935年で全国紙のスタッフは72%増加し、その大部分が勧誘員だった。

新聞所有者協会は無料のおまけの提供を禁止したが、左派系「デイリー・ヘラルド」が今度は「格安の」値段でおまけを販売した。

常に資金繰りに悩まされていた「ヘラルド」は、1922年、労働組合会議(TUC)の公式新聞となって生き延びた。しかし、読者層拡大の努力は実を結ばず、1929年、TUCはヘラルドの株51%を日曜紙「ザ・ピープル」を発行していたオーダムズ・プレスに売却した。販売競争に力を入れた経営陣の下、「ヘラルド」は、1933年、首位の「デイリー・メール」を追い越し、部数200万部を達成した。

しかし、販促競争は新聞社側の高い犠牲に成り立っていた。販促費の上昇は制作費を押し上げた。利益を出し続けるために、部数を伸ばすことがさらに重要となった。1938年、新聞所有者協会が仲裁に入り、ようやく販売戦争は終結した。

紙面の変化

新聞戦争の結果、大きく変わったのが特に大衆紙を中心とした紙面デザインである。その典型が、1933年から24年間「デイリー・エクスプレス」の編集長だったアーサー・クリスチャンセンによる変革だ。

クリスチャンセン（通称「クリス」）のモットーは「普通の人が読みたくなるような紙面を作る」だった。そのために特定の人物像2人を想定し、この2人に向けて書くことを記者に命じた。クリスによれば、読者は「簡単に読めて、すぐに理解でき、自分に向けた、視覚的に目を引く」ニュースを読みたがっているからだ。

クリスはまた、文章を校正するサブ・エディター職の役割を拡大させた。記者が書いた原稿のすべてをサブ・エディターが編集長の意向に沿って書き直した。字の大きさを拡大し、全段抜きの見出しを増やした。見出しはより短く、大きく、大胆に、ドラマチックに変え、広告でよく使われるような語呂が良い表現も多用した。

こうした工夫で、これまで200年間、新聞記事を縦の長いコラム（段）に沿って上下垂直に読む習慣が、左から横への水平の動きとして読むように変わった。見出しの位置や大きさに工夫を加え、イラストを多用しながら、余白をわざと残すようにして作った紙面は、1つのイメージ(画像)として読者に訴えかけた(『リード・オール・アバウト・イット』)。

「責任を負わない権力者たち」

複数の新聞を所有して、言論界や政治界で大きな存在となった新聞王ノースクリフ卿ことアルフレッド・ハームズワースは、1922年、この世に別れを告げた。

死後、その所有新聞を引き取ったのは弟のハロルド(ロザミア卿、以下ロザミア)であった。1920年代から30年代にかけて、ロザミア、ビーバーブルック、ウィリアム・ベリー(ベリー兄弟の兄、後のキャムローズ卿)、ゴマー・ベリー(ベリー兄弟の弟、後のケムズリー卿、以下ケムズリー)が、新聞界の4大所有者となった。

巨大な発行部数を手中にする新聞王が、どれほど政治や世論に影響力を持っていたのかについては、英国の学者の中でも意見が分かれる。1930年代の所有者の多くは利益を出すことを主眼とし、政治あるいは社会的な影響力の発揮は二の次であったとする見方がほぼ定説だ。

しかし、独自のキャンペーンを行って、世論を誘導した具体例がこの時代にいくつかあった。

そのひとつが、ロザミアによる、反共主義と保護貿易主義を提唱した愛国的な組織「英国ファシスト連合」(通称「黒シャツ党」)への傾倒である。ロザミアは、傘下の新聞を使って黒シャツ党を応援し、党員の急増に大きく貢献した。

一方、ロザミアとビーバーブルックは、1929年、それぞれ「統合帝国政党」(ロザミア)と「帝国自由貿易改革運動」(ビーバーブルック)という政党を立ち上げ、帝国内で一大自由貿易圏を作る運動を展開した。両者が擁立した議員候補者は、野党保守党候補者の票を大きく食った。保守党党首ボールドウィンは、一時、党首辞任の一歩手前まで追い込まれた。

1930年、ロンドンでの下院補欠選挙の投票日の前日、ボールドウィンは後に著名になる文句を選挙演説の中で口にしている。「私を攻撃する新聞は普通の意味での新聞ではない。2人の男性による、常に変わりやすい政策、欲望、個人的な望み、個人的な嫌悪のためのプロパガンダのエンジンなのである」。その手法は「直接の嘘、虚偽の陳述、半端な真実、文脈から一部を取り出すことによる話し手の意味の変更」である。「このような新聞の所有者たちが狙うのは権力である。しかも責任を負わない権力である――これはいつの時代も売春婦の特権である」。

新たなBBCの出発

ゼネストを通じて、信頼できる報道機関としての地位を確立したBBCは、1927年、公共放送「英国放送協会」(British Broadcasting Corporation= BBC)として、新たなスタートを切った。新団体の発足と同時に、旧BBCのジェネラル・マネージャーだったリースは「ナイト」(騎士)の称号を授与された。

BBCの存立とその業務運営を規定する基本法規は、国王の特許状（または王立憲章＝ロイヤル・チャーター）と、BBCと担当相との間で交わされる協定書（アグリーメント）である。特許状はBBCの存立、目的、企業統治、責任を定める。後年、ほぼ10年毎に更新されるようになった。この特許状の下で、BBCは視聴者の代表となる経営委員会（現在の「BBCトラスト」の前身）に活動を報告する義務がある。経営委員会のメンバーは公益のためにBBCの活動を監視し、説明責任を持たせる役割を持つ。委員は女王の名で任命されるが、事実上は、政府が選ぶ。実際の日々の経営を担当するのは「ディレクター・ジェネラル」と呼ばれる経営陣トップと執行役員たちである。リースは初代ディレクター・ジェネラルに就任した。

協定書は、特許状で規定されたBBCの目的に沿って、BBCの業務目的の具体的な内容、サービスの一覧など経営面・番組面の業務や役割を詳細に規定し、BBCと放送を所管する担当相との間で締結される。当初の管轄省庁は郵政省だったが、現在は文化・メディア・スポーツ省となっている。

BBCの引越し

ロンドンの地下鉄オックスフォード・サーカス駅を出てすぐの十字路に立つと、リージェント・ストリートの先にオール・ソウルズ教会の建物が見える。その裏にやや隠れるように建つのが、アールデコの豪華客船を思わせる「ブロードキャスティング・ハウス」である。「ブロードキャスティング」は「放送」を意味する。英国で、放送施設として建てられた初めての建物だ。1932年からBBCのラジオ放送の本拠地となり、当時は「新しいロンドン塔」ともいわれた。BBCはそれまで、北ロンドンにあるサボイ・ヒル（もともとはサボイ伯の邸宅サボイ・パレスの一部）にスタジオ施設を置いていたが、放送のための施設ではなかったことから換気が十分ではなく、音質面でも満足がいかない状態だった。

引越しはBBCにとって、新たな時代の象徴でもあった。この時、民間企業だった時代から数えると放送開始から10年目のBBCは、すっかり国民の生活に定着した存在となっていた。従業員は800人に増え、約500万人が受信料を支払っていた。

放送内容はニュース、トーク、芝居、音楽、スポーツ、児童番組と幅広い。芸術のパトロンとして音楽コンサートやドラマの大きな発注者にもなっていた。その一例が、英国の夏の風物詩ともいえる「プロムス」（プロムナード・コンサートの略）の主催（1927年から）である。プロムスは、毎年夏、ロンドンで開催される100以上のクラシック音楽のコンサートだ。もともとは、19世紀末、ロンドンの音楽ホールの運営者が、幅広い層の国民が楽しめる音楽イベントとして始めたものだ。

21世紀の現在でも、プロムスの最終日、会場に行けない人はテレビの前に座り、最後に演奏される愛国的な曲「ルール・ブリタニア」を会場内の聴衆とともに口ずさむ。BBCと国民が一体化する、英国らしい光景である。

「大して面白くもないし、良くもない」放送が開始

遠く離れた場所に電波を飛ばせる短波放送を使って、BBCの番組を世界中に流してみたい——そんな思いをリースは、いつしか抱くようになっていた。問題はどうやってそのためのお金を工面するかだった。

とりあえずは英国内のリスナーが払う受信免許料の一部を使うしかないと考えたリースが、実際の短波放送開始にこぎつけたのは1932年末であった。使える資金は限られており、新たな放送には「あまり大きな期待を抱かないで欲しい」と放送初日、リースは語っている。「どうせ大して面白くないし、質も良くない番組になるだろうから」。

こうして、12月19日午前9時半、BBCの海外向け放送「エンパイヤー・サービス」(「大英帝国サービス」)が始まった。現在の国際ラジオ放送、BBCワールド・サービスの前身である。

経費を抑えるため、エンパイヤー・サービスは国内向け番組を海外用に放送する形をとった。内容は音楽、バラエティー・ショー、クリケットやウィンブルドンのテニスの試合の様子など。

海外にBBCの放送を広く伝えるため次第に外国語での放送を増やし、1930年代末には、英語に加え、ドイツ語、フランス語、イタリア語、スペイン語、ポルトガル語、アラビア語、アフリカーンス語で放送するようになった。

BBCが国内外にその歩を着々と進める中、リースと同じ出身地スコットランド生まれの人物

が、ある発明を実用化しつつあった。

スコットランドの発明家と「テレバイザー」

遠方に映像を送る機械、つまりは私たちが現在言うところの「テレビ（テレビジョン）」（テレとはギリシャ語で「遠く離れた」、ビジョンはラテン語で「視界」の意味）を形にするために、世界各国の発明家が頭をひねるようになったのは、19世紀半ば頃である。

20世紀に入り、スコットランド人の電気技師ジョン・ロジー・ベアードは、実用化レベルのテレビの発明を何とか達成したいと研究を続ける1人だった。

1925年3月、ロンドンの老舗百貨店セルフリッジで3週間にわたり実演を行うまでになったが、この時の映像は「影絵」とでも呼ぶレベルで、果たして来店者がどれほど感心したのかは定かではない。

半年後の10月上旬、ベアードは鮮明な映像の送信実現を目指し、新たな実験を敢行した。まず、これまでに何度も実験に使われて、少々くたびれた感のある腹話術用人形「ビリー」を送信機の前に置いた。隣室にある受信機の画面を除いて、ベアードは驚いた。これまで、ビリーの顔はぼやけた白い像の中に、鼻や目の位置が黒い染みのように現れていたのだが、今回は、その輪郭がはっきり分かった。陰影の詳細が分かり、鼻も目も眉毛もしっかりと見えたのだった。

喜び勇んだベアードは実験室を出て、階段を駆け下りた。そこで出くわしたのが、実験室の階下にある会社で働いていた若き事務員ウィリアム・テイトンだった。ベアードはテイトンに、実験室にある送信機の前に座るように頼んだ。送信機のそばには巨大な電灯がまばゆい明かりを放ち、室内は高温になっていた。

受信機のある隣室に入ったベアードは、画面が真っ暗であったため意気消沈した。ところが、ベアードが送信機の部屋に入ると、テイトンは指定の場所から移動していたことが分かった。電灯の明かりがあまりにもまぶしく室内が高温過ぎたので、電灯から逃れられる場所に身を寄せていたのである。映像が出ない理由を理解したベアードは、実験が成功する可能性に興奮の面持ちで、テイトンに駄賃を与えて送信機の前の指定された場所にいるように頼み込んだ。再度ベアードが受信機の前に座ってみると、確かに、テイトンの姿が鮮明に映し出されていた。

ベアード方式は、ドイツのポール・ニプコーによる高速ディスク方式（らせん状に穴が開いた円盤を使って映像を走査する仕組み）を自分なりに調整したものだった。送信機と受信機に穴の開いたディスク（ニプコー円板）を取り付けて高速回転させ、その穴に光を通して映像を送る「機械走査方式」の改良版である。1926年1月にはロンドンの王立研究所で、動く物体の形の送受信を公開実験で成功させた。ちなみに、浜松高等工業学校の助教授高柳健次郎が、ブラウン管による電送・受像を世界で初めて成功したのが同年12月末である。高柳は片仮名の「イ」の文字の像を送受信した。

ベアードはその後、カラー放送や立体テレビ（3D）の開発を手がけてゆくが、今後も実験を進めてゆくための資金作りに、テレビ受信機（ベアード自身は「テレバイザー」と呼んだ）を販売するようになった。

BBCテレビの誕生

BBCがテレビ放送を正式に開始するのは、1936年11月2日である。当初は機械走査のベアード方式と、音響機器の会社EMIとマルコーニ社とが共同で開発した電送方式が交互に使われたが、次第にEMI・マルコーニ方式が高い評価を得るようになり、ベアード方式は1937年1月末、終了した。EMI・マルコーニの405本の走査線テレビは、1985年まで続いた。

最初の放送を目にした人はそれほど多いわけではなかった。テレビ受信機は1台100ポンドで、これで小型の乗用車が買えるほどの高額だったのだ。また、放送を受信できる範囲は、テレビ放送の施設となった「アレクサンドラ・パレス」から35キロ四方のみで、当時受信機を持っていたのは2万戸であった。

リース、BBCを去る

BBCの初代ディレクター・ジェネラル、ジョン・リースがBBCを去ったのは1938年である。その理由は必ずしもはっきりしていない。リース自身が、後に「恐ろしい間違いだった」と記している。

座ったジョージ5世は、木製キャビネットの中に特別に設置された、エンパイヤー・サービス用のマイクに向かい、世界中にいる大英帝国の臣民の1人ひとりに、クリスマスの祝福のメッセージを語りだした。

「今、私の家から、私の心から、みなさん全員に話しています。雪や砂漠、海によって隔てられた男性や女性のみなさん、放送の声だけが、あなたたちのもとへ飛べるのです」。このメッセージは、作家キップリングが書いたものだった。

マイクの前に座った国王は、緊張のあまり、メッセージを書いた紙を持つ手が震えたという。紙が揺れるガサガサした音をマイクが拾わないよう、BBCのスタッフは机の表面を厚地の布で覆った。

この放送は英国、オーストラリア、カナダ、インド、ケニア、南アフリカなどにいる、約2000万人のリスナーの耳に届いたといわれている。

しかし、ジョージ5世によるクリスマス・メッセージはほんの数年で終わりを告げることになる。

朝刊発行にあわせた死

1936年1月20日午後11時、寝たきり状態になっていたジョージ5世に、主治医バートランド・ドーソンがモルフィネとコカインの致死量を静脈注射した。瀕死の苦しみをなるべく長引かせないようにして欲しいと家族から言われていたことを考慮し、ドーソンは国王に安楽死を施したのであった。注射から約1時間後の11時55分、国王は息絶えた。

ドーソンは「午後11時」という時間にこだわった。国王の死という最も重要で荘厳な事態を、日刊紙よりは軽い存在と見られた夕刊紙が報じるのを避けるためだった。

「タイムズ」のジェフリー・ドーソン編集長（医師とは無関係）が、国王の死の一報を受け取ったのは午前零時近くである。これより先に、医師の妻からの電話で、あらかじめ国王の死が間近であることを知らされていた編集長は、すでに詳細な死亡記事、写真、社説の制作を終了していた。こうして、「タイムズ」は国王の死の特別版30万部を翌日付で発行することができた。

医師が国王を安楽死させたことは、長い間秘密だった。作家フランシス・ワトソンが医師の自伝を書いたときも、安楽死の経緯は伏せられた。1986年、ワトソンが雑誌「ヒストリー・トゥデー」で真相を明らかにして初めて、国民はジョージ5世の死の真実を知ったのである。 〈187ページに続く〉

■王室報道①　マスメディアとともに生きる

はじめは喜んで取材に応じた

3度目でようやく──。エリザベス英女王の母親（エリザベス・バウエス＝ライオン）が、何度か結婚へのプロポーズを受けながら、やっと承諾したのは3度目のことである。1932年1月。スコットランド貴族の家庭に生まれた彼女は22歳であった。承諾の答えにほっと胸をなでおろしたのは、時の国王ジョージ5世の次男で27歳のアルバート王子である。

承諾の翌日、エリザベス・バウエス＝ライオン（以下、「エリザベス」とは彼女のことである）のロンドンの自宅に夕刊紙「スター」の記者が訪れた。エリザベスは記者を家の中に招き入れ、机の上に山と積まれた祝電や祝いの書簡を指差して、「婚約がこんなに忙しいものとは思いませんでした」と感想を述べた。「デイリー・メール」、「デイリー・スケッチ」、「デイリー・ニューズ」など、複数の新聞の記者も、同様に自宅で話を聞く機会に恵まれた。

エリザベスの報道陣へのオープンさにあわてた王室は、今後は取材に応じないようにと釘を刺した。エリザベスは2002年に亡くなるまで、一切、メディアの取材に応じることはなくなった。

プロポーズから3か月後の4月26日がエリザベスとアルバート王子の結婚の日である。ヨーク公夫妻となった2人は、バッキンガム宮殿のバルコニーに姿を現し、集まった国民に手を振った。その様子を新聞やイラストを豊富に使った雑誌が特集ページを設けたり特集号を発行して報道した。

王室の恋物語は、早くも大きなビジネスになっていた。ニュース映画会社の3大手トピカル・バジェット社、パテ・ガゼット社、ゴーモン・グラフィック社は、ヨーク公夫妻の結婚式の沿道にカメラを置いて最適の位置から撮影できる箇所を確保するため、3000ポンド近く（現在の10万ポンド相当）を払っていた。

国王からの生のメッセージ

クリスマスの当日、英国では国王が国民に向かってメッセージを送る「クリスマス・メッセージ」の習慣がある。多くの国民にとって、これを聞かないとクリスマスが来た気がしないのである。

このクリスマス・メッセージの最初は1932年12月。ＢＢＣの海外放送「エンパイヤー・サービス」開始から数日後であった。

国王とその家族が滞在する、ノーフォーク州サンドリンガム宮殿の書斎に

しかし、リースは「辞めたい」と時にもらしていたことがあり、BBC内では「お高く留まっている」、「孤立している」とささやく声もあった。1936年から始まったテレビ放送には全く関心を持っておらず、ある意味では1つの時代が終わりつつあったのかもしれない。

1938年6月、官邸がリースに対し、大英帝国内の航空サービスを運営する「帝国航空」(インペリアル・エアウェーズ。1939年、英国航空に吸収された)の会長職への就任を打診した。政治的圧力は全くなかったはずだが、リースはこの職を引き受けることにした。リース自身の願いで何のお別れの儀式もなく、リースはBBCを去った。当時、48歳である。

その後、リースは情報相のほかに、運輸省、雇用省など政府の役人となり、海軍勤務の後、連邦通信局そして複数の民間企業の役員職を務めた。さらに、グラスゴー大学の名誉総長など、幅広い分野で活躍した。1971年、エディンバラの自宅で転倒し、81歳で亡くなった。

「今年も、来年も戦争はない」

ロンドン西部のヘストン飛行場――。1938年9月末日、小雨の降る中、飛行機のタラップを降りてきたのは、ネビル・チェンバレン英首相である。タラップの下には報道陣がカメラを持って待ち構え、首相の第一声を生で聞こうと多くの国民も駆けつけていた。傘をさしている人や、ビニールの帽子を頭にかぶっている人もいた。ロンドンの秋は寒く、冷たい。

小雨の中、我慢強く人々が待っていたのには理由があった。20年前、多くの犠牲者を出して終わった第1次大戦の記憶が、まだしっかりと人々の心に刻み込まれていた。「金輪際、戦争には参加したくない」というのが本音で、他国との戦争よりも、まずは国内の失業問題、福祉政策の充実、労働環境の向上など生活に直結した問題を解決して欲しいと多くの国民が思っていた。

ところが、1938年、アドルフ・ヒットラーが統括するドイツが、ドイツ人住民が多く住むチェコスロバキア西部のズデーテン地方を武力で奪取しようとし、欧州を舞台とする戦争勃発の危機が起きた。

「どうにかして、戦争を回避して欲しい」、「この危機を回避できるのはチェンバレンしかいない」――そんな国民の強い期待を首相は背負っていた。9月中旬の英独の首脳会談が不調に終わり、同月28日、イタリアのムッソリーニ首相が仲介に入って、英、仏、イタリア、ドイツの首脳陣がミュンヘンに集まった。翌日、戦争回避を最優先と考えた英仏伊の首脳陣は、ドイツによるズデーテン地方の即時割譲を認めることで合意した。

9月30日、タラップから降りてきたチェンバレンは、集まった聴衆に「チェコスロバキアの問題は解決しました」と語りかけた。ミュンヘンでの合意後、チェンバレンはヒットラーから英独間の和平合意に関する書類に署名を得ていた。「今朝、私はドイツの首相ヒットラー氏と会合を持ちました。これが、ヒットラー氏と私の名前が入った文書です」。チェンバレンは、そう言って白い紙切れを聴衆に向かって振り回した。大きな声援が沸き起こった。チェンバレンは、続けて、「昨晩署名された（ミュンヘン）合意と、この英独海軍合意は、2つの国の国民が2度とお互いに戦争をしないという願いの表れであります」と述べた。

短い演説の後、車に乗り込むチェンバレンに、聴衆は声援を送った。「良くやったぞ」というふうに背中をたたき、手を握った。車の窓から花束が投げ込まれた。

同日、チェンバレンは、官邸前から英独合意の文書を報道陣に向かって再度読み上げた。「友人の皆さん、ドイツから官邸に名誉ある平和を持って戻ってきたのは2回目になります。平和の維持(peace for our time)を信奉します。心から皆さんに感謝します。さあ、もう家に帰って、ベッドで静かに眠ってください」。

「2回目」というのは、ベンジャミン・ディズレーリ首相がロシアの南下政策を阻止した1878年のベルリン会議から帰ってきた時を指している。もっとも、ディズレーリは「平和の維持」をpeace in our timeと呼んだが。元々は祈禱文からの引用である。

チェンバレン帰国の翌日、「デイリー・エクスプレス」は「今年も、来年も、英国は欧州の戦争に参加しない」とする見出しをつけて、国民に大きな安心感を与えた。

チェンバレンと仲間たち

ところが、この安心感は実は幻想であった。ヘストン空港での歓迎から半年後の3月9日、チェンバレンは新聞社の代表を呼び集め、「国際状況が良い方向に前進している」と述べた。しかしその数日後の15日、チェンバレンが休暇でフライ・フィッシングを楽しんでいた日、ドイツはチェコスロバキアを併合した。さらにその半年後の9月1日、100万人を擁するドイツ軍がポーランドに侵攻した。

1930年代の新聞は、平和維持を望む国民の思いと政府の論調を反映した「戦争はない」という楽観論に終始した。何故新聞は平和維持、ドイツへの宥和という政権の姿勢をなぞるような紙面を作ったのだろうか？　この点に関して、メディア学者の間で様々な分析がなされてきた。

1つの要因として挙げられるのが、新聞の所有者及び編集長が、社会のいわゆる「支配者集団（エスタブリッシュメント）」の一員であったことだ。

当時、国民の中の強い反戦気分に加えて、エスタブリッシュメントが共有した認識として、国際連盟による紛争解決の信奉、親ドイツ感情（ベルサイユ条約の取り決めによって過酷な扱いを受けたドイツは、民族自決主義によって奪われた土地を取り返す権利を持っているなど）があった。外交的には、敵はドイツよりも共産主義のソビエト連邦であった。

「デイリー・メール」を所有するロザミア、「デイリー・エクスプレス」のビーバーブルック、日曜全国紙「サンデー・タイムズ」のほかに地方紙を所有するケムズリーなど、新聞所有者自身がヒットラーと友好的な関係を保っていたのも、ドイツ批判の回避につながった。

歴史家リチャード・コケットは、「ロビー記者体制」が1930年代の英政府の宥和策が成功した一因だと『真実のたそがれ』（1989年）に書いている。政治記者がロビー記者団の一員として政府から情報の説明を受ける、ロビー記者制度が本格的に機能するのは1920年代からその夜、ウィンザー伯爵となったエドワード8世は、ＢＢＣを通じて王位放棄の演説を行った。「この24年間奉仕してきた大英帝国のことを決して忘れたことはありません」、しかし、「国王としての責務を自分が望むように遂行するには、私が愛する女性の助けなしには不可能であることが分かったのです」――。国を取るか、女性との愛を取るか？　両方を手中にできないことが分かった時、ウィンザー伯はシンプソン夫人との人生を選択したのだった。

放送後、ウィンザー伯は車でポーツマスまで行き、待っていた護送艦に乗って、シンプソン夫人がいるフランスに向かった。

「戴冠式が家庭にやってきた！」

次の国王は、弟のヨーク公アルバート（ジョージ6世、現女王の父）であった。映画「英国王のスピーチ」（2010年）は、引っ込み思案の性格で吃音に悩むアルバートが、オーストラリア人のスピーチ・セラピストの指導の下で、一生懸命スピーチを練習する姿を描いていた。

1937年5月、ジョージ6世の戴冠式が行われたのはウェストミンスター寺院である。ＢＢＣは現場中継のためにロンドン中心部に8キロにもわたる放送ケーブルを敷いた。10トン近い器材を積んだ小型トラックが移動放送室として初めて使われた。

戴冠式の放送は大成功に終わった。いつもはＢＢＣに敵対的な新聞も高評価。「国王と女王が姿を現したとき、その映像があまりにも鮮明で、この魔法のようなテレビは、現代のすべての偉大な発明の1つと感じるほどだった」（「デイリー・メール」）、「昨日、騎兵や歩兵とともに、戴冠式の儀式がイングランドの家庭に入ってきた」（「デイリー・テレグラフ」）。

しかし、各紙が「奇跡」と誉めそやした戴冠式のテレビ放映を実際に見た人は約1万人といわれている。テレビはまだまだ一部の人が見るものだった。

〈180ページより続く〉

■王室報道②　王冠を賭けた恋とその顚末

ジョージ5世の後を継いだのは、国民の間で絶大な人気を誇っていた、長男のエドワード8世（前ウェールズ公）であった。狐狩りからゴルフ、ガーデニングなど幅広い趣味を持ち、誰にでも気さくに話しかけ、「プリンス・チャーミング（魅力一杯の王子）」と呼ばれた。

人気に暗雲が立ち込めるのは、米国人女性で英国人の夫を持つウォリス・「シンプソン夫人」（ベッシー・ウォリス・ウォーフィールド）との交際が公になってからであった。

夫人と王子の交際は1931年頃から始まっていたが、当初、夫人は既婚であった（1936年10月、裁判で離婚成立）。夫のある女性と国王の情事を英国の新聞界は一切報道しなかった。

離婚成立後の36年11月、エドワード8世はボールドウィン首相に対し、夫人との結婚の意思と、もし政府が反対をすれば王位を放棄すると伝えた。

英国メディアが報道を開始したのは、同じ年の12月3日。その2日前、北部の都市ブラッドフォードのある牧師がエドワード8世とシンプソン夫人のスキャンダルを示唆する演説を行い、これを地方紙が報道した。その1週間後には、ほかの新聞も一斉にシンプソン夫人との恋の経緯を報道した。

エドワード8世は国民が自分の側についていると思っていたが、メディアの反応に失望した。「デイリー・エクスプレス」、「イブニング・スタンダード」、「デイリー・メール」、「イブニング・ニューズ」は国王を支持したが、「タイムズ」、「デイリー・テレグラフ」は王位放棄を望んだ。国王支持派も不支持派も、夫人が平民であることや米国人であることは問題視しなかった。しかし、どの全国紙も夫人が2回の離婚の経験者で、元夫たちがまだ存命中であったため、彼女を「女王」として受け入れることに難色を示した。労働組合や労働党も夫人を拒絶した。

首相から決断を迫られたエドワード8世は、12月10日午前10時半、王位を放棄することを誓う書類に署名した。

といわれている。ゼネスト（1926年）の際に、ロビー記者たちが他の報道陣とは別の会合の機会を政府閣僚と持つことを望み、これが常態となった。

ロビー記者による報道には情報源を明らかにしないという条件がついていた。政府は記者団に情報を与える代わりに、何を報道でき、何を報道できないのかを指定した。政府にとっては非常に都合の良い情報管理体制である。

政府と一体化した新聞の言論を目にした国民は、1930年代末までに、新聞よりもBBCのニュースの方に信頼を置くようになっていた、とコケットは指摘している。

第2次大戦と情報管理

1939年9月1日金曜日、昼過ぎ。ウォルト・ディズニー社のアニメ「ミッキーのガーラ・プレミア（最高のお祭り）」を放映していたテレビが、突然放送を停止した。第2次大戦の勃発が間近に迫り、政府がテレビ放送の停止を決定していたのである。

当日朝、BBC本部から指示が出て、スタッフは午後から職場を退去するよう命じられた。あまりにもあわてて出て行ったため、机の上には未整理の書類が散乱し、飲みかけのお茶が入ったカップが残されたという。

テレビ放送停止の理由は、すべての国内の資源を使って戦争を遂行しようとするとき、ロンドンや周辺の2万人ほどの視聴者のためにテレビ放送を行うのは贅沢と見なされたからだ。また、アレクサンドラ・パレスに設置された送信機が、ロンドンに向けて飛んでくる敵機の道しるべとなってしまう危険もあった。

9月3日、対ドイツへの宣戦布告で、英国は第2次大戦に突入した。国防規制第3条により、国民は「敵に役立つかもしれない情報を取得、録音、他人に通信する、あるいは出版する」ことを禁じられた。「戦争の効果的な実行に損害をもたらすと思われるような軍事についての情報を取得、所有、あるいは出版することは、いかなる方法であっても」違法であった。

軍事上慎重に扱うべきと思われるすべての記事、写真、そのほかの材料すべては情報省に提出し、許可を得る必要があった。軍事情報の取り扱いに関しては、1912年に「国防通知」(Defence Notice, D-Notice) 体制が発足していた。陸軍次官とPA通信の代表との間の自主的な取り決めを、国防通知として報道機関に伝える仕組みである。大戦中は情報大臣管轄下の新聞検閲局の中に入った。

戦争の遂行には国内を1つにまとめる必要があり、政府の戦時政策を批判する新聞は閉鎖されたり、閉鎖への脅しを受けた。チャーチル率いる戦時内閣が、1941年、共産主義者と労働者の声を代弁する日刊紙「デイリー・ワーカー」(1930年創刊)を一時発行停止にしたのがその1例である。

いかだにつかまる船員の風刺画で発行停止寸前に

一方、あやうく発行停止を免れたのが、「デイリー・ミラー」である。チャーチルを特に怒らせたのは、1942年3月上旬に掲載された風刺画だった。

人気風刺画家ゼックは、暗黒の海に浮かぶいかだに、打ちのめされた格好でつかまっている商船員の姿を描いた。風刺画についた説明は、「石油価格が1ペニー上がった――政府公式発表」。当時、石油を運ぶタンカーが敵の潜水艦に攻撃を受け、多くの商船員が犠牲になっていた。ゼックは「石油を無駄にするな、人命がかかっているぞ」という思いを込めたが、石油価格を値上げしたばかりの政府は、「人命よりも石油から得る利益を重要視している」という意味の批判と受け取った。

チャーチルはモリソン内相を通じてミラー紙の発刊を停止させようとしたが、モリソンは情報大臣ブレンダン・ブラッケン（経済紙「フィナンシャル・ニューズ」の所有者で議員。戦後、「フィナンシャル・ニューズ」と「フィナンシャル・タイムズ」とを合併させる人物）やビーバーブルックの反対の声を聞き、これを思いとどまらせた。

1930年代半ばまで「古風な保守的新聞」だった「ミラー」を「労働者のための生き生きした新聞」に変えていったのは、「ミラー」の編集統括者となったガイ・バーソロミューであった。バーソロミューは「ミラー」を小型タブロイド判に変え、大判の他紙と一線を画した。堅苦しい保守系のトーンを、人目を引くレイアウトと性や犯罪に関する記事が満載の、庶民的な左派系大衆紙に変えた。後に「ミラー」の会長になるバーソロミューは、「英国タブロイド紙の父」と呼ばれるようになった。

特に人気が出たのは戦時中である。「ミラー」は読者に日ごろの悩みを共有するよう呼びかけた。軍役に就いた男女の体験、銃後を守る国民の不安、生き残るための努力、性や人間関係に関わる悩みの手紙が、投書欄に殺到した。時には厳しく、時には称賛しながら、「ミラー」は読者の悩みに応えた。新聞が戦争を生き抜く国民の思いを吐露する場所になっていた。

ニュースを聞いてから、お茶を飲む

戦争勃発が間近になる頃、BBCは国内放送（ホーム・サービス）と「軍隊プログラム」（フォーシズ・サービス）に再編成された。前者は国内向け放送で、後者は英軍からの要望で新設されたもので、軽い娯楽番組を放送した。

戦争中、BBCはニュースの取材に関する縛りから解放された。戦前、BBCを報道媒体としてライバル視した新聞所有者たちが、BBCを管轄下に置いていた郵政省に働きかけたため、BBCは独自のニュース収集を禁止されていた。ニュースは通信社から取得するものとされ、ニュース速報の放送は午後6時以降のみであった。

戦争がこうした事態を変えた。新聞は用紙不足でページ数が激減しており、人々はニュースを渇望していた。後述するように、BBCの記者は戦場の様子を取材・報道し、午後6時以前にもニュース速報が流されるようになった。

BBCの放送のなかで、とくに国民に人気だったのは、午後9時のニュースである。国民はラジオにかじりつくようにしてこれを聞いた。国民の半数がこの時、ラジオの周りに集まったといわれている。当時の水道会社の調べによれば、午後9時のニュースが終わった直後に水道の使用が一時的に増えた。朝から晩まで、何かにつけて「ちょっと、1杯」と紅茶を飲むのを習慣とする英国民だが、おそらく、ニュースを聞いてから湯を沸かし、お茶を飲んでいるらしいと推測された。

生々しい戦争報道に嫌悪感も

1939年9月上旬の宣戦布告から数か月、英国は直接戦闘に関わることがなかったため、後に「まやかしの戦争」と呼ばれる時期が続いた。いつでも緊急の戦況ニュースで番組を中断できるよう、軽音楽や政府の広報伝言のリピート放送が続いたため、リスナーから「単調すぎる」、「つまらない」と不満が出た。

1940年5月、ドイツ軍がオランダ、ベルギー、ルクセンブルクに侵攻を開始し、状況が変わった。英国の大陸派遣軍はフランス軍とともにフランス本土最北端の港湾都市ダンケルクに追い詰められ、撤退には成功したものの約3万人の兵員を捕虜として失う痛手を受けた。6月、ドイツ軍はパリに進撃し、フランスは降伏した。7月、英国本土への上陸を目的として、ドイツ空軍は英国への爆撃を開始した。

当初は圧倒的な劣勢にあった英空軍は10月末まで続いた航空戦で、ドイツ軍に勝ち、本土防衛に成功する（「ブリテンの戦い」と呼ばれる）が、これほど直接的な攻撃を経験するのは英国民にとっては初めて。戦いを報道するBBCにとっても、その放送を聞くリスナーにとっても初めてだった。

できる限り、起きていることをそのままに伝えよう──そんなBBCの報道姿勢が批判を浴びることもあった。英国上空とドーバー海峡が戦場となった航空戦で、BBCの記者が戦いの様子を詳細に報道すると、「まるで競馬の実況中継のようだ」と嫌悪感を表したリスナーもいた。

第1次大戦時に発足した情報省が復活し、ニュースは政府の認可を受けてから放送された。「ブリテンの戦い」でも、自国軍の損害の詳細はぼかすことになっていた。例えば「東岸への大きな爆撃」がせいぜいであった。これは国民の士気に与える悪影響を防ぐためと、ドイツ空軍にどの攻撃が成功したのかを教えないためだった。また、天気の報道にも制限がついた。前日の天気は報道できたが、当日の天気情報を報道すれば、特定の地域がドイツ軍の空爆対象になる危険があった。軍隊の連隊の名前、政府閣僚や王室一家の居場所の報道は禁じられた。

1940年9月、ロンドンへの大規模な空爆が始まると、翌月、ブロードキャスティング・ハウスも爆撃を受けた。最初の爆撃でBBCスタッフ7人が命を落とした。

戦争が続くにつれて、従軍記者としての新たな技術が記者に要求されるようになった。銃撃の訓練を受け、無線信号を理解し、偵察機、戦闘機、戦艦の種類を認識できる記者が必要となった。特派員として世界の戦場に飛ぶ前に、攻撃や戦闘に関わる研修を受け、BBCの技術者が開発した「ミニ録音機」を使って、現地から情報を送った。ただし、このミニ録音機は1台18キロの重さであった。

従軍記者が特に威力を発揮するのは1943年から始まった、「戦争報道」という特別番組であった。ノルマンディー上陸作戦（1944年6月）、パリ解放（同年8月）、ドイツの降伏（1945年5月）の現況を、現地の音声を取り入れて生々しく伝えた。英国の放送ジャーナリズムが成長する最初の一歩であった。

戦時に口ずさむ歌

ニュースを除くと、戦時中、人気が高かったのは、戦地の兵士と国内の家族をつなぐ一連の番組と、コメディーを主とする娯楽番組である。

前線にいる兵士に向けた手紙の形をとった「親愛なるあなたへ」という番組を届けたのは、甘い歌声で知られる歌手で女優のベラ・リン。「兵士の恋人」というニックネームを持つリンは当時誰しもが口ずさむ歌となる「ドーバーの白い崖」（「戦争が終わって平和がドーバーの崖に戻ってくる」という内容の歌。ドーバー海峡は英国と欧州他国との国境を意味する）や、「私たちは再び会うでしょう」（「私たちは再び会うでしょう、どこでかは分からない、いつかは分からない、でも、いつか晴れた日に再び会うだろうと思うのです」という歌詞で、戦争の悲哀や希望を象徴する歌とされた。後、同題名で映画化され、リンが主演した）を大ヒットさせた。

「オーバー・トゥー・ユー（今度はあなたの番だ）」という番組は、国内の各地を巡って兵士へのメッセージを録音し、これを当時カナダで訓練中だった英空軍に向けて放送した。

ホーホー卿とＩＴＭＡ

「こちらドイツ、こちらドイツ」。英国の上流階級が使う英語をほうふつとさせる声が、ラジオから流れ出した。ナチス政権下のドイツから英国民に向けたプロパガンダ放送「こちらドイツ」（１９３９―４５年）の開始である。この放送を手がけたアナウンサーを英国では「ホーホー卿（ロード・ホーホー）」と呼んだが、中でも特に人気があったのが、米国で生まれ、アイルランドとイングランドで育ったウィリアム・ジョイスであった。

「ホーホー」はもともとは「高笑い」の意味があるが、「デイリー・エクスプレス」のコラムニストが番組のアナウンサーを「ゼーゼンのホーホー卿」（ゼーゼンはドイツからの短波放送の発信地）と呼んだことに始まる。しかし、ホーホー卿といえば、事実上、中心的アナウンサーだったジョイスを指すようになった。

ドイツ宣伝省の目的は同盟軍や英国民の士気をくじき、ナチを中心とした戦後体制を確立することであり、戦闘での同盟軍の損害を現実よりも誇張して伝えるのが常套手段であった。

英国では表向きには敵のプロパガンダ放送は聞いてはいけないことになっていたが、上流階級が使うような、「きどった」英語で話しかけるホーホー卿の放送を国民は大いに楽しみにしていた。その理由の１つは、戦時体制になったＢＢＣの放送が「繰り返しが多く、単調だったから」（ＢＢＣの歴史を著作にしたブリッグスの談話、ＢＢＣラジオ４の番組、１９９１年５月９日放送分）。それにもまして大きな理由は、プロパガンダ放送であることを承知の上で、国民の多くが敵国から伝わる戦況を強く知りたがっていたからだった。特に開戦当初は、ＢＢＣよりもドイツ側の情報が勝る場合もあり、戦地に派遣されている兵士に関わるニュースを少しでも多く知りたがった国民にとっては欠かせない放送となった。

ホーホー卿のプロパガンダ放送に対抗するため、政府はＢＢＣに協力を求めた。対抗馬としてできたのが数々のコメディー番組であった。「聞くな」といってもリスナーは聞きたい番組にダイヤルをあわせる。それならもっと面白い番組を作ってはどうか、と考えたのである。

こうして、１９４０年代はラジオ・コメディーの黄金時代となってゆく。最も人気があったのが「またあの男だ」である。原題の「It's That Man Again」のアルファベットの頭文字をとって、ＩＴＭＡ《イットマ》と呼ばれた。コメディアンのトミー・ハンドリーが「悪化と謎省（Ministry of Aggravation and Mysteries）」という架空の省の大臣となって登場した。この省は情報省のパロディーであった。政府省庁の役人の行動を風刺しながら、言葉の語呂合わせのおかしさで大笑いさせた。

敵国ドイツを笑いでこき下ろすコメディーも人気で、コメディアン、モーリス・デナムはアドルフ・ヒットラーを「チャーリー・チャップリンに似た男」と呼んでおちょくった（ちなみに、現在でも、ドイツやヒットラーを笑うジョークは英国で頻繁に耳にする）。

勝利のVキャンペーン

ＢＢＣのベルギー向け放送を担当していたビクトール・ド・ラブレーは、ベルギーで使われる２つの主要言語フランス語でもフラマン語（実質はオランダ語）でも、「Ｖ」がドイツ占領下のベルギーで１つの象徴的な文字になることに気がついた。フランス語の「Victoire」は「勝利」を意味し、フラマン語の「Vrijheid」は「自由」を意味した。そこでラブレーは、１９４３年１月のある日、ドイツの支配に抵抗する印として、「Ｖ」の文字をあらゆるところに描こうと放送を通じて呼びかけた。この呼びかけがＢＢＣのほかの欧州語放送にも広がった。モールス信号の「Ｖ」は「・・・―」という表記になるので、これにベートーベンの交響曲第５の「ダダダ・ダーン」の音楽まで付くようになった。欧州語放送の開始に、ティンパニーで「ダダダ・ダーン」とやるわけである。

第２次大戦中の首相チャーチルが勝利のサインとして２本の指を広げて「Ｖ」を示す写真をご覧になったことがあろう。チャーチルはＶサインを「占領された地域の人々の征服できない意志を表す象徴」と呼んだ。

1940年6月14日、パリが陥落すると、フランスの元国防次官兼陸軍次官だったドゴール将軍は、英国に一時亡命した。この時、BBCを通じて、ドゴールは「フランスの抵抗の炎は消えるべきではないし、消えないだろう」と仏国民に向かって呼びかけた。

世界の放送を監視

ドイツ国民やドイツの支配下にある国にいた国民がBBCを聞くことは違法だった。しかし、実際には、こっそりと聞いていたのである。

BBC海外放送がドイツ兵の戦争捕虜の名前を放送するようになり、1943年以降、捕虜となったドイツ兵の家族へのメッセージを毎晩放送した。あるドイツ兵の家族は、兵士が亡くなったものと思い、教会でのミサを予定した。後に、BBCの放送で兵士が生きていることを知ったものの、ミサを中止すれば違法の放送を聞いていたことになるので、ミサは予定通り開催された。教会に到着してみると、他の参列者がおらず、家族は驚いてしまった。

誰もがBBCの放送を聞いていたのだった。

なお、BBCは世界に向けて数か国語で放送を行うだけでなく、世界の放送を聞く作業も行っていた。これが現在まで続く、BBCモニタリング・サービスである。もともとは、1930年代、ドイツやイタリアのプロパガンダ放送に対抗する一方法として、敵の放送を聞きだしたのがきっかけである。活動の拠点は英南部バークシャー州のカバシャムに置いた。

チャーチルと戦時中のBBC

1940年、チェンバレン首相の後任として、チャーチルが新首相に就任した。国防相を兼任して陸海空の参謀総長（海軍については第1海軍卿）を直接指揮し、挙国一致内閣を率いた。

1926年のゼネストの頃からBBCを嫌っていたチャーチルだったが、戦時中はラジオや議会での演説を通じて国民に戦争協力を呼びかけた。1940年6月4日、ダンケルクの大撤退作戦の後の「どんな犠牲を払っても私たちの島を守る」演説は、特に「絶対に降伏しない！」という文句で、国民の心をわしづかみにした。

同月14日、パリが陥落し、英国は孤立した。その4日後、チャーチルが行った演説は国民の士気を大いに高揚させた。「フランスの戦いは終わったが、英国の戦いはこれから始まる。この戦いの行方にキリスト教文明の生き残りがかかっている。私たち自身の英国の生活が、私たちの組織や大英帝国の長期の維持がかかっている」と述べ、「もし大英帝国と英連邦が今後千年も続くなら、そのとき、人はきっとこう言っているだろう。『あの戦いの時が、最高の時だった』と――」と締めくくった。

8月20日、「ブリテンの戦い」で、数の上では劣勢だった英空軍による勝利が見えてきた頃、チャーチルは「人間の戦いの中で、これほどの少ない人数によってこれほどの多くが助けられたことは、いまだかつてない」と空軍戦闘員の勇気を褒め称えた。

6年にわたる大戦で疲れきった国民は、1945年の総選挙でチャーチルの保守党を選択せず、野党労働党を勝利に導いた。しかし、チャーチルの1つひとつの言葉が国民を一体化させ、士気を鼓舞し、英国人であることの誇りを与えてくれたことを、今でも国民は忘れてはいない。「誇りに思う著名人は誰か」と聞かれると、いつもトップに上がってくるのがチャーチルだ。1945年5月、ヒットラーの自決から1週間後、英国民は大戦終結を伝えるBBCの報道を耳にした。

ホーホー卿といわれたウィリアム・ジョイスは、戦後、デンマークとの国境に近い独フレンスブルクで英軍に逮捕された。米国籍保持者であったが英国のパスポートも取得していたため英国に対する大逆罪で有罪となり、1946年1月、処刑された。

「デイリー・ミラー」の人気漫画家ゼックは、負傷した兵士が欧州の勝利と平和を表す月桂冠を読者に手渡そうとする姿を描いた。キャプションには「ほら、ここに。また逃すなよ！」と書かれてあった。「2度と戦争が起きないように」、「戦時中の犠牲を決して忘れないように」――そんな読者の気持ちを強く代弁する風刺画だった。

毎日のように届けられた、政府からの国防通知を、戦時中、「デイリー・エクスプレス」のアーサー・クリスチャンセン編集長は、毎回同じパターンで処理していた。通知を読み、各デスクに回覧した後、鍵をかけて保管していたのである。戦争終結までに、約5000通の国防通知が手元に残った。クリスチャンセンは、不要になった通知を、焚き火にして燃やしたという。

第5章　戦後社会が大きく変わる（第2次世界大戦後―1979年）

戦後テレビの再開

「これがご褒美のキスよ」――。映画女優グレタ・ガルボと思しき女性が、ディズニーのアニメ「ミッキー・マウス」の主人公に舞台上で幾度となくキスをする。すっかり有頂天になったミッキーだったが、実はこれは夢だった。ベッドの上で目を覚ましたミッキーは、隣にいた仲間のグーフィーが自分にキスを浴びせていることを知ったのである。

こんな愉快な結末で終わる「ミッキーのガーラ・プレミア」は、戦前、BBCが最後に放送したテレビ番組だった（188ページ参照）。1939年9月、英国がドイツに宣戦布告をする数日前のことである。

テレビ放送が戻ってきたのは1946年。最初の番組は「ガーラ・プレミア」である。戦前と比較して画質が大きく向上した上に、1日の放送時間は2時間から3時間に増えていた。

翌日には、ロンドンのトラファルガー広場など市内中心部数か所にカメラを置いて、欧州の戦勝記念式典が放映された。空軍の戦闘機が空を駆け抜ける様子、国王ジョージ6世（在位1936―52年）の長女エリザベス王女がかぶるオーストリッチの羽がついた帽子、アトリー首相のブラシのようなロヒゲを視聴者は間近に目にすることができた。

手に持っていた式典のプログラムを落としてしまった王女が、かがんでこれを拾い上げる場面もカメラがとらえた。テレビは、他のどの媒体も達成できないほどの臨場感と親密さを視聴者に与えてくれた。

しかし、テレビの媒体としての地位は高くなかった。BBCの経営陣はテレビをラジオよりも低い存在ととらえ、テレビで働くBBCのスタッフを「丘の上のばか者たち」と呼んだ。「丘の上」というのは、テレビスタジオがあったアレクサンドラ・パレスが丘の上にあったからである。テレビは投資額の割には視聴者が少なかったため、経営陣はラジオに新しいチャンネルを創設する方に力を入れていた。

演劇界、映画界がテレビをライバル視して協力を拒んでいた時代である。ディズニー社も1946年末、同社のアニメの利用料を引き上げた。スポーツ競技や教会の一部もBBCによる撮影を拒むことがあった。

BBC海外放送に辞表を出した男

BBCラジオの海外向け放送は、1940年末までに34か国語を扱うほどに成長していた。東方言語サービスのインド言語班で働いていたエリック・ブレアは、インド生まれという経歴を生かし、1941年から番組のプロデューサー兼コメンテーターとして活躍する。しかし、ほんの2年間の勤務で、ブレアは辞表を書くに至る。「全く何の結果ももたらさない仕事に、自分の時間と公的資金を使うのは無駄だ」（ブレアの辞表）と思うようになったからだ。

このとき、英領の一部だったインドでは、英国からの独立運動が盛んになっていた。BBCは英国とインドの文化的つながりを強調する一方で、独立を支持する声も紹介した（インドが独立するのは、1947年）。

ブレアは「英国のプロパガンダ」を放送したくないと辞職願の手紙に書き、辞職後は、BBCに勤務する前の仕事だった著述業に戻った。

ブレアが近未来の情報統制社会を描いた小説『1984年』をジョージ・オーウェルの名前で出版したのは、1949年であった。この小説はブレアが勤務していた当時のBBC海外放送局をモデルにしているといわれている。特に似ているといわれたのが小説の中に出てくる、主人公が勤める「真理省」の食堂の様子だ。そのほかにも「ビッグ・ブラザー」と呼ばれる中央の統制者の存在、また「ダブル・シンク」（二重思考。意識的または無意識的に、2つのお互いに矛盾する事柄を共に信じること）など、政府やメディアによるプロパガンダを鋭く風刺した部分が、1940年代のBBC海外放送を巡る状況をほうふつとさせるといわれている。

テレビがいよいよ中心に

1948年7月29日、第14回オリンピック大会がロンドンで開会した。オリンピックのテレビ放映は世界初であった。BBCは巨費を使って独占放映権を得て、最終日までの18日間、連日5時間にわたり競技の様子を伝えた。これ以前にロンドン近辺のテレビ受信機は1万4550台だったが、オリンピックを機に6万6000台に増えている。

それからまもなくして、テレビが一気に普及する状況が発生した。

1952年2月。国王ジョージ6世が動脈血栓症で死亡したという知らせを、長女のエリザベスは公式訪問中のケニアで受け取った。急きょ、帰国の途についたものの、父を失った悲しみに浸っている余裕はほとんどなかった。「エリザベス2世」としての国務の遂行が25歳の彼女を待っていた。

ジョージ6世の戴冠式（1937年）をテレビで見られなかった国民は、1953年6月に設定されたエリザベス女王の戴冠式を「今度は是非視聴したい」とテレビ受信機をどんどん買い始めた。BBCは使用されなくなった軍用発信機を買い集め、放送が国内隅々にまで届くよう、準備を始めた。

『ロイヤル』によれば、女王自身はテレビ放映に反対だった。当時、テレビは下級の媒体と見なされていた上に、女王は戴冠式を個人的なかつ聖なる儀式と見なしていたからだった。

しかし、戴冠式がテレビ放映されないことが発表されると、新聞界や国民から大きな不満の声が沸き起こった。最終的に、女王として任命される瞬間など「聖なる場面」は撮影しない、女王のクローズアップは不可などの条件付で、テレビの撮影が認可された。

戴冠式の当日、27歳になっていたエリザベス女王は、王冠を頭に戴き、回廊を歩いた。BBCのカメラマンは女王の顔に焦点を合わせた。テレビの画面上に女王の顔が次第にクローズアップされて映った。放映前の条件では、クローズアップ撮影は不可とされたので、カメラマンに「停止」の指示が来るはずであった。ところが、そんな指示は出されなかったので、カメラマンは思う存分、アップを撮り続けた。茶の間にいた視聴者は、女王を実に身近に感じることができた。テレビ画面に映し出された映像は、物理的なそして社会的距離をあっという間に飛び越えた。

この時初めて、テレビの視聴者がラジオのリスナー人口を超えた。BBCによれば、戴冠式の特別番組を自宅で見た人は780万人、テレビを持つ人の家に行って見た人は1040万人に達した。さらに、多くの人が映画館やパブでも見たという。

国境を越えて、米国では8500万人が視聴し、ドイツでは11時間にわたる特別番組をそのまま放映した。

1953年は、テレビ受信機の製作台数がラジオの製作台数を超えた年でもある。1949年から1951年で、ラジオとテレビの両方が視聴できる受信免許数は12万6000から76万3000に増加した。戴冠式のおかげで、1954年には、これが320万に増えた。テレビの時代がやってきたのである。

商業放送誕生への道

1951年1月、英国の将来の放送業に関する報告書をまとめた放送委員会（福祉政策の提言で知られるベヴァリッジ卿が委員長となり、通称「ベヴァリッジ委員会」と呼ばれる）は、これまで英国の放送業を独占してきたBBC以外の放送局の開設を、事実上否定する結論を出した。「何百万人もの視聴者に音声や映像を提供する」放送業者には「巨大なプロパガンダ・パワーが付いてくる」。このため、「公共機関以外にはどの個人にもあるいは団体にも、この業務を信託することはできない」。

一方、委員会のメンバーで保守党議員のセルウィン・ロイドは「重要な少数派の報告書」を下院に提出し、放送業は1つの組織に独占されるべきではないと訴えた。

労働党政権はベヴァリッジ報告の提言を受け入れ、BBCの独占体制がしばし続くことになった。

年末になり、BBCの存在を規定する特許状（または王立憲章＝ロイヤル・チャーター）の更新時期が到来した。放送業の行方に関する議論が再燃した。このときまでに政権が交代しており、新政権ではBBC嫌いのウィンストン・チャーチル保守党党首が首相となっていた。

チャーチル政権下でも王立憲章は無事更新されたが、翌年5月、今後の放送政策に関する政府側の見解が白書で発表され、テレビ界に「一定の競争の要素」を入れることを提案した。初めてBBCによる放送市場独占を突き崩す文章が出てきたのである。1953年11月発表の放送白書は、広告収入によって成り立つ放送局の創設と、BBCにもう1つのチャンネルを設置することを提案した。

日刊紙「ニューズ・クロニクル」に掲載されたギャラップ社の調査によれば、BBC以外の放送局ができることに対し、テレビ所有者の半数が賛成していた。

元締め役の独立テレビジョン・オーソリティー（ＩＴＡ）

テレビ法（１９５４年）の下、英国で最初の商業放送を担当する放送局を選定する段階になった。ちなみに、この時、商業放送は「独立テレビ」（インディペンデント・テレビジョン＝ＩＴＶ）と呼ばれた。「独立」とは、それまで放送市場を独占してきたＢＢＣから独立している、という意味である。

放送局の選定にあたり、政府はまず、商業放送を監督する組織「独立テレビジョン・オーソリティー」（ＩＴＡ）を発足させた。ＩＴＡは特定の地域の放送免許（＝フランチャイズ）を各放送局に与える、重要な役目も持った。

１９５５年の商業放送開始前にＩＴＡが放送免許を与えたのは、４つの放送局――アソシエーテッド・リディフュージョン、アソシエーテッド・テレビジョン（ＡＴＶ）、アソシエーテッド・ブリティッシュ・ピクチャーズ社によるＡＢＣテレビジョン、グラナダ・テレビジョン――であった。いずれもイングランド地方が対象で、平日と週末（土日）の放送免許を地域毎に分け、合計６つの免許を４放送局が取得した。

ロンドン周辺の平日の放送はアソシエーテッド・リディフュージョンが担当し、同地域の週末と中部ミッドランズ地方の平日放送はＡＴＶが、ミッドランズ地方の週末と北部の週末の放送は

ABC、北部の平日の放送はグラナダが担当することになった。

複雑な構成になったのは、テレビ法によって、BBCとの競争に加え、ITV体制の中でも競争が起きるように設定したためだ。

1956年にはスコットランド中部の平日及び週末の放送免許がスコティッシュ・テレビジョン（STV）に、ウェールズ地方南部とイングランド地方西部の平日及び週末の放送免許がテレビジョン・ウェールズ・アンド・ザ・ウェスト（TWW）に与えられた。年を追う毎に、認可を受けた放送局の数が増え、ITAが放送免許の見直しを行う1963年までに、15の放送局がITV放送をカバーするようになった。

ITAは、番組内容やコマーシャルに関しても規制を課し、例えば、コマーシャルは番組と明確に分かれているようにすること、コマーシャルの分量は番組の10％以下、そして番組の「自然な切れ目」に入れるようにと放送局に要求した。

担当する地域に即した放送を行うことが義務化され、これには、毎日地方ニュースを放映すること、定期的に地方に関わるドキュメンタリーを入れることなどの条件が入った。英国全体をカバーするニュースの制作には、ITV局全体で所有する「独立テレビジョン・ニュース」（ITN）が従事した。

「視聴者が何を見たいのかが分かる奴」の登場

ロンドン周辺の週末とミッドランズ地方の平日の放送免許を獲得したATVで、視聴率上昇に大きな貢献をしたのが、もともとは興行師として名をはせていたルー・グレード（ATVの副最高経営責任者に就任）であった。

グレードの本名はレフ・ウィノグラッドスキー。1906年、ユダヤ人の両親の下、ウクライナ（当時はロシア帝国の一部）で生まれた。5歳のときに一家は英国に移住し、東ロンドンに住み着いた。父のアイザックは映画館を経営し、3人兄弟の1人として育った。20歳そこそこで、チャールストン・ダンスの競争で優勝し、「ルイス・グラッド」という芸名でダンサーとなった。パリのジャーナリストが芸名を間違えて「グレード」とつづってしまい、これを自身が気に入ったため、ルー・グレードが通名になった。

戦後は芸人のエージェントとして米国に住み、後に米喜劇俳優ボブ・ホープやミュージカルのスター、ジュディー・ガーランドを英国に初めて招聘する下地を作った。

興行の経験豊かなグレードはテレビ界でもヒット作品を見抜く力を発揮し、「視聴者が何を見たいのかが分かる奴」という評判がついた。その後は映画界にも進出し、ピーター・セラーズ扮するクルーゾー警部が主演の『ピンク・パンサー』シリーズ、『スター・ウォーズ』シリーズの第2作『帝国の逆襲』、米アカデミー賞でメリル・ストリープが主演女優賞をとった『ソフィーの選択』などにプロデューサーとして関わった。1969年にはナイトの称号を授与され、1976年にはグレード男爵として一代貴族となった。

丁々発止で権力者を問いただすロビン・デイ

テレビ・カメラを前にしてアナウンサーがニュースを読む――こんな当たり前の風景が英国で始まったのは、1955年9月初旬のことだ。BBCのアナウンサー、リチャード・ベイカーが初めて視聴者の前に顔を出した。それまでBBCは、静止画や動画を使ってニュースを放送していた。

BBCが心配したのは、アナウンサーの顔が出たらニュースに「個人の色」がついてしまうこと。その日のニュースを「正確に、公正に、まじめに、匿名で」報道するBBCの活動目的から外れてしまう、と考えたのだ。

そんなBBCが方向転換をしたのは、それまで英国唯一の放送業者だったBBCにライバルが現れることになったからだ。初の民放となるITVが9月末から放送を開始することになっていた。

「ITV」といっても、中身は地域ごとの放送免許を持つ複数の民放局である。ITV系列の放送局にニュース番組を制作・提供するのは先述のITNであった。

ITNの制作幹部は、テレビのニュースは視覚面を重視するべきと考えていた。BBCのニュース番組のアナウンサーは「ニュースリーダー」（「ニュースの読み手」）といわれていたが、ITNはアナウンサーを「ニュースキャスター」と呼んだ。BBCのように他の誰かが書いた原稿をただ読むのではなく、キャスター自身が原稿を自分で編成したり書き加えるジャーナリストであるべきだと考えた。ややお堅いイメージのBBCのニュースと差をつけるために、街頭で人々の声を集める取材方法を英国で初めて導入し、取材相手に思い切った質問ができる資質を持つニュースキャスターを起用した。

そんなITNに最初に雇われたキャスターの1人がロビン・デイである。縁の厚いめがねと水玉の蝶ネクタイがトレードマークのデイは当時、30代前半。英南部グロスターシャー州で生まれ、オックスフォード大学で学んだ。卒業後は弁護士の道を進んだが、まもなくジャーナリズムの世界に入った。

ITNの初代統括編集長エイデン・クローリーは、ニュース番組の拡大案をめぐって経営陣と対立し、1956年1月辞任した。辞任当日の夜、番組に出演したITNのケネス・クラーク会長に、デイは早速「何故クローリーが辞めたのか」と聞いた。これを聞いた制作現場の同僚たちやテレビの前の視聴者は度肝を抜かれる思いがした。政治家や組織のトップなど、社会の上層部にいる人への一定の敬意が社会の中に強く存在していた時代である。組織の中で、部下がトップに大胆な質問をすること自体が権力への挑戦だった。

1957年、エジプト・スエズ危機（1956年）以降、初めて同国のナセル大統領にインタビューしたジャーナリストがデイだった。エジプトと英国の外交関係が正式に回復する前の話である。中東問題の核心となるのがイスラエルとアラブ諸国との関係だが、デイはナセルに「イスラエルを国として認めるか」とずばりと聞いた。日本に原子爆弾を落とす決定を行ったトルーマン米元大統領に、「原爆投下を承認したことを後悔しているか」と聞いたのもデイである。

1958年、マクミラン首相をインタビューした際には、「デイリー・メール」が「一国の首相をこれほどまでに厳しく詰問した人物はない」とデイを評した。

翌年からBBCに移籍したデイは、テレビの調査報道番組「パノラマ」や、識者によるパネリストが視聴者からの質問を受ける「クエスチョン・タイム」、ラジオのニュース解説番組「ワールド・アット・ワン」などを担当した。

放送局を変わっても、デイのスタイルは変わらなかった。いつしか「グランド・インクィジター」(「大いなる尋問者」)というニックネームがついた。「インクィジター」とは、もともとは、中世以降のカトリック教会で異端の疑いをかけられた者を裁判で審問する人を指し、「グランド・インクィジター」は、通常「宗教裁判所長」と訳される。ここでは、インタビュー相手を厳しく尋問するようなスタイルで質問するジャーナリストを指す。

2000年、デイは76歳で亡くなった。「ガーディアン」の訃報記事(8月8日付)は、デイが「テレビのインタビューのあり方を変革し、政治家とテレビの関係を変えた」と書いた。

為政者を怒らせるようなきわどい質問をしながら真実に迫るデイの手法は、その後も英国の放送ジャーナリズムの中に脈々と続いている。現在では、BBCラジオ4の朝の時事番組「トゥデー」の司会者ジョン・ハンフリーズやBBCテレビ「ニューズナイト」のジェレミー・パックスマンがその最も著名な後継者だが、どのジャーナリストも大なり小なりデイのジャーナリズム＝「大いなる尋問者」のスタイルを取り入れるようになっている。

「待っていた時が来た」

1955年9月22日午後7時15分、最初の商業放送が始まった。ロンドンの平日放送を担当するアソシエーテッド・リディフュージョン社が放映した。

最初の番組は商業放送開始の記念儀式であった。8時からは「バラエティー」と題された番組で、ABCテレビ劇場からの実況。8時12分になると、司会者がこう言った。「さて、みなさんが待ち焦がれていたときがやってきました。『自然な区切れ』の時間です」。英国初めてのテレビ・コマーシャルは、歯磨き粉の宣伝だった。

初日の商業放送の結果は大成功というわけではなかった。ロンドン周辺で商業放送の信号を受信できるテレビは約18万台で、このうちの10万台が商業テレビにチャンネルを合わせた。視聴者の25％はBBCを視聴し、11％はテレビのスイッチを切っていた（ウェブサイト「テレトロニック」他）。

2日後、ロンドン周辺の週末の放送を担当するATVが、ルー・グレードが作らせた連続ドラマ「ロビン・フッドの冒険」を午後7時半から放映した。これに続いたのがバラエティー・ショーと映画であった。翌日の日曜は、同じく午後7時半から開始で、米国の人気ドラマ「アイ・ラブ・ルーシー」、これにロンドンのパラディウム劇場からの娯楽ショー「サンデー・ナイト・アット・ザ・ロンドン・パラディウム」が続いた。

ATVの週末番組はロンドンで大ヒットとなり、グレードは後に「ATVが英国のテレビ市場全体を変えた」と自慢するようになった。

BBCは当初、商業テレビの影響は低いとたかをくっていたが、1955年の人気テレビ番組トップ20の中で、BBCの番組は2つ入っただけで、ほかはすべてが商業テレビの番組が占めた。1956年にはトップ20がすべて商業テレビの番組となり、その圧倒的な支配は1962年まで続いた。

テレビ広告の時代

商業放送の開始は、広告主にとってまったく新しい市場が出現したことを意味した。

番組の間に挿入されるテレビ広告の巨大な広告料を払えない企業は、司会者が複数の製品の特徴を読み上げる「ショッピング・コーナー」と呼ばれる時間に参加するようになったが、これが次第に人気を得て、15分ほどの「アド・マグ」(「広告雑誌」の意味)という時間枠ができた。

人気のアド・マグの1つは「エリザベス・ゴーズ・ショッピング」と題され、エリザベス・ア

1959年までにキューラは25万枚のテレスナップを撮影したといわれている。1960年代半ばになると放送局側による番組の録画記録が一般的になり、テレスナップの人気は次第に下落した。

キューラがガンで亡くなったのは1969年。自宅の車庫の中には、数千枚に上るテレスナップが残された。妻のエミリーがこれをＢＢＣに寄贈しようと連絡すると、ＢＢＣの担当者は「キューラ夫人、私たちは前に進んでいるのですよ。後ろ向きにではなく」と答えたといわれている。エミリーはこれを聞いて大いに怒り、残っていたテレスナップのほとんどを焼いてしまった（リチャード・ビグネル、マーク・ルイソーン著『ジョン・キューラ：失われたアーカイブの写真家』より）。

その後、キューラのテレスナップは文化的にも非常に貴重な意味を持つことになる。

1950年代以降、テレビ局が番組をフィルムに記録し、これを保管する作業が本格化してゆくと、次第にアーカイブが増えた。各局は倉庫にこれを保存したが、フィルムが劣化しないように室内は一定の温度に保つ必要があり、増える一方のアーカイブをどうするかに悩んだ。1970年代に入り、カラーテレビが普及してゆくと、白黒で撮影された番組アーカイブの需要が激減した。そこで、テレビ局はそれほど歴史的な価値がないと判断された番組アーカイブを順に処理した。この時、熱心なファンを持つＳＦ番組「ドクター・フー」など、多くの番組の記録が姿を消した。

その後、「ドクター・フー」のファンの一部が、番組消去に反対する運動を始めた。ビデオ録画機が家庭に普及すると、テレビ局側は過去の作品に商品価値があることを知り、アーカイブ破棄方針は撤回された。キューラのテレスナップが残した番組画像記録によって、「ドクター・フー」のアーカイブの一部も「復元」された。

■「テレスナップ」に救われた「ドクター・フー」

第2次世界大戦後の1946年6月、テレビ放送が再開されたが、当時、テレビの電波が届いたのはロンドン近辺のみであった。番組の録画技術はまだ開発途上で高価であったため、生中継が原則だった。テレビ草創期に放映された番組で、現在まで残っているものは少ない。

初期の貴重な番組記録を始めたのは、イタリア人の父と英国人の母との間に生まれたアルベルト・ジョバンニ・キューラ（後、ジョン・キューラと名乗る）であった。キューラは電子工学と写真に高い関心を持ち、家族の中では「発明家」と呼ばれていた。

1947年、45歳になっていたキューラは、テレビ画像を撮影するカメラを開発し、これで写した画像を「テレスナップ」と名づけた。その年の秋、キューラはＢＢＣに手紙を書き、撮影した画像を商業化してよいかどうかと聞いた。ＢＢＣはこれに大慌てとなった。著作権の点からは前例がなく、どう答えていいものやら見当がつかなかったのである。とりあえずは、「撮影対象となる出演者から許可を得て、出演者自身に販売するという条件付での認可」とした（ウェブサイト「テレトロニック」より）。

「出演者自身に販売」という条件が付いたものの、他の誰も同様のサービスを提供している人がいない強みから、テレスナップの需要は拡大した。番組制作スタッフは、テレスナップでカメラの位置などを確認できると重宝がり、テレビ受信機の製造メーカー側は広告用にテレスナップを使いたがった。

1951年、大学同士が競うボートレースで、オックスフォード大チームのボートが沈む事件があった。この瞬間を画像で記録したのはキューラのテレスナップだけで、新聞や雑誌の編集者がキューラが住む南ロンドンの自宅に押しかけた。ＢＢＣが発行する雑誌「ラジオ・タイムズ」や、ＢＢＣが女王に贈った記念アルバムの中にもテレスナップの画像が収められた。1955年、商業放送の新たなチャンネルができると、キューラのビジネスはますます繁盛した。

ーランが司会者として出演。流行の百貨店などに出かけ、商品を紹介する、というものだった。ジミー・ハンリーとその妻マギーという実際の夫婦が登場する「ジムズ・イン」も人気で、2人は、ある架空の村のパブの運営者という設定だ。毎週、このパブに様々な客が訪れ、ビールを飲みながら、家庭用品の価格や質について語り合う。客の1人が、パブのドアを開けて「このコート、ロンドンの百貨店のセールで安く買ったのよ」と話すと、翌朝、このコートを買おうと買い物客が押しかけたという。

大戦中の報道を通じて、確固とした位置を築き上げたBBCに加え、民放ITVができたことで、放送メディアは新聞メディアの大きなライバルになっていた。1958年までに、ITVの広告収入は全国紙の広告収入の総額を超えた。

1948年から68年の20年間で、広告収入の中で新聞の割合は83%から70%に下落し、特に地方紙の広告収入が打撃を受けた。

レセップスとスエズ運河

エジプト北東部に位置するスエズ地峡。19世紀半ば、ここに人工的な水路を作ろうともちかけたのはフランス人の元外交官フェルディナン・ド・レセップスだ。

広大なアフリカ大陸の南側を回りこんでアジアに到達するよりも、地中海からエジプトの水域を通り抜けて紅海を通り、アジアと連結できれば、大きな商業上の利益があるはずだった。

レセップスはスエズ運河会社を立ち上げ、フランスの民間企業とエジプト政府が水路を作るための出資を行った。1869年、スエズ運河は無事開通の運びとなったが、70年代半ば、巨大債務を抱えたエジプトは株の売却に追い込まれた。英国がこれを購入し、スエズ運河会社の大株主となった。

第1次世界大戦が勃発すると、英国はエジプトを保護国と宣言し、運河にインド軍を送った。1922年、英国はエジプトに名目上の独立を認め、1936年の英エジプト協定ではエジプトは独立国であるとしながらも、英国の財政及び戦略上の国益を守るために、スエズ運河に英軍を継続して駐在させることを確約させた。この協定の交渉に当たったのが、後に英首相となるアントニー・イーデンである。20年後、イーデンはスエズ危機を巡って国内の世論を二分させる人物となった。

BBCのジレンマ

国家の大事に際し、世論が大きく割れたとき、BBCはどうするべきか？　そんなジレンマに揺れたのが、「スエズ危機」であった。

1954年、エジプトのナセル大統領は、エジプト南部アスワン地区に、ナイル川の氾濫防止と灌漑用水の確保のためにアスワン・ハイ・ダムの建設を計画した。当初、米英両国は建設資金を援助すると確約していた。しかし、東西の冷戦下、エジプトがチェコスロバキアからソ連製戦闘機や戦車などを購入していたことが分かると、米国は資金援助を辞退した。これに英国も続いた。世界銀行も当初予定の貸付を拒否し、ナセル大統領は追い詰められた。

１９５６年７月、ナセルは英仏が所有していたスエズ運河会社を国有化し、通行料をダム建設の資金にあてると宣言した。イーデン首相は、ナセルをイタリアの独裁者ムッソリーニと同一視し、ナセルを失脚させて英国の影響力を維持するには軍事行動もいとわない決意をしていた。

イーデンは運河の国際管理を回復するために数か月にわたりエジプトとの交渉を続けたがらちがあかず、仏やイスラエルと協力してエジプトへの軍事行動を起こす秘密裏の計画を立てた。フランスは、仏領アルジェリアの独立戦争（１９５４－６２年）で、エジプトが独立運動を支援していると考え、ナセル政権打倒を望んだ。イスラエルはエジプトと敵対関係にあり、３国の利害が一致した。

国民を二分したスエズ危機

10月29日、イスラエルがエジプトに攻撃を開始した。翌日、英仏は、エジプトとイスラエルに対し攻撃を停止するよう最後通牒を出した。イスラエルはこれに同意したが、エジプトは拒否。極秘の計画を知らされていなかった米国は、イスラエルに対しエジプトとの国境から兵を撤収することを求めた決議を、同日、国連安保理に提出した。しかし、英仏は拒否権を発動。31日、秘密の計画通りに英仏軍がエジプトへの攻撃を開始した。

事態の急激な展開に危機感を感じた国連は、11月1日、緊急の特別総会を開き、2日、戦闘の停止と攻撃を仕掛けた側の撤退を求める決議を出した。

この間、英国内は攻撃を支持する側としない側との間で、意見が大きく分かれた。

エジプト侵攻への反対意見を強く表現した新聞の1つが、発行部数16万部の左派系高級紙「マンチェスター・ガーディアン」であった。英仏の最後通牒は「おろかな行為」(10月31日付)と述べた。発行部数150万部の日刊紙「ニューズ・クロニクル」も反戦姿勢を明確にした。いざ戦闘が始まると、兵士を支援する伝統がある英国で、「ニューズ・クロニクル」は部数の落ち込みに苦しんだ。

ほかに反戦方針を取ったのは日刊紙「デイリー・ミラー」、「デイリー・ヘラルド」、日曜紙の「オブザーバー」、「レイノルズ・ニューズ」など。

戦争を支持した全国紙は保守系大衆紙「デイリー・エクスプレス」、「デイリー・メール」、「デイリー・スケッチ」、高級紙「デイリー・テレグラフ」、日曜紙では「サンデー・タイムズ」。夕刊紙ではロンドンの「イブニング・スタンダード」と「イブニング・ニューズ」など。

イーデン首相から定期的に極秘情報をもらっていた「タイムズ」は、エジプト侵攻計画についてもイーデンから編集長ウィリアム・ハーレーに事前に情報が伝わっていた。ハーレーは個人的にイーデンを批判するようになったが、紙面では明確に反戦方針を出せないままに終わった。

「デイリー・エクスプレス」による10月30日から11月3日にかけて行われた読者調査では、48・

5%がイーデン支持、39%が反対、12・5%が不明と答えた。

下院では、攻撃を支持する与党側と反対する野党側の間で激しい議論が起きた。

11月3日夜、イーデンは官邸からBBCテレビに出演し、最も重要なことはイスラエル軍とエジプト軍を分離させ、戦闘をやめさせることだ、と述べた。「自分は平和を信じる人間だ、国連を信じる人間だ」としながらも、「今が行動を起こすときだ」、「山火事を防ぐために、また、より大きな戦争の恐ろしさや破壊の拡大を防ぐために」として、エジプトへの攻撃に対する支持を呼びかけた。

一方、4日夜、野党労働党の党首ヒュー・ゲイツケルは、落ち着いた口調で、英仏がスエズ運河を「国際世論を無視して」占拠していると非難し、与党保守党議員たちにイーデン首相を辞任させるための協力を求めた。新しい首相の下、「エジプトへの侵攻を停止し、停戦を実行し、国連の決定と推奨に従う」よう呼びかけた。

イーデン首相は、戦闘支持と不支持の両方の意見を出すBBCの「客観報道」を苦々しく思い、数度にわたり、BBCに圧力をかけた。BBCの内部資料によれば、4日夜のゲイツケル労働党党首による放送を止めさせようとしたが、当時の経営陣トップの補佐役が、BBCがイーデンの圧力に屈してしまえば、報道局内で「大きな反抗が起きる」、「これまで知られてきた形でのBBCは終わりを告げる」と述べて、ゲイツケルの放送を実現させたという。BBCは自国が関わった国際的危機の報道を巡って、大きな決断を迫られた。

国連加盟国の中で英仏軍の撤退への声が高まる中、米国によるポンドへの圧力が英経済の先行きを暗くした。11月6日に英仏が、8日にはイスラエルが停戦を受諾し、全軍の停戦に至った。12月20日、イーデン首相は下院で、イスラエルがエジプトに先制攻撃をかけることを事前に知っていたかと聞かれ、「知らなかった」と答えた。翌年1月、健康が悪化したイーデンは、辞任した。

スエズ事件を通じて、「国際情勢を意のままに操作できる大国」という英国支配層が持つ自画像は崩れ去ったといわれている。1977年、イーデンが死去すると、「タイムズ」は死亡記事の中でこう書いた。イーデンは「英国が世界の偉大な国であることを信じた最後の首相だった」、「偉大な国ではなかったことを証明する危機に立ち向かった最初の首相だった」。

「アームチェアの劇場」

商業テレビは当初、BBCのようにすでに古典となった劇作家の作品をドラマ化したが、次第に、もっと視聴者の生活に根ざした新作ドラマを次々と出していくようになった。これは「アームチェアの劇場」あるいは、「台所の流しのドラマ」とも呼ばれる。

「アームチェアの劇場」を主導したのは、カナダ生まれの制作者シドニー・ニューマンである。例えば、テニスの話に興じる上流階級よりも、毎日「日常品を自分で買うテレビの視聴者」、広告主が目を向ける「普通の人」のためにドラマシリーズを作りたい、と考えていた。ニューマンは、イングランド地方中部ミッドランズ地方及び北部の土日の放送免許を持つＡＢＣの制作者である。後に著名になる若手演劇人（英国を代表する劇作家ハロルド・ピンターもその１人）らを次々と起用した。アルン・オーウェンが書いた「レーナ、オー・マイ・レーナ」は、イングランド北部の都市リバプールの学生が、工場勤務者と恋に落ちる話であった。

テレビドラマに対して不信感を抱いていた演劇界も次第にテレビを無視できなくなった。１９５８年、英国演劇界の「光」ともいえるローレンス・オリビエがＡＴＶで放映された劇作家イプセンの「ジョン・ガブリエル・ボークマン」に出演すると、他の名優たちもこれに続いた。

ニューマンは１９６２年、ＢＢＣに転職する。今度はＢＢＣでドラマ作りに力を入れ、「ウェンズデー・プレイ」（水曜日の芝居）というシリーズを開始した。

英国のテレビ史をつづるサイト「テレトロニック」によれば、１９５０年代末から１９６０年代を通じて放映された「アームチェアの劇場」や「ウェンズデー・プレイ」などのテレビドラマは、伝統的な舞台劇と同様の価値がある存在となり、戦後の荒廃から消費社会へと急速に様変わりする英国社会の様相を鏡のように映し出していたという。

「スーパーマック」と戦後社会の変容

１９５０年代半ばのスエズ危機でエジプトから撤退した英国は、第２次大戦後の世界で、１国だけではやっていけないことを学んだ。

辞任したイーデンの後に首相の座に就いたのは元財務相のハロルド・マクミランである。戦後まで長く続いた配給制度が1957年には完全に終了し、実質賃金の伸び率が価格上昇を上回ったため、可処分所得が増えた。金融機関が個人向けの貸付商品を拡充させ、手持ちに十分な資金がなくても大きな買い物ができるようになった。1950年から1965年の間に、個人による乗用車の購入は150万台から500万台に増えた。1960年代を通じて生活水準があがり、マクミラン首相は「ほとんどの国民はかってないほどの良い生活をしている」と述べた。ロンドンの夕刊紙「イブニング・スタンダード」の風刺画家ビッキーは、1958年、マクミランを、何でもできる「スーパーマック」(「マック」はマクミランのこと)として描いた。

大戦という危機体験を国民全体が共有したこと、国民福祉政策の実施、消費ブームなどの要因により、労働者階級、中流階級、上流階級を分けていた階級の壁が以前よりは低くなった。同時に、戦後の労働力不足を埋めるために、1940年代後半から始まった、西インド諸島やインド、パキスタンからの積極的な移民政策の結果、1950年代には、地域によって移民と元からの住民との間の対立が目立つようになった。1958~60年のロンドン西部ノッティングヒルでの有色人種対白人住民との暴動事件が著名だ。この時、有色人種の移民に暴力をふるい、地元民から英雄扱いをうけたのが「テディー・ボーイ」である。元々は、20世紀初頭の国王エドワード7世(在位1901—10年)の時代の華美な様式を取り入れた服装を身にまとう、1950年代及び60年代の若い男性たちのこと。テディーはエドワード7世の愛称の1つだ。

番組「ザット・ワズ・ザ・ウィーク・ザット・ワズ」(「これが今週の動きでした」の意味) がＢＢＣテレビで始まった。デービッド・フロストが司会となり、その週に起きた時事ニュースをネタに、出演者による論評、コント、音楽でまとめた。スタジオ内はリラックスした雰囲気で、撮影中のテレビカメラが画面に映ることもしばしばあった。当時はカメラの姿が映ることは驚きだった。番組は「すべての欺瞞にスポットライトをあてる」、「風刺の対象にしないものはない」と宣言していた。

1963年まで続いた番組が終了すると、フロストが次に出演したのが「ザ・フロスト・リポート」(1966～67年) であった。短いスケッチを集めた番組には、後に「２人のロニー」と呼ばれる２人組を作るロニー・バーカーとロニー・コーベット、後に数々の映画も制作するコメディー集団、モンティ・パイソンを結成するジョン・クリーズ、グレアム・チャップマンなど、多数のコメディアンが出演した。

この中で著名なコントの１つが、背の高いクリーズ、中ぐらいの背丈のバーカー、小柄のコーベットが並ぶ、階級の差を示すジョークである。クリーズは高級官僚役で上流階級を示す。真ん中のバーカーは事務員役で中流階級を指す。端にいるコーベットはハンチングをかぶった労働者階級の役だ。上流階級のクリーズは中流のバーカーを見下ろす。バーカーは労働者のコーベットを見下ろす。コーベットが見下ろす人はいないのである。英国では階級の差を面と向かって指摘するのはタブーであるが、これをはっきりと画面に示し、風刺したスケッチであった。

テレビの前に座った若者たちは、権威あるものを徹底的に風刺するコメディーを胸のすくような思いで視聴していた。

■1960年代の風刺ブーム

1960年代に作られた様々な風刺番組は、為政者、既存の価値観や社会の規範などあらゆるものを、一昔前までは考えられないような強い風刺で笑い飛ばした。

この風刺ブームの元をたどれば、戦後に大人気となったＢＢＣラジオの「グーン・ショー」(1951～60年) が挙げられる。「グーン」とは間抜けの意味で、後に映画俳優として活躍するピーター・セラーズ、スパイク・ミリガンなどの数人のコメディアンが、素っ頓狂な声や音響効果を使いながら、シュールレアリスティックな設定のコントを行った。

1960年代の風刺ブームの初期の典型が、スコットランド・エディンバラで初演となったレビュー「ビヨンド・ザ・フリンジ」(フリンジを超えて) である。スコットランドでは文化振興のためのエディンバラ・インターナショナル・フェスティバルが毎年開催されているが、本フェスティバルではプロの劇団による演劇、バレー、オペラ、クラシック音楽のコンサートが繰り広げられるのに対し、「フリンジ」と呼ばれる、いわば裏のフェスティバルでは新進気鋭のアーチストや、ジャズ、ポピュラー音楽、コメディーなどのイベントが行われる。「ビヨンド・ザ・フリンジ」には、フリンジよりも、もっと実験的、あるいは枠にとらわれない見世物という意味がこめられているようだ。

後にロンドンやニューヨークでも演じられた「ビヨンド・ザ・フリンジ」には、元ケンブリッジ大のコメディー劇団フットライトにいたピーター・クック、後に映画俳優となる、オックスフォード大出身のダドリー・ムーア、同じくオックスフォード大出身で後年作家となるアラン・ベネットなど数人が参加した。

1962年、「エスタブリッシュメント」を徹底的に批判して笑いを誘う風刺世界地図に目をやれば、戦後、大英帝国の分布を示すピンク色は次第に小さくなっていった。スーダン、ナイジェリア、タンザニアなど、1960年代末までに、アフリカ大陸にあった英国の旧植民地のほぼすべてが独立国となった。

大英帝国を背景とした英国の威信は消え、1930年代の大恐慌時代や大戦の記憶がない若者たちが作り上げる、「サブカルチャー」（下位文化。社会の正統的、伝統的な文化に対し、その社会に属する特定の集団だけが持つ独特の文化）が次第に広まっていった。

1960年代は、権威に対する尊敬の念が薄れ、政治家やエスタブリッシュメント（支配層）は風刺や嘲笑の対象となった。1963年に行われた、アーガイル伯爵の離婚裁判では、伯爵夫人が88人もの愛人とグループ・セックスを行ったことが暴露され、支配者階級のモラルの低さに国民は失望した。

「ゆりかごから墓場まで」

戦後の社会保障制度の土台を作る、通称「ベヴァリッジ報告書」（経済学者で後に政治家となるウィリアム・ベヴァリッジによる社会福祉改革の提言書）が発表されたのは1942年のことである。

健康保険、失業保険、年金などで、すべての国民を対象とする統一制度を整備することを提案した報告書をどの新聞も支持したが、市民の生活がどのように変わるかをパンチの利いた見出しで、分かりやすく報道したのが「デイリー・ミラー」だった。「ゆりかごから墓場まで」という表現が英国の福祉政策と同一視されるようになるのは、「ミラー」の報道がきっかけである。1945年の総選挙の投票日、「ミラー」は労働党の名前こそ出さなかったが、「彼らに投票しよう」とする見出しをつけた記事を大きく出した。

選挙後、アトリー労働党政権が成立し、ベヴァリッジ報告書の提案を基に国民保険サービスを始めとする社会福祉政策が次々と法制化されていった。1946年、350万部を出していた「ミラー」は、1949年、それまでトップだった「デイリー・エクスプレス」を抜き、その発行部数は400万部を超えた。1950年代を通じて、「ミラー」はトップの座をほぼ維持した。

1948年から53年まで「ミラー」の編集長だったシルベスター・ボラムは、当時のミラー紙を評し、こう述べている。「ミラー」は「センセーショナルな新聞だ。衝撃的なニュースと論説を載せることを信奉している。間違えることもあるだろう。しかし、少なくとも、生き生きしている新聞だ」。

ボラム自身が、「間違えた」行動を取ってしまうのは1949年である。この年2月、「硫酸風呂事件」が発覚した。ジョン・ヘイグなる人物が9人を殺害し自宅に置いた硫酸入りのドラム缶の中で遺体を溶解させた事件である。ヘイグは殺人罪で有罪となり、絞首刑となった。

ボラム指揮下の「ミラー」は、警察の警告にもかかわらず、陪審員裁判に影響を及ぼしかねない報道を複数回行った。被告を有罪扱いするなど、陪審員の判断を左右するような報道は、法廷侮辱罪となる。3月、「ミラー」の「吸血鬼の告白」という見出しがついた記事などが侮辱罪に当たるとして、編集長ボラムに有罪判決が出た。ボラムはロンドン・ブリクストンの刑務所で3か月の禁固刑となった。20世紀以降、法廷侮辱罪で禁固刑を受けた新聞紙の編集長はボラムただ1人である。

ミラー紙統括編集長バーソロミューを筆頭に、記者や風刺画家が運転手付きのロールスロイスで刑務所を訪ね、編集業務の相談をするという奇妙な事態が生じた。ボラムは後に当時を振り返り、毎日18時間勤務の編集長業務から解放され、じっくり物事を考えることができた「貴重な日々だった」と述べている。

報道規制団体の発足

1945年春、全国ジャーナリスト組合（NUJ）のメンバーが、新聞に関する公的な調査委員会の設置を提案した。「2、3の強大な商業グループが新聞を寡占所有することで、報道の自由を窒息させるべきではない」というのがその理由である。翌年、NUJの総会がこの委員会の設置を求める決議を採択した。

下院で設置へ向けての動議が提出された後、当初は乗り気ではなかったアトリー労働党政権は、1947年3月、新聞、定期刊行物、通信社の支配、管理、所有における状況を調査する「王立委員会（ロイヤル・コミッション）」を発足させた。

委員会に召喚された182人の1人になったエナイリン・ベヴァン保健相は、「最も卑しいのは英国の新聞だ」、「その大部分を百万長者の集団が所有している」と述べた。一方、新聞経営者の多くが、委員会の設立は新聞を迫害するための政府の動きだと受け止めていた。

証人の中で、最も注目を集めたのは、メディア王ビーバーブルックであった。その赤裸々な発言は、新聞を社会の木鐸と捉える人にとっては驚きとなった。1948年、委員会に対し、ビーバーブルックはこう言った。「私は自分の新聞を純粋にプロパガンダのために経営している。その他の目的はない。プロパガンダを効率的に行うには、新聞自体が成功していることが必要だ。新聞が完全に良好な財政状態にないと、その新聞はプロパガンダにとっては全くよくないことになる」。

委員会が報告書を発表したのは1949年6月。180ページにわたる報告書は、「英国の新聞は世界のどの新聞にも劣らない」、「汚職とは無縁」と述べ、問題とされていた新聞の所有が少数の人物に偏っているかどうかについては、「全体として、言論の自由、正確なニュースの報道」を妨げ、読者の利益に反するほどには「集中の度合いは高くない」と結論付けた。しかし、大衆紙と一部の高級紙には「過度の偏向報道がある」、その理由は「プレスを所有し運営する人々」がそうしているからだと指摘することも忘れなかった(『リード・オール・アバウト・イット』)。

委員会は、新聞の「第4の権力」としての役割を重要視し、言論の自由の維持には新聞社自体が自由な企業体であるべきという、これまでの英国の新聞界の伝統的な考え方を踏襲した。そこで、新聞業界を改革するのであれば、あくまでも自主規制であるべきという立場から、新聞業界に公的責任を持たせる意味もあって、新聞やジャーナリストの活動を自主的に監視する組織の立ち上げを提案した。

実際にこの組織が「ジェネラル・カウンシル・オブ・ザ・プレス」として発足したのは１９５３年である。任意参加の団体で、新聞社が会員になり、運営資金も新聞社が出した。読者から不満が出たときに対処するという活動が主であった。１９６４年に「プレス・カウンシル」（新聞評議会）として改組されたが、新聞報道の是正あるいは向上に、影響はほとんどなかったというのが定説である。

１９８０年代、大衆紙による著名人のプライバシー侵害記事が相次いだことから新聞業界内でも批判が高まった。そこで新聞各社は業界の倫理規定を作成し、１９９１年、新聞評議会を報道苦情委員会（ＰＣＣ）として刷新し、再出発させた。委員会は加盟新聞社、出版社が運営資金を拠出する自己規制団体で、読者から報道に対する苦情が出された後で処理する仕組みは、評議会と変わっていない。

スパイとメディア

第２次大戦の終了は世界の戦争の終結とはならなかった。戦後処理のために開催されたヤルタ会談（1945年）以降、ソビエト連邦を盟主とする共産主義陣営と米国を盟主とする資本主義陣営との冷戦が50年近く続くようになった。

冷戦を背景に、スパイの絡む事件が英国で相次いだ。

1961年初頭、ジョージ・ブレークなる人物がソ連のスパイ容疑で裁判沙汰となった。裁判は非公開だったが、42年という禁固刑の重さが人々の想像力をかきたてた。1962年9月には、海軍本部の官僚ジョン・バッサールが、モスクワの英大使館勤務時にソ連のスパイとなっていた容疑で逮捕された。翌年、バッサールには18年間の禁固刑が下ったが、海軍本部の上層部がこの件のもみ消し作業を行っていたという疑いが出た。1963年1月、スパイの疑念があった元外務省の高級官僚キム・フィルビーが亡命する事件が起きた。エスタブリッシュメントの中枢部にスパイを抱えていたことで、マクミラン政権は大いに面目をつぶした。

モデルとの情事で陸相が辞任

1963年のマクミラン政権の退陣に大きな影響を及ぼしたのが、スパイが絡んだといえなくもない「プロフューモ事件」である。

事の始まりは、1961年7月。富豪のアスター家が所有する、バッキンガム州に建つ大邸宅「クリーブデン」でのパーティーに、整骨医で画家でもあったスティーブン・ウォードが、モデルあるいは高級売春婦ともいえるクリスティーン・キーラーを連れてやってきた。愛くるしい顔と長く伸びた足を持つキーラーはこの時19歳。社交界に顔が広いウォードは、英陸軍大臣ジョン・プロフューモにキーラーを紹介し、翌日、友人だったソ連の海軍武官エフゲニー・イワノフがクリーブデンにやってくると、今度はキーラーをイワノフにも引き合わせた。

パーティーの後、ロンドンにキーラーを連れて帰ったのはイワノフであった。2人は2日間にわたって肉体関係を持ったが、その後は会わなかった。後日、キーラーはプロフューモともベッドをともにし、数週間にわたって2人の関係は続いた。事態を関知したM−5（内務省保安部）からの助言で、プロフューモはキーラーに別れの手紙を書いた。一方的な別れだった。

2人の情事に関する噂は一部で知られていたものの、表に出ることはなく時が過ぎた。

事態が明るみに出るきっかけとなったのは、1962年12月、キーラーと関係したほかの2人の男性との間に起きた銃撃事件だった。各紙が取材を開始し、プロフューモとの過去を嗅ぎ出されたキーラーが困って友人たちに相談すると、「新聞に話せばお金が入る」と言われた。紹介された日曜紙「サンデー・ピクトリアル」は陸相との情事を示す証拠を欲しがり、キーラーはプロフューモが執務室の便箋を使って書いた、キーラーを「愛しい人」と呼んだ手紙を1000ポンドで売った。

情事を示す手紙の報道には公益性があるとして正当化するには、ソ連のイワノフ海軍武官とプロフューモを結びつける必要があった。そこでピクトリアル紙の記者はキーラーに、国家の安全保障の違反あるいはその可能性があったのではないかと問いかけると、キーラーは、整骨医ウォードの依頼で安全保障に関わる質問を両者にした、と説明するようになった。

年が明けて1963年、キーラーが先の銃撃事件の証人として裁判所に出廷することが判明し、3月、政治ゴシップを購読者に送るニュースレター「ウェストミンスター・コンフィデンシャル」がキーラーとプロフューモの関係を暴露した。大きなスキャンダルになることを恐れたプロフューモとウォードが相談し、キーラーは海外に逃避した。

3月14日、銃撃事件の公判が開始されると、検察側がキーラーは出廷しないと発表。大衆紙は「消えたモデル」などの見出しで、一斉に大きく事件を報道しだした。「デイリー・エクスプレス」は「陸相、ショック」の見出しの記事の中で、プロフューモが「個人的な理由」で辞任を申し出たと書いていた（実際には事実無根であった）。この記事のすぐ近くには「消えた――オールドベイリー（ロンドンの中央刑事裁判所）の証人」とする見出しの記事があり、これにはキーラーの写真がついていた。2つの別々の話が読者の目の前で結びついた。

キーラーやウォード、ウォードの取り巻きの女性たちに関する写真や記事が、毎日、各紙に出るようになった。

3月21日、野党労働党議員のジョージ・ウィッグは、キーラーと「マクミラン政権の閣僚の1人が関係があり、国家の安全のために真相を追及すべきだ」と下院で発言した。プロフューモは女性を知ってはいるが「何の不品行もない」と宣言した。

「デイリー・エクスプレス」がマドリードにいたキーラーを捕まえ、2000ポンドを払って、プロフューモとの関係を告白させた。紙面には記事とショート・スカート姿でポーズをとるキーラーの写真がついた。スペインからロンドン・ヒースロー空港に到着したキーラーをまるで映画スターを追うように、報道陣のカメラが取り囲んだ。キーラーの友人、知人、親戚から聞いた話など、ありとあらゆる記事が紙面を飾る日々が続いた。

プロフューモはマクミラン首相への書簡の中で「議会発言に嘘があった」と述べ、キーラーと肉体関係があったことを認めた。しかし、「軍事機密の情報漏えいはなかった」とし、6月5日、陸相を辞任してしまった。

小切手ジャーナリズム

プロフューモが政治の表舞台から消えても、キーラーやウォードに対する報道は過熱するばかりだった。その中の1つ「サンデー・ピクトリアル」は、プロフューモがキーラーを「愛しい人」と呼んだ手紙を1面に、最後の面にキーラーの写真を掲載した。全裸と見られるキーラーが後ろ向きのいすにまたがり、こちらを見ている印象的な写真である。今度はライバルの日曜紙「ニューズ・オブ・ザ・ワールド」が、キーラーに2万3000ポンドを払い、同じ写真を使って、「クリスティーンの告白」と題する独占記事を出した。

「オブザーバー」や「ガーディアン」などの高級紙や議員らは過熱報道を批判した。ニューズ・オブ・ザ・ワールド紙は、「国家の安全保障が問題となっている時、情報を公開するのは私たちの権利であるばかりか、義務である」と主張した。

ウォードは6月、売春斡旋罪などの疑いで起訴され、7月末、裁判が行われることになった。裁判の終了前日、ウォードは睡眠薬を飲み、自殺を図った。女性たちの不道徳な行為から収入を得た罪で有罪となったウォードは、判決から3日後、この世を去った。キーラーは銃撃事件での偽証罪で有罪となり、懲役9か月の判決を受けた。

「ガーディアン」は一連の過熱報道に対し、「犯罪者や売春婦にお金を払って記事を作るべきではない」と非難したが、「デイリー・テレグラフ」は「需要があるから、供給している」と言い訳をした。

プロフューモ事件を巡り、多くの新聞が、民主主義社会における政府の監視役として、国民に情報を提供していると主張した。国民には知る権利があり、新聞は国民のために情報を提供しているだけなのだ、と。

しかし、ロンドン・シティ大学のメディア学教授ロイ・グリーンスレードは、こうした議論には、新聞が「公益」の意味合いを操作する力を持っているという認識が欠けている、と指摘する（『プレス・ギャング』グリーンスレード著）。読者は新聞の中で、どのトピックがどのように扱われているかを見て、事の重要度などを判断するが、こうした扱い方を決めるのは新聞なのだ。

もし新聞が、本当にこの事件の公益性のみを報道の目的としていたならば、報道の中心は国家の安全保障に危機が生じたかどうかを問題にするべきだった、とグリーンスレードは言う。

安全保障問題よりも性的関係に焦点を合わせたことで、新聞は読者のさもしい欲望に訴えかけていたのであり、公益とは「売上げを増やす行為の隠れ蓑だった」。

グリーンスレードは、「プロフューモの情事は国家の安全保障の危機ではなく、ウォードはスパイではなく、キーラーは成長中の若い女性だった、イワノフは秘密を盗まなかったし、クリーブデンは堕落の中心ではなかった」とし、ほとんど実体のない話が延々と報道され続けていたと結論付ける。

事件はマクミランの責任問題にまで発展した。10月、マクミランは健康上の理由で辞意を表明し、翌1964年の総選挙で保守党は野党・労働党に敗北した。

保守党の若きホープだったプロフューモは、辞任後、ロンドンの貧困地区イーストエンドにある慈善団体トインビー・ホールで働きだし、生涯この仕事を続けた。まずはトイレの掃除から始めたという。無給のボランティアで働いた。

プロフューモは慈善事業への貢献が認められて、1975年、大英帝国勲章を授与された。1995年にはマーガレット・サッチャー前首相の70歳の誕生会に招待され、女王の隣の席に座った。社会運動家となったプロフューモは名誉を回復し、2006年、家族に囲まれて亡くなった。

当事者やその家族などにお金を支払って情報を取得し、多くの場合プライバシー侵害とおぼしい記事を書く、いわゆる「小切手ジャーナリズム」はその後も注目度の高い事件が発生するたびに繰り返されている。

ピルキントン報告書でＩＴＶが風前の灯に

１９６０年、ＢＢＣの活動を規定する王立憲章の更新の時期がやってきた。政府は、更新の有無を含め、放送業界全体を調査し、「第３チャンネル」（当時、ＢＢＣが１つのチャンネル、ＩＴＶ系列がそれぞれの担当地域で別のチャンネルを持っていたので、チャンネルの総数は２つだった）の設置を考慮するため、実業家のハリー・ピルキントンを委員長とする調査委員会を発足させた。

１９６２年に発表された報告書は、ＩＴＶ系列の放送局にとって非常に厳しいものになった。委員会は、商業テレビの番組の大部分が「無価値」、「表面的」、「安っぽい扇情主義」で放送するに値しないと批判した上で、ＢＢＣは「何がよい放送かを知っている」と褒め称えた。

ＢＢＣの王立憲章の更新や受信料を財源とする資金繰り体制を報告者は支持し、当時、業界内で想定されていた「もう１つのチャンネルはＩＴＶに」という予想を裏切り、ＢＢＣに新チャンネルの創設を提言した。ＢＢＣ２が放送開始となるのは１９６４年である。

報告書はまた、カラー放送受信料の導入を提言するとともに、ＢＢＣが地方ラジオ局を創設するよう提案した。

国内に登録済みであった１００を超える商業ラジオの会社にとって、ラジオ市場参画への道がとざされたことになった。この提言に不満を持った人々の手によって、英国で初の海賊放送が出現した。1964年から現在まで、北海で放送を続ける「ラジオ・キャロライン」や、1964年から67年まで放送を行った「ラジオ・ロンドン」がある。

財務省は委員会の報告書が出る前まで、ITVの広告収入に11%の税金をかけていたが、報告書発表以降は、スライド制を導入した。純広告収入のうちで最初の150万ポンドは無税となるが、これを超えた場合、600万ポンドまでは25%、これ以上は45%を税収として徴収する。また、大部分のアド・マグは姿を消した。委員会に「アド・マグは番組と広告の境目をあいまいにする」、実質上「スポンサー広告である」(スポンサー広告は許されていなかった)と指摘されたからだ。年末に、アド・マグが法律で禁止されると、最後までアド・マグを放送していたリディフュージョン社もあきらめざるを得なくなった。

「勝手に出版しろ」

ウェールズ地方の行商人の子として生まれたヒュー・カドリップは、1935年、21歳にして「デイリー・ミラー」の特集面の編集者として雇われた。年は若いが、14歳で地元ペナーズ・ニュース紙の見習い記者になったので、既に7年近い経験があった。ロンドンで発行されていた日曜紙「サンデー・クロニクル」の同じポストからの転職で、当時「ミラー」は日刊紙の発行部数でトップクラスだったので、1つ上にあがったことになる。

23歳でミラー紙の日曜版「サンデー・ピクトリアル」(後の「サンデー・ミラー」)の編集長に

まで上り詰めたものの、才能を買ってくれた統括編集長ガイ・バーソロミューから逆にやっかみを受け、ライバル紙「サンデー・エクスプレス」の編集主幹となった。

1951年、バーソロミューが職場を去った後、ミラー・グループの経営幹部だったセシル・キング（ノースクリフ及びロザミアの甥）はカドリップを呼び戻し、当初は元の「サンデー・ピクトリアル」の編集主幹に任命したが、まもなく「デイリー・ミラー」の論説員にした。

バーソロミューがやっかみ、キングがこれほどまでに欲しがったカドリップは、読者の琴線《きんせん》に触れる見出しや記事を作れる人材だった。ジャーナリスト、ジェフリー・グッドマンによれば、カドリップは「国民の感情、態度、信念、偏見、ロマンチックな夢、幻想、ノスタルジー、馬鹿げたことを、一種の共通通貨」として、紙面を通じて表現することができたという。

1954年1月26日付の「デイリー・ミラー」の1面見出しは「チャーチル（首相）は隠退するべきか？（Should Churchill Retire?）」。このとき、チャーチルは79歳。国民が漠然と思っていたことをたった3つの言葉で的確に表現した。その直接性や時事性、そして議論を巻き起こし、自らがニュース議題を作ってゆく手法は、まさに大衆紙ジャーナリズムの典型的なやり方である。政治や外交問題を扱っても、まったく知識がない人にも一発で分かる書き方になっていた。

1950年代を通じて、「デイリー・ミラー」は460万部の発行部数を維持し、部数第2位の「デイリー・エクスプレス」と50万部の差をつけた。

カドリップは1953年、「ミラー」の歴史をつづった『勝手に出版しろ！』（原題は“Publish

and be Damned!”）と題された本を出版している。
原題のPublish and be Damnedとは、19世紀の軍人・政治家ウェリントン公にまつわる話から来ている。1826年、高級売春婦ハリエッテ・ウィルソンが書いたメモワールを出版人ジョン・ジョゼフ・ストックデールが出版することになった。ストックデールは出版前にメモワールの中に出てきたウィルソンと関係を持った著名人に連絡をとり、口止め料を払えば、メモワールから当人に関連した部分を削除すると持ちかけた。ウェリントン公は「勝手に出版しろ」と答えたという。

無実の罪で絞首刑になった男を救う

1965年春。イングランド北部の工業都市ダーリントンで発行される地方紙「ノーザン・エコー」の編集長ハロルド・エバンズは、ダーリントン駅を離れるロンドン行きの急行列車に発車寸前に飛び乗った。発行元ウェストミンスター・プレスの会議に出るためだった。

エバンズは、社内を出る直前に自分の机の上の「保留中」のトレイに溜まっていた手紙やその他もろもろの書類をつかみ取り、車内に持ち込んでいた。無事座席を確保したエバンズが目を走らせた書類の中に、ノーザン・エコー紙に掲載を希望する旨の手紙と原稿があった。読み進むうちに、エバンズは体がぞくっとするほどの身震いを感じた。手紙は、1950年、自分の娘を殺害した罪で有罪となり、絞首刑となった25歳のティモシー・エバンズ（ハロルド・エバンズとは無関係）が実は無実であったこと、「自分はやっていない」と看守に語りながら死んでいったことを記していた。

ロンドン・ノッティングヒルのティモシーの自宅の洗濯場で、妻と娘の絞殺死体が発見されたのは、1949年11月。翌年始まった裁判で、検察側の有力な証人となったのが隣人のジョン・レジナルド・ハリデイ・クリスティーだった。ティモシーは「クリスティーが殺したんだ」と法廷で述べたが、その動機については説明できず、陪審団は殺人罪で有罪を言い渡した。

読み進むうちに、ハロルド・エバンズは「何とかしなければ」という強い思いに駆られた。走る列車を緊急停止させ、「世界に向かって、ここでこんなひどい不正義が行われた、今すぐ何とかこれを正すべきだ」と叫びたいほどだったという（『マイ・ペーパーチェース』エバンズ著）。

ティモシーの絞首刑から3年後、クリスティーが住んでいたアパートに新しい借り手が住みだした。壁に棚を取り付けようと壁紙をはがしたところ、戸棚が埋め込まれていた。戸棚の中には、後ろ向きになった、人間の裸体が見えた。クリスティーは自分の妻を含めた数人を殺害し、戸棚や床下に隠していたことが発覚した。クリスティーは連続絞殺魔だったのだ。逮捕されたクリスティーは裁判で自分が死体愛好者であること、性的満足を得るためにティモシーの妻の首をしめて殺害したことを自白した。クリスティーも絞首刑になってこの世を去った。

1965年当時、ティモシーの死後15年余が経っていたが、汚名はそそがれておらず、事件の再審理は行われていなかった。「英国の司法制度は無実の人物を死刑に追いやった。それもティモシーをだまし、殺人罪で有罪とさせた人物の証言を信じたのだ」――。エバンズはティモシーの死が「心のトラウマ」と感じるほどに大きな衝撃を受け、早速、再審理を求める運動を開始することにした。

車内で読んだ手紙を編集して1面に載せ、「私たちの良心にいる男性」というロゴを作った。ティモシーの記事には必ずこのロゴをつけた。ダーリントン近辺の全下院議員に手紙を書き、審理再開への支援を要請した。記事を地方紙、全国紙の編集長、放送局の編集局に送った。

賛同者が次第に増え、同年秋、公開審理が始まった。1966年10月、ブラビン判事が出した結論は、ティモシーは「おそらく、自分の子供を殺さなかった。しかし、おそらく妻を殺害した」だった。ティモシーの有罪判決は娘を殺害した容疑に関してであり、妻の殺害を対象にしていなかった。しかし、公開審理の流れを追えば、妻を殺害していないことは多くの人にとって明らかになっていた。エバンズは何故ブラビン判事の結論が正当ではないかを「ノーザン・エコー」で書きたてた。

世論の支持もあって、新任のロイ・ジェンキンズ内相は、ブラビン判事の結論から数日後、女王がティモシーを無実とするよう恩赦を与えると発表した。

この時までに英国内では死刑廃止への運動が長い間続いていたが、ティモシー事件がきっかけとなり、同年11月、下院は死刑続行の5年間の停止を可決した。1969年、英国の死刑制度は廃止された（英領北アイルランドでの廃止は1973年）。

「サンデー・タイムズ」と新所有者

エバンズが次に編集長となったのが、日曜紙「サンデー・タイムズ」である。

現在では「タイムズ」の日曜版として受け止められているが、もともと、「タイムズ」と「サンデー・タイムズ」は全く関係のない２つの新聞であった。

「サンデー・タイムズ」は１８２１年、「ニュー・オブザーバー」として創刊された。「サンデー・タイムズ」に改名するのは１８２２年である。世界最古の日曜紙とされる「オブザーバー」（１７９１年創刊）と一線を画するための「ニュー」であった。

「オブザーバー」は20世紀初頭までにメディア王ノースクリフの手にあったが、１９１１年以降は、富豪アスター家が所有した。

１９４８年以降はデービッド・アスターが「オブザーバー」の編集長となり、新聞の所有管理を理事会に預け、利益が新聞の質の向上に回るようにした。１９５６年のスエズ危機ではイーデン首相の「嘘」を指摘し、政府批判を行った。アスターは人権擁護団体アムネスティ・インターナショナルの創設に主導的な役割を果たし、南アフリカの元大統領ネルソン・マンデラから「忠実な友人」と呼ばれた人物だ。

一方の「ニュー・オブザーバー」は、「インディペンデント・オブザーバー」と名を変えた後、１８２２年、「サンデー・タイムズ」に落ち着いた。

入れておき、必要とあればこれを見せた。そのカードにはこう書いてあった。「どんな人物も、どんなグループも、トムソン・グループの新聞の編集方針への支持を買ったり、あるいは影響を及ぼしたりはできないと特に強調しておきたいと思います。それぞれの新聞はその利益をそれぞれの方法で認識しており、グループの中央部からの助言、相談、指導を得ずに行っています。熟練したそして献身的なプロのジャーナリストたちによって、編集コラムが自由に、独立性を持って運営されない限り、新聞は正しく運営されないと思っています」。

このカードを相手に見せた後、トムソンは「まさか私にこの約束を破らせようとは思いませんよね？」と聞いたという。

度の強いめがねがトレードマークのトムソンは裕福でも質素な生活をしたといわれ、地下鉄に乗って「サンデー・タイムズ」のオフィスに向かった。また、老舗衣料ブランド、バーバリーのセールの列に並んでいたという噂もある。

1964年、トムソンは男爵の爵位（フリートのトムソン男爵Baron Thomson of Fleet）を授かった。この爵位は息子ケネス、孫デービッドに引き継がれた。

1976年の没時、「サンデー・タイムズ」編集長ハロルド・エバンズは、社説にこう書いた。「トムソン卿はジャーナリストではなかったが、ジャーナリズムが得たこれまでで最高の友人だった」。

トロントには名前を冠したコンサート・ホール「ロイ・トムソン・ホール」が残る。

「タイムズ」と「サンデー・タイムズ」は1980年代前半、オーストラリア出身の実業家ルパート・マードックに買収された。マードックはトムソンと正反対で、編集に頻繁に干渉する。2011年現在、「所有者だが口をはさまない」トムソンのスタイルの後継者は、「インディペンデント」などを所有するロシア人の富豪アレクサンドル・レベジェフといわれている。

■トムソンが持ち歩いたカードの中身とは？

国際情報大手トムソン・コーポレーション（2008年、ロイター・グループを買収し、トムソン・ロイターに）の創始者ロイ・トムソンは、1894年、カナダ・オンタリオ州トロントに生まれた。事務員、農業従事者、自動車部品の営業などの職をこなし、1928年からはラジオを販売した。1931年には、ラジオ局ＣＦＣＨノースベイを開局。1934年、オンタリオ州ティミンズにあった新聞社ティミンズ・プレスを買収した。これでトムソンのメディア帝国の基礎が築かれた。1940年代半ばまでに、ラジオの放送局8つと複数の地方紙を所有するまでになった。

1950年代、トムソンは英国に進出する。1953年、スコッツマン紙（1817年創刊）を、長年にわたり所有してきたフィンドレイ家から買収。翌年にはスコットランド・エディバラに居を移す（トムソン・ロイターのウェブサイト）。その後、まもなく英国で商業放送が始まると聞き、トムソンはスコットランド中部での放送免許を取得した。この時、テレビは「お金を印刷する免許だ」と発言したといわれている。

1957年、トムソンが80％の株を所有した民放スコットランド・テレビジョン（現ＳＴＶ）が放送を開始した。10年後、放送免許の更新の時期が来た。放送業界の監督団体ＩＴＡはトムソンに対し、市場の独占化を避けるため、所有株の比率を25％にまで減らすよう勧告した。所有株を手放すと、トムソンに1300万ポンドが転がり込んだ。まさにテレビは「お金を印刷する免許」だった。

1959年、大手新聞チェーンのケムズリー・グループから「サンデー・タイムズ」を含む3つの日曜紙、13の地方紙、週刊誌などを買収したトムソンは、「サンデー・タイムズ」に最新の印刷機を導入し、日曜紙では初のカラー雑誌を新聞の中に組み込ませた。調査報道チーム「インサイト」を発足させ、発行部数を伸ばした。

新聞の編集内容に口を出したがる所有者が多い中で、トムソンは編集方針に一切干渉しないことを信条としていた。ポケットの中には1枚のカードを

20世紀初頭、「オブザーバー」同様、ノースクリフに買われたが、1959年、新聞大手ケムズリー・グループの所有下にあったところを、カナダ人の富豪でカナダで複数の新聞を所有していたロイ・トムソンに買収された。

平日紙「タイムズ」の方は1960年代半ば、アスター家が所有していたところをトムソンが買収し、トムソンは「タイムズ」と「サンデー・タイムズ」をタイムズ・ニューズペーパーズ社から発行することになった。

トムソンは、後に登場する、オーストラリア出身のルパート・マードックとともに、20世紀後半の英メディア界を代表するメディア王である。

スパイの正体をあばく

1967年の年明け、38歳のハロルド・エバンズは「サンデー・タイムズ」の編集長に就任した。

就任後間もないある日、エバンズは民放グラナダ・テレビのプロデューサーと昼食をともにし、ライバルの日曜紙「オブザーバー」が、「消えた外交官」の妻エリノア・フィルビーの自伝連載権を獲得した、と聞いた。

「消えた外交官」あるいは「もう1人の男」と当時呼ばれたのは、1951年、実際にソ連のスパイだった2人の外交官、ガイ・バージェスとドナルド・マックリーンにスパイ嫌疑がかかっていることを知らせ、両者のソ連への亡命への道を開いたキム・フィルビーことハロルド・エイドリアン・ラッセルであった。

亡命直前、バージェスはフィルビーとともにワシントンの在英大使館に勤め、住居もともにしていた。マックリーンはカイロの英国大使館勤務後、ロンドンに戻っていた。フィルビー自身も、レバノンのベイルートで「オブザーバー」や週刊誌「エコノミスト」の海外特派員として活動した。

しかし、1963年、フィルビーは忽然と姿を消した。半年後、ソ連政府はフィルビーがモスクワにいると発表した。

エバンズは、バージェス、マックリーン、フィルビーの3人が同時期にケンブリッジ大学の学生であったとは不思議なものだと、「サンデー・タイムズ」の調査報道専門チーム「インサイト」の記者と話すうちに、フィルビーについて「私たちがその正体をほとんど知らないこと」に気づいた（『マイ・ペーパーチェース』）。

もしフィルビーがスパイであったとすれば、いつスパイになったのか、バージェスとマックリーンの亡命に手を貸したのであれば、何故身柄を拘束されずに、2人の亡命後に「オブザーバー」や「エコノミスト」の中東特派員として活動できたのか？

フィルビーの正体を暴くため、「インサイト」チームが活動を開始した。しかし、チームはすぐに壁にぶつかった。外務省関係者、国際諜報活動のＭＩ６、国内の諜報活動を担当するＭＩ５

関係者や元関係者に連絡を取ると、どの人も「公務機密保持法に違反するから」と口を固く閉ざすばかりなのだ。また、「フィルビーはそれほど重要な地位にはいなかった」、「何かを探し出したとしても、法律上の制約でどうせ掲載はできない」など、落胆させるような言葉が相次いだ。

元MI6のトップ、スチュワート・メンジーズからはインタビュー取材を断る手紙が送られてきた。しかし、その手紙の最後の文章に調査チームは目をつけた。「良い天気ですね」ということさえ、敵に有益な情報を与えてしまう場合があるとして、口を容易には開けないといわれるほどのメンジーズが、「フィルビーはひどい悪党だった」と書いていた。調査の先には「何かがある」と感じさせる、小さいが同時に重要な手がかりであった。

フィルビーは1912年、大英帝国の一部だったインドのアンバラで、官僚の息子として生まれた。「キム」のニックネームは小説家ラドヤード・キップリングの小説の中の若きインド人スパイの名前からとったものだ。

1930年代、ケンブリッジ大学在学中に共産主義を信奉するようになり、友人たち（バージェス、マクリーン、アントニー・ブラント）らとともにソ連諜報部にスカウトされた。この4人は「ケンブリッジ・フォー」（あるいはスパイであったことが1990年代に分かったジョン・ケアンクロスを入れて、「ケンブリッジ・ファイブ」）と後に呼ばれるようになった。

フィルビーは、スペイン内戦（1936―39年）中には「タイムズ」の記者として、ドイツが支援していたフランコ軍の本部で働き、様々な情報をソ連に流した。ソ連は当時、フランコ軍の敵となる左派の人民戦線政府を支援していた。この時すでにソ連のスパイになっていたが、MI6からもアプローチを受け、1941年から働き出した。作家グレアム・グリーン(『第三の男』、『情事の終り』など)は、フィルビーの直属の部下である。

フィルビーは反ソ諜報活動のトップにまで上り詰めた後、1945年からはワシントンの英大使館の第1書記官になった。「インサイト」チームは、元CIAの高官との取材から、フィルビーがCIAとFBIの情報を英諜報部に渡す役目を担っていたことを知った。時は冷戦が始まり出す頃である。フィルビーはMI6の対ソ諜報班のトップとして米英の諜報活動の中枢に位置し、二重スパイとしての役割を全うしていた。重要な諜報情報がソ連に筒抜け状態になっていたことになる。

英政府や諜報界にとってみれば、フィルビーはなんとしても真実を隠しておきたい存在であった。

D通知の警告届く

9月1日、エバンズは国防上不利益と思われる情報の出版を差し控えて欲しいとする、「D通知」(国防通知、現在はDA通知)の手紙を外務省から受け取った。「わが国の諜報機関の現在及び過去の諜報部員の身元、存在場所、仕事に関わる一切の情報を掲載しないようお願いする」。

D通知自体に法的拘束力はないが、もし法務長官がそうしようと思えば、公務機密保持法の下

「サンデー・タイムズ」の「インサイト」チームは、デ社が十分な安全性のテストを行っていなかったこと、独グリュネンタール社が安全性の根拠とした米医師による記事が実態のないものであったことを突き止めた。

1960年代末、デ社と家族側は補償金を支払うことで合意するが、当時知られていた37人の犠牲者に合計325万ポンドを10年間で払うというもので、原告側からすれば不当に低い数字だった（「サンデー・タイムズ」2008年3月23日付）。1971年、新たに賠償裁判を起こした家族らに対し、デ社は前回合意した支払い額の3分の1ほどの金額の提供を申し出た。

これに大いに義憤を感じたエバンズは、侮辱罪の適用覚悟で、サリドマイド報道を1972年9月から始めた。法廷侮辱罪の下、サリドマイドの販売でデ社が過失行為を行ったとする報道はできず、サリドマイド児の取り扱いはもっとよいものであるべきだという「道徳的見地」からの報道のみが許された。

読者からは支持と称賛の手紙や小切手が届いたが、メディア界や司法界からは批判された。歴史家A. J. P. テイラーはデ社を攻撃する「サンデー・タイムズ」の報道を「まるで魔女狩りだ」と述べた。

しかし、報道が続く中で、下院で補償問題が取り上げられるようになり、十分な補償金を出さないことで会社の評判が落ちることを懸念したデ社の株主の意向もあって、1973年1月23日、同社は家族側が求めていた3250万ポンドの補償金の支払いに応じた。

1976年、欧州人権裁判所は、サリドマイド被害の原因を検証する記事への差止め令は「表現の自由」の権利に違反するという結論を出した。これでようやく全容の報道が可能になった。

2011年までに50歳前後となったサリドマイド児には、デ社を引き継いだディアゴ社の「サリドマイド・トラスト」から1人当たり年平均1万8000ポンドの生活支援費が提供されているが、生活費の高騰から十分な額ではなくなっている。英政府は2010年、被害者に謝罪し、3年間で2000万ポンドの資金をトラストを通じて提供すると述べた。

■キャンペーン・ジャーナリズムとサリドマイド報道

1928年、マンチェスター生まれのハロルド・エバンズは、鉄道員だった父親を自分の英雄とみなし、16歳で地方紙のレポーターとなった。1960年代後半から80年初頭まで、日曜紙「サンデー・タイムズ」の編集長として調査報道に力を入れた。

エバンズは世の中の不正義に怒り、公的な目的を達するために「キャンペーン・ジャーナリズム」を展開した。その具体例が英国の女性に子宮がんの検診を義務化させるための報道や、死刑廃止につながったティモシー・エバンズの冤罪解明報道、そして、ドイツ・グリュネンタール社が1950年代に開発した睡眠薬サリドマイドを服用した妊婦から生まれた、奇形の子供たちに対する補償の支払いを勝ち取らせた一連の「サンデー・タイムズ」報道である。

サリドマイドはもともとは睡眠薬だったが、副作用が少なく安全な薬と宣伝され、1950年代末から60年代前半、ドイツ、米国、英国、日本、スウェーデンなど世界各国の妊婦がつわりや不眠症の解消のために服用した。サリドマイドを数か月間服用した妊婦から、手足がないあるいは短い奇形児が生まれるようになった。死産を含めると世界中で被害者総数は5800人近くと推定されている（財団法人いしずえのウェブサイト）。人権団体の中には1万人と推定している場合もある。

2011年現在、英国では466人のサリドマイド児が生存している（「サンデー・タイムズ」報道）。「児」といっても50歳前後に達している。

エバンズがサリドマイド児の存在に気づいたのは1962年。「ノーザン・エコー」にサリドマイド児の写真を出したところ、読者から「家族が読む新聞に載せるべきではない」と抗議が殺到した。1967年までに、サリドマイド児には何の補償金の支払いもない状況だった。家族らが英国でこの薬を製造したディスティラーズ社（デ社）に損害賠償を求めて訴えを起こしていたがらちがあかず、メディアは事実上、これを報道する道を阻まれていた。英国の法廷侮辱法の下では、裁判が行われている案件を報道することは、陪審団あるいは裁判長の司法判断に影響を与える可能性があり、司法審理への介入と見なされて、厳しい制限がつく。

で「サンデー・タイムズ」を訴えることができた。

エバンズはこの通知を無視することにした。

やるからには目玉がなければならない――そう考えたエバンズは、チームの記者にフィルビーの息子ジョンを探させた。ジョンが戦争写真家になりたがっていることが分かり、記者はジョンにモスクワにいる父親に会って、写真を撮ってくれないかと頼み込んだ。

自分の写真が「サンデー・タイムズ」の紙面に載ると知ったジョンは喜んでこれに応じ、モスクワの赤の広場で父フィルビーと会い、写真を撮った。うまく行ったと「インサイト」チームが思ったのもつかの間、ジョンはロンドンに帰国後、フィルビーの妻エリノアの手記連載を担当する「オブザーバー」と夕食をともにしていた。

この夕食の件を全く知らなかったエバンズは、9月30日土曜日の午後6時、ライバル紙「オブザーバー」の翌日付早版を手にして驚いた。10月末に開始だったはずのエリノアの手記の連載が、1面に堂々と出ていたのだ。あわてたエバンズと「インサイト」チームは急きょ、これまでまとめた原稿を翌日の紙面制作用に回した。30分後、「サンデー・タイムズ」の印刷が始まった。フィルビーの写真と「フィルビー――私は1933年からロシアのためにスパイ行為をやっていた」という見出し付きの記事が1面に出ていた。

エバンズの指揮下、「インサイト」チームが書いた連載記事は、それまで誰も知らなかった「第3の男」の過去と現在を暴露し、世間をあっと驚かせた。

掲載後、元M－6関係者から「フィルビーはそれほど重要な地位にはいなかった」と否定する声が上がり、他紙は記事はソ連側の陰謀だとした。ジョージ・ブラウン外相はエバンズを「売国奴」と呼んだ。

エバンズは、自伝『マイ・ペーパーチェース』の中で、フィルビーの裏切りは不快であったものの、フィルビーがいかに長い間、M－6の階級意識、紳士クラブの社会的意識、オックスフォードやケンブリッジという特定の著名大学のつながりを、自分の都合の良いように使ったかに個人的に大きな衝撃を受けたと書いた。「一体どうして、2重スパイであることに誰も気づかなかったのか」。

エバンズは、M－6が自分たちと同じ特権階級にいるフィルビーがM－6、所属する階級、そして母国を裏切るとは思えなかったのだろう、と推測する。フィルビー報道は元地方紙の編集長だったエバンズが、全国紙の編集長として、初めて中央政府と政治的エスタブリッシュメント＝「魅力の輪」の中にいる人々に向き合う体験だった。エバンズがいうところの「魅力の輪」の中にいる人々とは、名門私立校や「オックスブリッジ」（オックスフォード大学とケンブリッジ大学の併称）の出身者、貴族、金融街シティーや大企業の経営陣、官僚、弁護士、保守的な新聞に勤務する人々である。

１９６０年代当時から、『マイ・ペーパーチェース』が出版された２００９年においても、「秘密主義の傾向や、社会の特権、教育上のエリートの育成がこの国の文化に蔓えんする状況は消え去っていない」とエバンズは述べている。

民放業界の再編

1967年、商業放送ITVの監督機関ITAが、翌年7月末からの放送免許の割り当てを決める時期となった。商業放送の開始は1955年で、最初は4つの放送局が担当地域や放送日によって免許を獲得した。その後、他の放送局にも次々と放送免許が与えられ、1962年末までに、12の放送局がITV放送を提供していた。

1963年、10年間の放送免許の期限が終了する前のITAは、翌年からの3か年の免許の見直し作業を行った。この時は、どの放送局も継続して放送免許を保持したが、1967年の見直し作業では、大きな業界再編が起きた。

ITAは、1968年7月末から6か年の期間を対象に、平日と週末で分けていた放送免許をロンドン地域を除いて統一させ、イングランド地方北部は北西部とヨークシャー地方に分離させた。北部の平日放送免許を持っていたグラナダ・テレビは北西部のみ、しかし平日と週末両方の放送免許を得た。

スコットランド地方ではスコットランド・テレビジョンが放送免許を維持したが、所有者で複数の新聞も支配するトムソンは放送局の所有株の割合を現行の80%から25%まで、大きく減少させるよう要請された。

新たに作られたヨークシャー地方の放送免許は、新会社テレフュージョン・ヨークシャー（後のヨークシャー・テレビジョン）が担当することになった。

ATVはミッドランズ地方の週に7日の放送免許を取得し、週末の放送免許を持っていたABCを追い出す格好となった。

ロンドンの平日放送を担当していたリディフュージョンはABCとの合弁持ち株会社テームズ・テレビジョンとなって放送免許を獲得。ロンドンの週末の放送は、BBCの人気司会者デービッド・フロストが中心になったロンドン・テレビジョン・コンソーシアム（後のロンドン・ウィークエンド・テレビジョン、LWT）が新規参入した。

テレビジョン・ウェールズ・アンド・ザ・ウェストはウェールズとイングランド地方西部の放送免許を失い、代わりにハーレック・テレビジョンが担当することになった。

放送日や放送地域が変更になったために勤務場所が変わったり、同じ地域で同様の仕事をしているにもかかわらず雇用主が変わった場合があった。人員調整のために解雇される人も出てきた。放送業の労組は解雇手当を要求し、1968年7月末からの新規放送免許の体制開始直後、山猫ストが起きるようになった。8月には経営陣が調達した「ITV緊急全国サービス」による放送が続いた。9月にはストは終始するが、70年代に入り、労組と雇用主の対立によるストが時折起きるようになった。

ＬＷＴの失敗と成功

ＢＢＣの元司会者フロストが資金集めの中心となって発足したＬＷＴは、当初、視聴者にそっぽを向かれた。理由は高尚な芸術番組を目玉にしていたからだった。ストラビンスキーの音楽を使ったミュージカル、ジャン・リュック・ゴダールの前衛ドラマなど、週末にはテレビの前に座ってくつろぎたい視聴者にはやや肩が凝る内容だった。ＬＷＴは広告収入の獲得にも苦労した。金曜の夜から月曜の早朝までという限られた時間の放送免許であったことと、平日の放送免許を獲得したテームズ・テレビの方に広告主は流れたのであった。

フロストが司会をする番組も複数放送されており、ＬＷＴはまるですべてがフロストの専用チャンネルであるかのように見えた。ＬＷＴの将来が危うくなると、テームズ・テレビは平日のみばかりでなく、ＬＷＴが担当した週末分の放映免許も獲得しようともくろみ始めた。経営陣の内紛劇の後、大手出資者のゼネラル・エレクトリック社が財政支援を打ち切り、持ち株８％をオーストラリア出身の新聞経営者ルパート・マードックに売却した。マードックはこの時までに複数の英新聞を手に入れていた。１９７０年までに議決権のある株の36％を持つ大株主になったマードックは、実質的にＬＷＴの経営権を握り、ＬＷＴの人事に口を出した。

商業放送の監督団体ＩＴＡがマードックの采配ぶりに異を唱えた。外国人でかつ英国の新聞を複数所有する人物が英国のテレビ局を所有することは不可とし、マードックにはＬＷＴ株の売却を、LWTには番組編成の再考や経営体制の立て直しを命じた。

1972年、経営陣を刷新したLWTは、気軽に楽しめる娯楽番組を増やす一方で、テームズ川の南岸沿いに建設したサウスバンク・テレビジョン・センターから芸術番組や上質のドラマを制作・放映した。1975年にはLWTによる7つの番組が英アカデミー賞を受賞するまでになった。

新風を吹き込んだドキュメンタリー「ロイヤル・ファミリー」

1969年のチャールズ皇太子の20歳の誕生日の記念として、王室の日常生活を記録する番組を作ってはどうかと提案したのは、オーストラリア出身の王室広報官ウィリアム・ヘーゼルタインであった。エリザベス女王はそれまで、王室の情報を外に出すことに警戒感があったものの、ヘーゼルタインの提案自体に反対はしなかった。当時、マウントバッテン卿（ビクトリア女王の曽孫にあたる）の義理の息子が制作したBBCの連続番組「マウントバッテン卿の人生とその時代」が人気となっていた。女王自身もテレビの前に座って「ディッキーの時間」（「ディッキー」とはマウントバッテン卿の愛称）を楽しんでいた。

家族の番組を制作するとすれば、「どこまで私たちの意見が通るのかしら？」。女王が気になっていたのはこの点であった。夫のフィリップ殿下やヘーゼルタインが協力しながら、BBCのドキュメンタリー作家リチャード・コーストンを監督として選定し、女王自身もどんな場面をどの場所から撮影するかのアイデアを出した。

6月、公開の運びとなったのが1時間半にわたる「ロイヤル・ファミリー」であった。番組は、女王一家の日常生活の様子を国民に初めて紹介した。英国のどこの中流階級の家庭もそうするように家族でキャンプに出かける姿をカメラが追った。食事を準備するエリザベス女王、夫のフィリップ殿下と子供たちの会話は自然で、ユーモアもあり、国民自身の日常会話となんら変わらないことを国民のほとんどが初めて知った。

番組はその後、世界125か国で放映され、国内ではテレビでも1975年までに11回放送された。

新聞王の子、マードック

20世紀後半、世界のメディア王として名をはせてゆくルパード・マードックは、1931年、オーストラリアのメルボルンで生まれた。父親キースはジャーナリストで、1915年、トルコのガリポリに上陸したオーストラリア軍とニュージーランド軍の多くの若者たちが無為に亡くなったことを本国に暴露したことは第4章で紹介した。

息子ルパートが生まれる頃には、父はメルボルン、アデレード、ブリスベンなどオーストラリア各地の複数の新聞を所有していた。

10歳から裕福な家庭の子女が通うジーロング・グラマースクールで学ぶようになるが、他の子供たちとはそりが合わず、このころから「エスタブリッシュメント」（支配層）に対する反発心が芽生えたといわれている。英国オックスフォード大学では、ＢＢＣの歴史を書いたアーサー・ブリッグスが指導教授の１人だった。

大学在学中の１９５２年10月、父が亡くなった。ルパートは父の後を継がざるを得なくなる。このときまでに父が所有していたのはアデレードにある２つの新聞のみだった。英国に戻ってデイリー・エクスプレス紙の整理職として働き、アデレードに戻ったのが22歳。

若きルパートはスキャンダルを扱えば売上げが伸びることを知り、手持ちの新聞に息を吹き込んだ後、他の新聞や放送局を買ってゆく。１９６４年には、オーストラリアで初めての本格的全国紙「オーストラリアン」を創刊した。

マードックのゆくゆくの夢は英国の全国紙を買うことだった。当初は「デイリー・ミラー」を狙い、少しずつ株を買い始めた。

「ニューズ・オブ・ザ・ワールド」を買う「白い騎士」

日曜紙「ニューズ・オブ・ザ・ワールド」（ＮＯＷ）は代々、カー家とジャクソン家が所有してきたが、１９６０年代前半、相続税の支払いを避ける意図で、科学者でもあった所有者デレク・ジャクソンは所有株を売ることにした。これは全株の３分の１で、議決権のある株の４分の１を占めた。ジャクソンの従兄弟に当たる、同紙会長のウィリアム・カーはこれを買う資金がなく困っていたところ、チェコスロバキア出身で労働党下院議員のロバート・マックスウェルが買収の意思を示した。

保守系新聞がマックスウェルに乗っとられることに驚いた取締役会は、全員一致でマックスウェルの買収を拒絶した。NOWのスタッフォード・ソマーフィールド編集長は、マックスウェルが「社会主義者」で「外国人」であることを紙面上で指摘した。

金融街シティーはマックスウェルの財政事情に懸念を示し、当時の保守党政権は、常に保守党を支持してきたNOWが労働党議員の手に渡ることに難色を示した。

そこに現れたのがマードックであった。エスタブリッシュメントを嫌っていたはずのマードックだったが、金融界や政治家の支持を得た。マードックはNOW株を買い始めた。病床に臥せっていたカー会長は、マードックを窮地を救う「白い騎士」と呼んだという。

1969年1月、株主総会でマードックはマックスウェルを負かし、NOWの新所有者となった。半年後にはカー会長の辞任を要求し、自分が会長職に就いた。

「世紀の政治スキャンダル」と呼ばれた、プロフューモ事件から6年。マードックは陸相プロフューモの愛人だったクリスティーン・キーラーに2万1000ポンドを払い、メモワールを書かせて掲載した。新聞は飛ぶように売れたが、メディア界からはマードック批判が噴出した。「マードックはNOWを使って倫理に反する記事を出した」と新聞評議会が非難した。

マードックが新聞を買い取った1969年の下半期、NOWの発行部数は約640万部に達した。過去6年で最大の部数だった。翌年、マードックはソマーフィールド編集長を解雇し、自分の意に沿う編集長を配置した。

スキャンダル、ゴシップ、セックスなど、娯楽性の高いトピックを前面に出して売上げを伸ばす、編集方針にこと細かく介入しながら紙面を作る——そんなマードック手法がさらに鮮明な形となるのが、平日発行のサン紙のケースであった。

マードックとマックスウェル

労働組合の新聞として始まった「デイリー・ヘラルド」だが、戦後、可処分所得が増えた労働者階級が購買力を高め、生活水準が次第に高くなってゆくにつれて、伝統的な読者は同紙から次第に離れるようになった。新たな読者を見つけられないまま発行部数が下落した「ヘラルド」は、1964年、心機一転「サン」に改名されたが、状況に大きな変化はなかった。

「サン」を所有していたミラー・グループの会長ヒュー・カドリップとグループの持ち株会社IPCは、「サン」の廃刊も視野に入れて買い手を探した。この時、買い手として名乗りを上げたのが、先にNOWを手にすることに失敗したロバート・マックスウェル（当時、有力出版社ペルガモン・プレスの所有者）と、首尾よくNOWを手中にしたマードックであった。

マックスウェルは「サン」の運営のために非営利の信託を設置するとIPCに約束したが、IPCはマックスウェルが全国紙の発行に要する十分な資金を持っていないと判断した。「サン」

の労組、政治家、ジャーナリストたちは、マックスウェルが買収後に人員を半減させると言っていたことで、大きな不安感を抱いた。

カドリップがマックスウェルのオファーを拒絶する一方で、マードックはテレビに出て「正直な新聞を作りたい」、「労働党支持という伝統を維持したい」などと述べた。また、日曜紙NOW印刷のための印刷機が平日用「サン」にも使える、と持ちかけた。

とうとう、カドリップは80万ポンドで「サン」をマードックに売った。この価格は当時の水準でも高くはなく、事実上「くれてやった」と評した人もいた。1969年11月、マードックが刷新させた「サン」が発行の運びとなった。マードックはNOWと「サン」という2つの大きな部数を持つ大衆紙を手に入れたことで、英国の新聞市場を牛耳る位置に立った。

セックスで生き返った「サン」

マードックは「サン」に新しい命を吹きこんだ。その第一歩は方向転換である。カドリップは「サン」をより高級な新聞にしようとしていたが、新たな編集長ラリー・ラムとマードックはその逆、つまりより地に足の着いた、親しみやすい新聞を作ろうとした。キーワードは「セックス、スポーツ、スキャンダル」の3つのSである。

「サン」の政治的姿勢は「労働者階級のチャンピオン」だ。「『エスタブリッシュメント』によって押さえつけられて、どんなに一生懸命働いても前に進めない労働者階級」の側に立って、書いてゆく、と。「エスタブリッシュメントには屈服しない」のである。

3つのSを中心にし、「デイリー・ミラー」に倣って小型タブロイド判に変更した紙面づくりが始まって3日後、売上げは通常の2倍の160万部に増えた。マードック効果はあっという間だった。新創刊から1年後には、3面に上半身裸の女性の写真を出すようになった。

読者の反応はおおむね好意的だった。「何かしら進歩的な、解放的な手法」に映ったという(『プレス・ギャング』)。セックスが有用な販売促進のツールであることを証明した「サン」は、1970年末には部数を180万部に増やした。ライバルとなる「デイリー・ミラー」が60万部に落ちていたのとは対照的だった。高級紙「タイムズ」までも、「サン」から遅れること4か月でヌード写真を掲載するほどだった。

マードックは編集長ラムとのコンビで「サン」を英国で最も売れる新聞にしようと決めた。「セックス、スキャンダル、スポーツ」にさらに「もっとセックス」の路線で制作を進めた。スポーツ面には大人気のサッカー選手ジョージ・ベストをコラムニストとして採用した。セクシーな小説の連載を行い、婦人面にはいかにしたら良いセックスができるかのアドバイスを載せた。

風刺週刊誌「プライベート・アイ」は、マードックに「ダーティー・ディガー」(「いやらしいオーストラリア人」)というあだ名をつけた。

ストに悩まされて

「これほど英国民の生活が良かったことはこれまでにない」――1960年代前半、そう述べたのは「スーパーマック」とあだ名がついたマクミラン首相だった。しかし、実際には英国の経済はそれほどよいわけではなかった。

GDP成長率は欧州他国と比較して低く（英国が2・3％のところ、フランスやドイツは4～5％、1951―64年）、保守党政権退陣の1964年にはGDPの10％を国防費にあて、他の先進国と比べても調査開発予算の30％以上を国防関連につぎ込むいびつな経済となっていた。財政赤字が膨らみ、製造業中心の経済からサービス・金融業中心の経済へと移行する中で、失業者が増えていた。

また、1960年代後半から労使の対立からストが頻発するようになり、1970年前半、ピークを迎えた。

1970年9月、どの全国紙も賃上げ問題を巡り労使が対立状態となり、3日間、新聞が発行できない状態となった。

1971年、議会はスト決行に制限を設ける産業関係法を可決した。この法律は、「不当な産業習慣」という概念を取り入れて、労組員がストを行う権利を狭め、「全国産業関係法廷」を設けてスト行為が合法かどうかを判断させるようにした。また、労組側に対しては、「法律上の権利を維持したければ」、政府の労組リストに組織を登録させることを要求した。労組側は登録を拒否し、新たな火種を作った。

次第に要求をつりあげてゆく労組側と経営陣の対立は、1974年のヒース保守党政権の崩壊をもたらした。「誰が英国を統治するのか――政治家か、それとも労組か」を問うために総選挙に打って出た保守党は、政権を維持するために必要な過半数の議席が取れず、退陣に追い込まれたのである。

これを引き継いだウィルソン労働党政権は、1976年、国際通貨基金（IMF）から40億ドルの貸付を受けたが、その条件として大幅な予算削減を強いられた。1970年代後半には前にも増してストが頻発するようになり、ごみの収集が滞ったり、火葬場の仕事が進まないなどの状態となった。こうした状況を、大衆紙「サン」は「不満の冬」と呼んだ。「（われらが）不満の冬」とは、シェークスピアの戯曲「リチャード3世」の冒頭の言葉である。

その後も対立は収まらず、マーガレット・サッチャー保守党政権による、1980年代半ばの大胆な労組改革まで、事態は深刻化・拡大化した。

労働者のチャンピオンとして労働党を支持してきた「サン」は、労使の対立が深まる1970年代以降、次第に保守党支持に軸足を移してゆく。

セックスやスキャンダルを主眼として部数を増やした「サン」の悩みの種は、旧式な印刷体制と手狭になってきた編集室だった。「サン」を発行するニューズ・インターナショナル社は新型印刷機と広い編集室が入るオフィスを新たに建設するための敷地を探すようになった。

マードックが手ごろな値段で見つけてきたのは、ロンドン東部タワーハムレット地区にあるワッピングの土地だった。約5万4000平方メートルのこの土地が、のちに新聞業界の労使対立劇の中心になっていくことを、当時は誰も予測していなかった。

第6章　サッチャー登場、自由競争の進展と多チャンネル化への道
（1979年—1990年代半ば）

サッチャー首相誕生へ

財政赤字やストの恒常化、失業者の増加など暗いムードが漂う1970年代の英国で、本当の意味での政治の刷新を求める声が、国民の中に高まっていた。国家や政府にはもう頼っていられない、自分たちの力で自分たちの生活を何とか良い方向に変えて行きたい――そんな思いを代弁し、行動を起こしてくれる政治家が、ようやく現れた。

後に「デイリー・エクスプレス」が、その功績を「たった1人の女性の革命」と呼んだ、マーガレット・サッチャーである。

1975年、サッチャーは、野党の保守党党首戦でエドワード・ヒース元首相を破り、党首に就任した。4年後の総選挙では保守党を勝利に導き、英国で初の女性の首相による政権を発足させた。民営化と規制緩和を推し進め、大きな政府から小さな政府への転換に力を入れたサッチャーの下、英国の新聞・放送業界の地図は大きく変わることになる。

印刷機が止まった

1978年11月30日午前3時55分。ロンドンのグレイズ・イン・ロードに置かれていた、「タイムズ」と「サンデー・タイムズ」用の印刷機が停止した。

両紙を発行するタイムズ・ニューズペーパーズ社の経営陣は、深刻化する労使紛争に堪忍袋の緒が切れた状態となっていた。賃金上昇を求めた労組員によるたび重なる制作妨害行為で巨額の損失が出ていたのである。

印刷機が止まる半年前の4月、同社取締役会長ハッセー卿（マーマデューク・ハッセー）は、全スタッフに向けた手紙にこう書いた。「生産性向上の取り決め案に11月までに合意しなければ、新聞は廃刊となる」。労組側は同社を所有するトムソン卿（初代トムソン死去後、息子のケネスが引き継いだ）は本気ではないだろうと踏み、取り決めに合意しなかった。

しかし、12月中旬になってスタッフは解雇通知を受け取った。トムソンは本気だったのだ。やることがなくなったスタッフは他の新聞でアルバイトをしたり、組合から支援を得て生き延びた。

両紙の発行が再開するのは、翌年11月である。組合側は16％の人員削減に応じたが、対立は収まらず、１９８０年夏にも１週間、印刷が停止した。労使関係の困難さを身を持って体験したトムソンは、父親が14年前に買った「タイムズ」と「サンデー・タイムズ」を売却しようと考えるようになった。

１９７９年８月には、民放ITV局の制作スタッフもストを決行。10週間にわたる放送停止で、1億ポンドの収入が失われたといわれる。第２次世界大戦中の放送中止期間を除き、英国のテレビ史上、これほど長い放送停止時期が続いたのは初めてである。

非メディア企業が買い占める

「不満の冬」と形容される1970年代後半の英国で、赤字を出し続ける新聞を売却しようと考えたのはトムソンばかりではなかった。

高級日曜紙「オブザーバー」は、1910年代から、米国出身のアスター家が代々所有してきた。1948年から編集長となったデービッド・アスターはスエズ危機（1956年）でいち早く戦争反対の意を表明した。死刑廃止を訴え、南アフリカ共和国の人種隔離政策を批判するなど、筋を通す紙面づくりを行って、読者を増やしてきた。

しかし、1961年に「デイリー・テレグラフ」が日曜紙「サンデー・テレグラフ」を創刊し、その5年後にはカナダ人のメディア王ロイ・トムソンが買収した「サンデー・タイムズ」が潤沢な投資を行って販促攻勢をかけてくると、労使紛争にも苦しんだ「オブザーバー」の存続は困難になった。

1975年、アスターは27年間の編集長職を辞任した。2年後、「オブザーバー」は米石油会社ARCOに1ポンドで売却された。その後、1981年にARCOは「オブザーバー」を金属採掘業ロンロー（現ロンミン社）に売却した。ロンローの最高経営責任者タイニー・ローランドは自分のビジネスのプロパガンダとして新聞を使いたがり、これを不服とする「オブザーバー」の編集長との間で戦いが続いた。

この頃、「デイリー・エクスプレス」、「サンデー・エクスプレス」、ロンドンの夕刊紙「イブニング・スタンダード」を抱えるビーバーブルック・ニューズペーパーズ社も買い手を打診していた。約50年近くメディア王として名をはせ、「プロパガンダのために新聞を作っている」と述べたビーバーブルック（1964年、死去）の後を継いだ息子のマックス・エイトケンは、新聞の赤字や広告収入の減少といったビジネス上の悩みに加え、1976年、心臓発作で倒れるほど健康が悪化していた。

マードックやロンロー社のローランド、アソシエーテッド・ニューズペーパーズ社のロザミア卿も手を挙げたが、買収に成功したのは不動産大手トラファルガー・ハウスであった。トラファルガー・ハウスの傘下に入った夕刊紙「イブニング・スタンダード」は、赤字であえぐ「イブニング・ニューズ」（ロザミアのアソシエーテッド・ニューズペーパーズ社所有）と合併した。アソシエーテッド社とトラファルガー・ハウス側が「イブニング・スタンダード」を50％ずつ所有し、交代で会長職を出すことになった。「イブニング・ニューズ」の最後の発行日は1980年10月31日号。あと数か月で創刊100周年を迎えるはずだった。最後の1面のトップ記事の見出しには、「さようなら、ロンドン」と書かれていた。

「タイムズ」、「サンデー・タイムズ」がマードックの手に

高級紙「タイムズ」と「サンデー・タイムズ」を父親の代から所有してきたケネス・トムソン

は、1981年1月、2紙の売却先がルパート・マードックと発表した。

マードックはすでに大衆紙の「サン」と「ニューズ・オブ・ザ・ワールド」を所有している。これに加えて、さらに新聞を所有すれば、公正取引法に引っかかる可能性があった。

独占・合併委員会（MMC）が売却問題の審査に動いた場合、この法律によって取引が成立しなくなると見たトムソンは取引終了までの締め切りを早期に設定した。また、マードック側はMMCが審査を開始しないよう、政府に圧力をかけたといわれている。公正取引法では、該当する事業が利益を出していない場合、MMCによる審査は必要とされない。「タイムズ」は損失を出していたが、「サンデー・タイムズ」は利益が出るビジネスとなっていた。それでも、ビフェン通産相は売却を認可した。ビフェンは、サッチャー首相から売却を認可するようにという圧力はかからなかったと述べたが、首相が関与していたとする見方が業界内では強い。

買収後、スタッフと対面したマードックは、新聞を利益が出るようにすること、20％の人員削減をすること、労組との交渉で新しい紙面制作技術を導入することを告げた。両紙の記者は恐る恐るマードックの言葉を聞いた。人員削減を行うことの懸念と同時に、マードックが両紙の編集方針を自分の政治及び商業上の利益にあわせて変えてしまうと思ったからだ。マードックは編集の独立性の維持を約束した。それでも、売却から半年で、「タイムズ」から50人のスタッフが去っていった。

マードックは、「タイムズ」の編集長に「サンデー・タイムズ」の名編集長ハロルド・エバンズを置いた。売上げ部数は増えたものの、マードックとエバンズは編集方針や経営に関して意見が衝突し、エバンズは1982年、辞職した。マードックが当初約束した「編集権の独立」は実体がないも同然であった。

エバンズが去った後の「タイムズ」は、急速に右傾化したといわれている。エバンズの次に編集長になったチャールズ・ダグラス＝ホームは、マードックとサッチャーが主要な政治、経済問題に関してひんぱんに意見を交換していたと証言する。「サッチャー政権を支えた大きな力の1つ」がマードックだった、と。「タイムズ」内では、ジョークとしてマードックを「ミスター・プライム・ミニスター（ミスター首相）」と呼んだこともあったという（『プレス・ギャング』）。

「もう1つの視点」を出すチャンネル4

1970年代後半までに、英国の家庭のほとんどがテレビを所有するようになり、その3分の2はカラー放送を楽しんでいた。チャンネルはBBC1、BBC2、それに民放ITVの3つであった。1980年の視聴者占有率（テレビを視聴していた人の中で各チャンネルに合わせていた人の比率）はBBC1が39％、BBC2が12％、ITVが49％となり、英国のテレビ放送は、視聴者からの受信料で運営をまかなうBBCと広告費を使うITVとの2大放送局が牛耳っていた。

1970年代、英国の放送業界は2大巨頭による独占体制となっていた。BBCやITVで放送される番組のほとんどが同放送局内で制作されており、ＢＢＣやＩＴＶに所属していない、いわゆる「独立」制作会社が手がけた番組は全体の１％ほどであった。また、ＢＢＣは広告を出さないので、ＩＴＶはテレビの広告収入を担当地域で独占していた。

この２頭体制を崩すべきだという声が、左派系知識人や番組制作市場への参画を狙う独立系制作者たちから上ってきた。

ヒース保守党政権の発足（１９７０年）とともに、商業ラジオ放送開始への法律整備が行われた。それまでラジオ放送市場はＢＢＣが独占してきたのである。１９７２年、独立テレビの監督機関ＩＴＡは、商業ラジオとテレビの監督機関ＩＢＡ（インディペンデント・ブロードキャスティング・オーソリティー）として生まれ変わった。

放送の将来を調査するために立ち上げられたアナン委員会（学者ノエル・アナンが委員長）は、１９７７年に発表した報告書の中で、１９６０年代以降の社会の変容を反映する、新たなチャンネルの設置を提唱した。

こうして、当初ＩＢＡの子会社として設立されたのが4番目のチャンネル、「チャンネル4《フォー》」である。公共サービスの放送局ではあるが、活動資金はＩＴＶからの助成金でまかなう（後、広告収入による運営に変更）。１９８２年11月2日、「こんにちは」、「チャンネル4にようこそ」のアナウンスメントの後、放送される番組の短い動画とともに、「4」のロゴが画面に出た。クイズ番組「カウントダウン」（ヨークシャー・テレビジョン制作）が最初の番組だった。「少数派の視点を反映させる」ことを理念とし、有色人種、女性、芸術や文化に関わる作品を中心に放映した。自分たちでは番組を制作せず外注にしたので、独立系制作者に大きな機会を提供した。

テレビ放映用に作られたが後に映画として劇場公開されたのが、「マイ・ビューティフル・ランドレット」（1985年、スティーブン・フリアーズ監督）だ。アルコール依存症の父を持つ、ロンドンに住むパキスタン系英国人オマルが、仕事をなかなか見つけられず、人種差別にあいながらも、白人の友人ジョニーとともにコインランドリーを経営するまでを描く。ジョニー自身もパキスタン系英国人と交流を持ったことで、右翼の人種差別主義者のグループから攻撃を受ける。オマルとジョニーは友人としての枠を超え、恋愛感情を持つようになる。1980年代当時の英国社会の人種差別問題や同性愛、サッチャー政権下の経済や政治状況を色濃く反映したドラマであった。ジョニーを演じたのは後に大物俳優として成長してゆく、ダニエル・デイ＝ルイス（1989年公開の「マイ・レフト・フット」と2007年公開の「ゼア・ウィル・ビー・ブラッド」でアカデミー主演男優賞受賞）だった。

チャンネル4は次第に視聴占有率を高め、放送開始から1年後には4・4%、1990年代には10%を超えるようになった。

目覚ましテレビが開始

「もう1つの視点」を映し出すチャンネル4の創設とともに、1980年代初頭、民放規制団体

ＩＢＡが新たに公募したのは、全国ネットワークの朝食時間の番組放送免許であった。

米国で朝食時の情報番組「トゥデー」が放映を開始したのは１９５２年だが、英国で同様の番組が始まったのは１９８３年。朝食時はテレビではなくラジオを聞くのが習慣となっていた国民にとって、新しい視聴習慣の始まりとなった。

ライバルができることを知ったＢＢＣは、朝食時の情報番組「ブレックファースト・タイム」を１月17日から放映。「トゥデー」を意識して、司会者がソファーに座り、ざっくばらんな雰囲気の中で、フィットネス、星占い、料理など軽いトピックを紹介した。２週間後の２月１日から放映を開始したのは、ＩＢＡから朝食時の放送免許を取得した「ＴＶ《ティービー》－ａｍ《エーエム》」であった。ニュースを中心に硬派の番組として制作したＴＶ－ａｍの「デイブレイク」、「グッドモーニング・ブリテン」は、当初視聴率を上げるのに苦労した。早朝勤務で賃金値上げを迫った制作スタッフの労組との交渉が終わっておらず、早朝は当時広告主が集まりにくい放送枠であったことも災いした。

娯楽面を強化するなど番組内容の大幅刷新後、「グッドモーニング・ブリテン」は次第に視聴率を上げた。１９９０年初頭までに広告収入も大幅に増えて、大きな利益を上げるようになった。

労使紛争解決への胎動

労使紛争に悩まされる大手全国紙が、根城にするロンドン・フリート街を後にする大きな動きが起きるのは１９８０年代半ばである。その大移動の発端は、ロンドンとは一見まったくつながりのない、イングランド地方北西部で起きた。複数の無料紙を発行していたエディー・シャーがその中心人物だ。

シャーは、イングランド人の母親とペルシャ系インド人の父親の下、英南部ケンブリッジで独立心の強い子供として育った。成績の良い子供が進学するグラマー・スクールで学んだ後、ＢＢＣやグラナダ・テレビで修業を積み、１９７４年以降、地域の無料紙を次々と創刊した。

シャーは従業員から慕われる経営者だったが、１９８３年、事情が急変する。シャーは、イングランド北西部チェシャー州の町ウォリングトンにある印刷所で、コンピューターによる植字工程を使う新たな製作技術を導入することに決めた。そして、労組員以外の人員を使って新聞を制作すると公言した。植字工などが加入する労組「全国グラフィック協会」（ＮＧＡ）はこれに反対し、組合員数人がストを実行。シャーがスト参加者を解雇すると、10月末からＮＧＡはシャーのウォリングトン印刷所前にピケをはった。

ＮＧＡは１９８０年代初期、新聞業界では最大規模の労組で、約13万人の労組員が所属していた。しかし、１９７９年のサッチャー政権発足後に成立した雇用関係法は、ピケ行為に厳しい制限をつけ、同情ストを禁止した。雇用主は労組側が法律違反を犯した場合、損害賠償で訴えることができた。

ＮＧＡとシャーの対立が頂点に達したのは11月29日。約４０００人のＮＧＡの活動家や労組支持者が、ウォリングトン印刷所の前を囲み、制作が終わった新聞を外に出せないようにしたのだ。困ったシャーは、以前からシャーの動きに好意的な報道をしていた「サンデー・タイムズ」の編集長アンドリュー・ニールに電話し、助けを求めた。ニールはすぐに当時の内相レオン・ブリッタンに電話し協力を要請した。ちょうどその頃、警察隊が駆けつけて、事態の収拾に当たった。午前5時、印刷所の入り口がようやく使えるようになり、新聞を載せたトラックが工場から出た。

翌年2月、シャーと初めて会ったニールは、組合員を使わず、新たな技術を導入して全国紙を立ち上げるつもりはないかと聞いた。シャーが全国紙を創刊すると発表したのは、それから1年後の1985年2月であった。

好戦的愛国主義の「サン」が叫ぶ、「捕まえたぞ!」

南大西洋に浮かぶ英領フォークランド諸島。島の総面積(約1万2173平方キロメートル)は日本の長野県ほどの大きさとなる。住民のほとんどは英国からきた白人入植者の子孫だ。現在は英領となっているものの、1982年、距離的にも近いアルゼンチンが領有権を主張して武力行使を行った。フォークランド戦争の始まりである。

4月2日、アルゼンチンのレオポルド・ガルチェリ大統領は約3000人の部隊をフォークランド諸島の首都ポート・スタンリーに上陸させた。当時、諸島には1800人ほどが住み、英海軍兵80人が駐屯していたが、数の上でアルゼンチン側に圧倒された。サッチャー首相は英国の主権が脅かされたとして、すぐに航空母艦2隻を中核とする機動部隊の第1陣を出撃させた。6月の停戦時まで続いた英国とアルゼンチンとの戦いで、英側約260人、アルゼンチン側約650人の死者が出た。

大衆紙「サン」は、フォークランド諸島奪回のための英国の参戦を強い愛国主義から報道した。参戦を支持しない他紙を批判し、特に反戦を主張した「デイリー・ミラー」は「アルゼンチンの独裁者に譲歩している」、「この国への信頼感に欠けている、国民を尊敬していない」と非難した。「サン」の当時の最も著名な見出しが出たのは、5月2日、アルゼンチンの巡洋艦「ベルグラーノ」に英国の原子力潜水艦が魚雷を発射し、撃沈させたときであった。1面の見出しに「捕まえたぞ（Gotcha＝ゴッチャ）——われらの若者たちが小型砲艦と巡洋艦を沈ませた」とつけたのだ。勝利感一杯の見出しだった。

1面を組み終わった後で、ベルグラーノには1200人の乗組員がいたこと、かなりの数の犠牲者が出たらしいことが分かってきた。ケルビン・マッケンジー編集長やその夜の制作スタッフは、「捕まえたぞ」の見出しは不適切と思うようになり、別の見出しを考えていたところ、たまたま社内にいた所有者マードックが見出しを見て、「これで行け」と指示を出した。マッケンジーはこれに同意せず、後版では別の見出しをつけたものの、最初の版の「捕まえたぞ」は人々の記憶に長い間残った。

戦時中のメディアは「中立」であるべきかどうかで政府と格闘したのがBBCである。

ＢＢＣのニュース解説番組「ニューズナイト」の中で、司会者のピーター・スノーは、国防省が出した戦況に関わる情報を紹介する際に、「英国側（の情報）を信頼するとすれば、だが」と述べた。また、同じ番組の中で、「これが英国側が認めた唯一の損害です」と話した。政府の公式情報に疑念を持たせるようなスノーの言い方は議員や国民の一部から怒りを買った。保守党議員ジョン・ページは「国家に対する裏切り」と述べた。「サン」はＢＢＣと政府とのきしみに飛びついた。翌日「私たちの中に裏切り者がいる」という見出しを１面につけた記事を出した。政府の情報を信じない司会者がいるＢＢＣは裏切り者、というわけである。「サン」の批判の対象は反戦の「デイリー・ミラー」や「ガーディアン」にも向かった。「デイリー・ミラー」はこれに対抗して、好戦的愛国主義がにじみ出たサン紙の見出しを集めた紙面を作り、「サン紙はフリート街の娼婦だ」と大きな見出しをつけた。

ＢＢＣは英国の側に立って報道するべきなのか、それともあくまで中立を守るのか？　これに答えたのは、ＢＢＣラジオのマネジング・ディレクター、リチャード・フランシスだった。マドリードで世界中のジャーナリストを前にしたスピーチの中で、フランシスは、「英軍の士気を高めたり、英国民を国旗の周りに呼び集めるのはＢＢＣの任務ではない」、「英ポーツマスの未亡人とブエノスアイレスの未亡人との間に違いはない」、「現在の英政権や過去そして未来の政権から、愛国主義に関する教えをＢＢＣは必要とはしていない」と述べた。

BBCの受信料体制を議論したピーコック委員会

BBCは視聴者が支払うテレビ・ライセンス料（NHKに支払う受信料とほぼ同様の仕組み、以下受信料）で国内の活動の運営をまかなっているが、値上げ率は政府との交渉で決定される。編集上は独立を保つBBCだが、お金の面では政府に首根っこをつかまれているともいえる。

市場競争を重視するサッチャー首相は、BBCが広告収入を導入することを望んでいた。当時、テレビ広告は民放ITVが独占しており、広告業界はBBCが広告を導入することで市場が広がることを期待していた。

1985年3月末、政府は、翌月からの新たな年間受信料を58ポンド（前年比26％増）とし（BBC経営陣は41％の値上げを要求していた）、同時に、BBCにもし広告を導入したらどうなるかを調査する委員会を立ち上げた。委員長はエディンバラにあるヘリオットワット大学の教授アラン・ピーコックであった。

ピーコックは自由主義経済の信奉者で、サッチャーは委員会がBBCに広告を採用する結論を出すことを期待した。ところが1986年、委員会は、BBCへの広告収入の導入を見送る結論を出した。

その理由はこうだった。BBCとITVが2大放送局として市場に君臨する中、BBCが広告収入を得るようになれば、両者の間で視聴率競争が発生する。視聴者が見たいような番組は増えるだろうが、高視聴率が達成できないと見なされた番組は制作されなくなる。「視聴者の選択の幅が狭くなる」ことを懸念して、広告体制の導入を進言しなかったという。

それでも、ＢＢＣの受信料制度は永遠に続くべきではなく、衛星放送やケーブルテレビのチャンネルが市場で一定の規模を持つようになった時、受信料制度は有料契約制（サブスクリプション）に変わるべき、と委員会の報告書は述べた。委員会はまた、受信料は小売物価指数などに代表されるインフレ率と連動させ、ＢＢＣが効率的に運営されることを提唱した。

さらに、ＢＢＣとＩＴＶの番組は内部の制作チームが制作するのが常であったが、今後10年間で、全体の40％までを外部の制作会社に担当させるよう、提言した。そして、民放ＩＴＶの放送免許の取得は、入札方式にするべきとした。

ピーコック委員会の提言は政府白書「90年代の放送業」（１９８８年）、放送法（１９９０年）を経て、順次実行された（ただし、同法によって、外部の制作会社の使用比率は25％以上と定めた）。

２０１１年現在、ＢＢＣの受信料体制は存続しているが、インフレ率との連動は終了している。

「リアル・ライブズ」

24歳でＢＢＣに研修生として入局したアラスデア・ミルンは、番組の制作現場で経験を積み、１９８２年、経営陣のトップ、ディレクター・ジェネラルに就任した。テレビのプロデューサーだった人物がディレクター・ジェネラルになるのはミルンが初だ。経営陣になってからの最も著名な番組は、アフリカ難民救済のためのチャリティー・コンサート「ライブエイド」（1985年）であろう。コンサートの中継を世界60か国で20億人以上が視聴したといわれる。

しかし、ミルンの経営陣としての毎日は決して順風満帆ではなかった。数々の番組の放送をめぐってサッチャー政権と対立し、1986年、BBC経営委員会に解任されてしまう。

衝突の1つが北アイルランドのテロを扱った番組「リアル・ライブズ（「本当の人生」の意味）」（1985年）の放映をめぐる政府との対立であった。

サッチャー首相にとって、北アイルランドのテロは個人的にも許せない、卑劣な行為であった。首相就任直前の1979年、友人の政治家エアリー・ニーブを私兵組織アイルランド民族解放軍（INLA）によるテロで亡くしていた。また、1984年には、保守党党大会の開催で宿泊していた英南部ブライトンのグランド・ホテルで、対英テロ闘争を行っていた武装組織アイルランド共和国軍（IRA）によるテロを身をもって経験した。サッチャー自身は無事逃れることができたものの、保守党議員を含む5人が命を落としたほか、ノーマン・テビット貿易相の夫人が負傷し、身体障害者となった。

サッチャーはテロリストたちがメディアに登場すること自体に反対だった。テロリストに「宣伝の酸素」を与えると解釈したからだ。

そこで問題になったのが1985年、BBCが制作中だった「リアル・ライブズ」と題するシリーズ物であった。

シリーズの1つ「エッジ・オブ・ザ・ユニオン」(「ユニオンの端」の意味)の中で、BBCはIRAの参謀長とされるマーティン・マッギネスと英国への帰属維持を望むユニオニストの政党、民主統一党の党員で北アイルランドの都市ロンドンデリーの市議グレゴリー・キャンベルのインタビューを収録した。マッギネスは、1970年代にロンドンデリーで発生したデモ者に対する攻撃事件(血の日曜日事件)で、IRAの副司令官だったともいわれている人物であった。しかし、マッギネスもキャンベルもともに選挙民によって選ばれた政治家であり、北アイルランド議会の議員でもあったため、BBCが取材を行うこと自体に問題はないはずだった。

8月の放送予定日前に、「サンデー・タイムズ」がレオン・ブリッタン内相に番組へのコメントを求めたことからその内容が政府に伝わった。7月29日、ブリッタンは声明文を発表した。「IRAの中心人物を主人公とする番組は国家安全保障上の影響から、国益に反する」。

ブリッタンはBBCの経営委員会のスチュワート・ヤング委員長に宛てた書簡の中で、政府が「検閲をする」つもりはないが、「テロは宣伝の酸素で成長する」、「放送を許さないようにお願いしたい」と書いた。

既に番組を視聴していた経営陣は、若干の変更を加えれば放送可とする結論を出していたが、経営委員らは1人を除き全員が「放送は不可」と考えた。委員会はブリッタン内相に手紙を書き、「内相が番組放映を禁止しようとしたのは間違っている」と指摘する一方で、番組を「このままの形では」放映できないということで一致した、と伝えた。

このとき、海外で休暇中だったディレクター・ジェネラルのミルンは、放映予定日の数日前に番組を視聴し、他の経営陣と同様に放映可能であると考えていた。経営委員会は「放送不可」の結論を出していたものの、もしこれに同意して放送を取りやめた場合、「BBCは政府の放送禁止依頼に屈服した」と見なされる可能性があった。ミルンは困難な立場に置かれた。

一方、BBCのスタッフは経営委員会による放送取りやめ決定に怒り、放送予定日となっていた7日に、ストを起こそうと決めていた。民放ITV向けにニュース番組を制作するITNや商業ラジオのスタッフも、BBCのストに参加するつもりでいた。

放送日の前日、ミルンは経営委員会と話し合った。委員会内では放送中止を支持する声が強く残っていたものの、「政府の検閲は断固として許されない」とする声明文を発表させ、放送の可能性を残した。放送予定当日、ミルンはヤング経営委員長らとブリッタン内相を訪問した。放送に関して政府からの圧力には屈しないことを示す意味があった。番組はこの日、放映されなかった。

「リアル・ライブズ」が放送されたのは、当初の予定から2か月後の10月16日であった。放送されたこと自体はBBC経営陣と制作スタッフの勝利だが、経営委員会は「放送不可」とする結論を無視された格好となった。しかし、ほとぼりが冷めるまでは放送されなかったので、委員会とは別の見解を持ったミルン側が勝ったとも言えなかった。

サッチャーのテロとの戦いはこれで終わらなかった。1988年秋、政府は、IRAの政治組織シン・フェイン党の党員や、複数のアイルランド私兵組織のメンバーの声を放送しないように、という指示を出した。音声の放送禁止は1994年まで続いた。

2011年現在、マッギネスは北アイルランド自治政府で副首相（デピュティー・ファースト・ミニスター）である。キャンベルは北アイルランドで最大のプロテスタント系政党・民主統一党の下院議員となっている。

「ジルコン」事件でミルン、去る

「リアル・ライブズ」放映をめぐるBBCの経営委員会と経営陣の亀裂がさらに深まったのが、ジルコン事件（1986年）であった。

「ジルコン」とは、保守党政権が秘密裏に開発した偵察用衛星の名前だ。ケイ酸ジルコニウムが使われていることから付いた呼び名であった。ロシアや欧州他国の通信を傍受するための人工衛星で、1988年からの実用化を目指したものの、経費がかかりすぎるという理由で、最終的に計画は中止された。

調査報道を専門とするスコットランド人のジャーナリスト、ダンカン・キャンベルは、BBCスコットランドで6部構成の「秘密社会」と題された番組を制作しようと思い立った。第6部「通信ジルコン」では、政府がジルコンの存在やその経費を、国民ばかりか政治家や下院の公費会計委員会からも隠していた、と主張するつもりだった。

1985年秋、ミルンと経営委員会は6部構成の5部までは若干の修正後に放映可能だが、ジルコンを扱った6部は放映しない方向で合意した。ところが、翌年1月、日曜紙「オブザーバー」が「BBCが5億ポンドの国防上の機密について口を封じられた」と題する記事を掲載した。続いて、キャンベルが左派系政治週刊誌「ニュー・ステーツマン」に事件の経緯を書いた。

記事の掲載後、ロンドン警視庁の公安課が公務機密保持法の下に、キャンベルのロンドンのアパートや雑誌の編集室、BBCスコットランドの事務所などを家宅捜査した。キャンベルは下院議員らに支援を求め、下院内での番組の上映会を計画した。BBC経営陣はスタッフに対し、この上映会に参加しないよう求め、キャンベル側に対しては番組の録画コピーをBBCに戻すよう要請した。

国防省の官僚が下院での上映に異議を唱え、下院議長は上映を認可しなかったので、キャンベルらは下院外の別の場所で番組を上映するに至った。ジルコン問題は大きな政治問題にまで発展してしまった。

1月29日、元「タイムズ」の経営陣の1人で、政府の肝いりでBBCの経営委員長に就任したばかりのマーマデューク・ハッセーは、BBCの一室にミルンを呼んだ。

ミルンが部屋に入ると、ハッセーは「今すぐ、局を出て行って欲しい。経営委員会の全員による決定だ」と告げた。ミルンは大変驚いたが、経営陣のトップとなるディレクター・ジェネラルの去就は経営委員会が決める。ミルンは手元にあった紙切れに辞任の意を書き、署名せざるを得なかった。

問題となった番組は、6部のうち4部が4月と5月に放映され、ジルコンに関わる1本は翌年9月に放映された。内閣を扱った最後の1本はお蔵入りとなっていたが、後にチャンネル4がキャンベルとともに編集し、1991年、放映した。

「問題を起こすのが仕事」――「ワールド・イン・アクション」

北部マンチェスターに本拠を置き、イングランド地方北部（1956―68年まで）、そして北西部（1968年から現在まで）のITV放送の権利を取得したのが、グラナダ・テレビであった。北部に拠点を置く放送局としてのプライドを持ち、「グラナダ」といえば、グレーター・マンチェスター（マンチェスターを中心とする大都市圏）、ランカシャー、マーシーサイド、チェシャーなどの北部の都市と同義語として受け止められるようになった。

ロンドンがあるイングランド地方南部は、北部からすれば「気取っている」、「中流階級」のイメージがある。北部地方に住む労働者階級の生活を反映したのがソープ・オペラ「コロネーション・ストリート」で、1960年に始まり、2011年現在でも人気が高い。ちなみに、この番組の人気にあやかろうと始まったのが、ロンドン東部労働者階級のドラマ「イーストエンダーズ」（1985年放映開始）である。

社会派ドキュメンタリーで数々のジャーナリズム賞を受賞した番組「ワールド・イン・アクション」が始まったのは1963年である。都会的なBBCとは異なり、「無作法な番組」として生まれたという（番組のプロデューサーの1人ガス・マクドナルドの弁）。反骨精神あふれる「ワールド・イン・アクション」は、初期には、政治家とファーストネームで呼び合えるような人物は採用しなかったという。また、グラナダ・テレビの会長が「君の仕事は、問題を起こすことだということを忘れるな」と言っていたそうだ（『死んだ夢――ITVの盛衰』レイモンド・フィッツウォーター著）。

「バーミンガム・シックス」の汚名をそそぐ

1974年、IRAによる爆弾テロで、21人が死亡する事件が英国中部の都市バーミンガムで発生した。このときまでに英国で起きた、IRAによる最大のテロ事件であった。6人の男性（バーミンガム・シックス）が有罪となったが、いずれも無実を主張していた。76年、控訴が認められたが、無実であることを裏付ける十分な証拠がなく、有罪判決は変わらなかった。

1980年初頭、「ワールド・イン・アクション」で最も長期にプロデューサーを務めたレイモンド（レイ）・フィッツウォーターは、6人の家族から、この件を番組で取り上げてくれないかと連絡を受けた。当初、フィッツウォーターは乗り気ではなかったが、ジャーナリストの1人クリス・マリン（後、下院議員に当選。ブレア政権で閣僚に就任）の強い説得にあい、5か月間にわたる調査の後で「正義のために」と題する番組を放映した。しかし、さらなる控訴は認められなかった。もし控訴が認められれば、6人を有罪にするための証言を行った警察幹部、検察側の弁護士、判事などが嘘をついたか、あるいは大きな間違いを起こしたことになる。控訴への扉は容易には開かなかった。

1986年、マリンは著書『判断の間違い——バーミンガムの爆破事件』を出版した。この中で、マリンは6人が何故無罪かを説明し、本当のテロ犯人と接触を持ったことを明らかにした。これがきっかけとなって、時の内務大臣が控訴院での裁判を認めた。

1988年、6週間にわたる裁判の後、控訴院が出した判断は、それでも有罪のままだった。しかし、その後は有罪判決を疑問視する新聞報道、テレビのドキュメンタリー番組、書籍が多数出るようになり、6人の無罪釈放を求める運動は英国ばかりか、アイルランド、欧州各国、米国にまで広がった。「ワールド・イン・アクション」は、1990年3月、「誰がバーミンガムを爆破したのか」というタイトルで、名優ジョン・ハートやマーティン・ショーを使って事件とその影響をドラマ化した。

1991年、3度目の控訴はこれまでの司法判断を翻した。警察は6人を有罪とするため証拠をねつ造したり隠していたこと、自供を強要していたことを認め、6人は無罪釈放となった。2001年には、賠償金が支払われた。

「バーミンガム・シックス」事件を含めた誤審の影響を懸念したダグラス・ハード内務相は、刑事事件に関わる調査委員会を設置し、これが１９９５年の刑事事件控訴法の施行や、イングランド、ウェールズ、北アイルランド地方で裁判が誤審であったかどうかを調査する刑事事件見直し委員会（１９９７年）の誕生につながった。番組が司法体制を変えた事件であった。

ワッピング革命

地方紙の経営者エディー・シャーが、労組員を使わずに作る全国紙の創刊に向けてダミー版を作っていた１９８５年、「サンデー・タイムズ」を含む有力数紙をロンドンで印刷していたルパート・マードックは、極秘の計画を進めていた。これは後に、「ワッピング革命」とも呼ばれるようになり、全国紙経営の大きな転換期を導いた。

80年代初頭、株主となっていたロイターの株式上場で巨額の資金を得たマードックは、フリート街にある各新聞のオフィスを売却すれば、さらに大きな利益を得られることに気づいた。シャーの新聞創刊の動きに触発された上に、１９８４年施行の労組法により、ストは労組員の投票による同意がない限り違法であること、また２次的なピケが違法となったことも追い風となった。マードックは、有力労組のＮＧＡやこれと後に合併する図形関連業種組合（ＳＯＧＡＴ）の加盟者を使わず、電気電子通信配管組合（ＥＥＴＰＵ）に属する人員のみを使って、最新のコンピューター技術を導入した制作体制をロンドン東部ワッピングで作ることにした。

１９８５年の年明けから実験印刷を始め、５月には実験を終了。夕刊紙「ロンドン・ポスト」

を創刊するという名目で、編集スタッフを段階的にワッピングの新オフィスに移動させた。1986年1月、賃金問題を巡って近くストが始まることを予期した経営陣は、「サン」、「ニューズ・オブ・ザ・ワールド」、「タイムズ」、「サンデー・タイムズ」の制作をワッピングに一晩で移動させた。

新オフィスは「要塞ワッピング」と呼ばれた。建物の周囲は高さ4メートルのスチール製柵がめぐらされ、鉄条網が取り付けられた。監視カメラが設置され、外の動きが施設内から見えるようになっていた。制服を着た警備員が入り口に立って外部の動きを監視した。

ワッピングへの引越しで仕事を失ったスタッフは5000人以上に上った。引越しに合意したジャーナリストたちやEETPU加盟のスタッフは、オフィスへの出入りに際しスト参加者から攻撃を受けないよう、特別に手配されたバスに乗って会社の中に入った。徒歩でやってきたスタッフはスト参加者からつばを吐きかけられたり、悪態をつかれた。建物の前にできた抗議デモの参加者が5000人に上った2月15日、警察は初めて暴動鎮圧用の盾を使い、騎馬警官らがデモ参加者を分散化させるために配置された。ピケはしばしば暴力化し、ストが終結するまでの1年強の間に、1262人が逮捕され、410人の警察官が負傷した。

ワッピングへの移動で、発行元ニューズ・インターナショナル社は経費を大幅に削減させた。引越しから1年で、8000万ポンドの経費が浮いたといわれる。同社の1986年6月決算では、利益が前年比で74・2%増の8330万ポンド。翌年の87年6月決算では、これが1億11

50万ポンドに増大した。ワッピングへの移動にかかった経費は6000万ポンド強といわれているが、これを加味しても、十分に採算のあう経営判断となった。

労組の縛りから離れ、新技術を使って経費を軽くし、新たな新聞を創刊しようという動きが、ワッピング革命後に花開いた。

その中の1つが、エディー・シャーによる、中間紙市場向け全国紙「トゥデー」の創刊(1986年3月4日)であり、テレグラフ紙にいたアンドレアス・ウイッタムスミスによる高級全国紙「インディペンデント」(1986年10月7日)の創刊であった。

「インディペンデント」創刊

1985年、エディー・シャーの新たな新聞の創刊について、「成功しないだろう」と米「ビジネス・ウィーク」の取材に電話口で答えたのは、当時「デイリー・テレグラフ」で金融エディターだった、アンドレアス・ウイッタムスミスであった。

しかし、受話器を下ろした瞬間から、その発言を翻し、「そうだ、自分でもやってみよう」と思い始めていた。

ウイッタムスミスは英西部ウェールズに近い、チェシャー州の都市チェスター教区の牧師を父として生まれた。オックスフォード大学卒業後は金融ジャーナリストとして名を上げ、1985年当時は「テレグラフ」で金融、経済を担当する記者・編集者となっていた。

ウイッタムスミスは保守系「テレグラフ」が冒険を嫌う新聞であることに嫌気が差していた。「毎日、毎日、何の変化もない編集会議に出ていた」（筆者による取材中の談）。スクープを見つけても、「石橋を叩いても渡らない」編集室で、企画は通らないことが相次いだ。48歳になっていたウイッタムスミスは、シャーの新聞創刊の話を聞き、刺激を受けた。「やるなら、今だ」。

まずはシャーに会って話を聞いた後、オックスフォード大学の後輩で同じく社内で働いていた同僚に声をかけた。「テレグラフ」の社説を書いていた31歳のマシュー・シモンズと32歳のスティーブン・グラバーである。元ミラー・グループの会長だったダグラス・ロングから経営面でのアドバイスを受けながら資金を集め、１９８６年10月の創刊に向けて、準備を進めた。新聞の名前は「インディペンデント」、つまり「独立」という意味であった。支持政党を明らかにするのが英国の新聞の特徴だが、「インディペンデント」の「独立」の意味は「サン」や「タイムズ」を発行するマードックや、「テレグラフ」の新所有者でカナダ人コンラッド・ブラックなど、富裕な新聞所有者が後ろ盾にないことも意味していた。ウイッタムスミス自身が「時には保守党の政策を支持し、時には他の政党の政策を支持」するため、特定の政党を信奉していないのだった。

マードック・プレスのワッピング移動に賛同しなかったジャーナリストたちや、ウイッタムスミスの新しい動きについていこうとするジャーナリストたちが、続々と「インディペンデント」にやってきた。

「インディペンデント」はニューズペーパーズ・パブリッシング社が発行し、創設者の３人が中

■「サンデー・タイムズ」が守れなかった告発者

イスラエルは核兵器を開発しているのではないか――国際社会がうすうすそう感じていた1980年代半ば。「サンデー・タイムズ」は同国で核兵器開発に実際に従事していた人物から情報を得て、世界に先駆けてこれを暴露報道した。しかし、その結果、内部情報の提供者はイスラエルの牢獄で長い年月を過ごすことになった。

「サンデー・タイムズ」の記者は、ある情報提供者を介して、イスラエルの元核技術者モルデハイ・バヌヌとオーストラリアで会った。バヌヌは当時31歳。技術者としての経験は10年ほどであった。

平和主義者のバヌヌは、核爆弾が将来使われることに脅威を抱き、開発を停止させる目的で、「サンデー・タイムズ」の記者に自分が知っていることを話した。バヌヌの証言と60枚余の写真は、イスラエルが原子爆弾を持っているばかりか、米、ソ、英、フランス、中国に次ぐ原子力大国であることを示していた。

アンドリュー・ニールを編集長とする「サンデー・タイムズ」編集部は、1986年9月、バヌヌをロンドンに呼んだ。事情を詳しく聞き、受け取った情報の信憑性を確認するためだった。核開発に詳しい学者、専門家、米大使館の協力で情報を精査する中で、「サンデー・タイムズ」はイスラエルの原子力エネルギー委員会に連絡を取り、バヌヌが確かに従業員であったこと、経費削減で解雇されたことを確認した。

「サンデー・タイムズ」が情報を検証し、原稿を作っていた9月のある日、ロンドンにいたバヌヌは、ある女性と知り合い、恋に落ちる。イタリアに2人で旅行しようという女性の誘いに乗り、ロンドンを離れたバヌヌは、途中でイスラエルの諜報機関に拘束され、自国に送還されてしまう。女性はスパイだったのだ。

当時、バヌヌがイスラエル当局によって送還されたことは秘密で、「サンデー・タイムズ」も承知していなかった。10月上旬、バヌヌが行方不明状態となる中、「サンデー・タイムズ」はようやく、イスラエルの核開発疑惑の第1報を出した。

「サンデー・タイムズ」は大スクープをものにしたが、内部告発者バヌヌを守ることはできなかった。バヌヌはイスラエルで投獄され、国家反逆罪で18年間を獄中で過ごした。2004年釈放されたものの、2011年の現在に至るまで、ほぼ軟禁状態となっている。

心となって1800万ポンドの立ち上げ資金を集めた。4年前に創刊された日曜紙「メール・オン・サンデー」の立ち上げ資金の3分の1である。創刊前の広告のキャッチフレーズは「インディペンデント、あなたは？（独立している、あなたは？）」であった。

1986年10月7日、ウイッタムスミスが編集長となって「インディペンデント」が創刊された。過去131年間で初めての高級紙の創刊である。

『スパイキャッチャー』をめぐるプレスの戦い

「インディペンデント」の知名度上昇に一役買ったのは、英国の諜報機関の秘密を暴露した、元M-5のピーター・ライトが書いた『スパイキャッチャー』をめぐる事件であった。

ライトは、1955年から76年までM-5で勤務した後に退職し、オーストラリアの南東の島タスマニアに住んだ。年金の受給額に不満を持ち、M-5時代の回想録の執筆を決意。政府から出版許可を得る前に、オーストラリアの出版社と交渉を始めた。1985年、英政府は、出版が雇用契約の中の機密保持条項に違反するとして、オーストラリアの裁判所に出版差止めを求めて提訴した。

裁判が続く中、1986年6月、「ガーディアン」と「オブザーバー」が、『スパイキャッチャー』の原稿の情報を使いながら、オーストラリアで出版差止め裁判の公判が開かれることを報じた。英法務長官は「ガーディアン」と「オブザーバー」に対し、『スパイキャッチャー』からの情報を元にした今後の報道を止めるために提訴し、翌月、両紙に対して報道差止め令が下った。「インディペンデント」の編集部に、オーストラリアの調査報道ジャーナリストが『スパイキャッチャー』の出版前の原稿を持ってきたのは翌年の4月であった。ウイッタムスミスは掲載に当初躊躇したものの、政治記者アントニー・ベビンズらが是非やろうと後押しし、決心した。4月27日、「インディペンデント」は1面に『スパイキャッチャー』の情報を基にした長い記事を掲載した。「ウィルソン元首相はソ連のスパイだった」(関係者は否定)など、衝撃的な内容が大々的に報道され、話題をさらった。ウイッタムスミスにテレビやラジオの取材が殺到した。

すでに「ガーディアン」と「オブザーバー」には報道差止め令が出ており、「インディペンデント」はこれを無視した形となったので、法務長官は法廷侮辱罪違反として、提訴した。

しかし、出版を抑えようとする政府の動きは失敗に終わった。1987年7月までにオーストラリアの裁判所は英政府の出版差止め申請を却下し、オーストラリアや米国で出版が開始された。発売後、本はベストセラーになった。イングランド・ウェールズ地方とは別個の、独立した司法体制を持つスコットランドでは本は出版されており、米国への旅行者が米国で買った『スパイキャッチャー』を英国に持ってくることもできた。出版差止めは事実上瓦解していた。

一方、「サンデー・タイムズ」はオーストラリアの出版社と直接交渉をし、1987年7月から、『スパイキャッチャー』の内容の一部を連載した。「サンデー・タイムズ」も政府との法廷での戦いに巻き込まれたが、1991年、欧州裁判所が、『スパイキャッチャー』の出版を禁じた物の中に土壌サンプルも見つけた。

ベイゾフトはアブグレイブ刑務所に数週間拘束され、殴打された後、11月1日、イラクのテレビで、自分はイスラエルのスパイだったと「告白」した。英国でベイゾフトを知る人々は、ベイゾフトはスパイとは思っておらず、告白は強制されたものと考えている。

密室での裁判により、ベイゾフトはスパイ罪で有罪となり、1990年3月10日、死刑の判決を受けた。看護婦のパリッシュは15年の禁固刑となったが、ザンビア大統領ケネス・カウンダの減刑願いにより、同年7月、解放された。

ベイゾフトの減刑を求めるサッチャー英首相や国際世論の声はフセイン大統領には届かなかった。控訴は認められず、ベイゾフトは3月15日午前6時半、絞首刑となった。享年31。その遺体は英国の家族の元に送られた。

2003年5月、「オブザーバー」の記者がイラク・ナシリア地方を訪れた。イラクの元諜報大佐カデム・アスカーに会うためだった。アスカーはベイゾフトがスパイかどうかを審査する報告書を書いた人物だ。アスカーはベイゾフトが撮影した写真を検証し、ベイゾフトを尋問した。「ベイゾフトはスパイではない」と思い、報告書にもそう書いたという。

しかし、フセイン大統領と政府上層部がベイゾフトを有罪とする方向に動いており、アスカーはこれに異を唱えることはしなかった。フセインがこうと決めたら、これを翻すことは不可能だったからだ。

1990年当時、「オブザーバー」の副編集長だったエイデン・ハミルトンは、ベイゾフトは「報道に足るべきストーリーを探す、1人のジャーナリストだった。考えが甘かったか？　良いネタをかぎつけようとするすべての若いジャーナリストがそうであるように、だ」とし、そしてベイゾフトは、「どんな手段を使っても良いジャーナリストになろうと決心していた」と述べた。ベイゾフトの死から10年後、ハミルトンは「一体いつから熱心すぎることがジャーナリストの欠点と見なされるようになったのか」とベイゾフトを弁護した。

■スパイとして命を落とした「オブザーバー」のジャーナリスト

国際紛争を取材するジャーナリストは、自分の身の安全を維持しながら、紛争地で真実を探し当てるという困難な作業に、日々取り組んでいる。他国で人質になったり、命を落とした英国のジャーナリストは少なくないが、スパイの汚名を着せられて絞首刑にあった、ファルザード・ベイゾフトの死は、日曜紙「オブザーバー」にとって重い意味を持った。

1980年代半ば、イラン・イラク戦争（1980―88年）が繰り広げられるイランから、ベイゾフト一家は英国に避難してきた。中東問題を中心に数多くの記事を書いたベイゾフトの寄稿先の1つが「オブザーバー」であった。

敵国イラン出身者であるにもかかわらず、イラク内部にもネットワークを築いたベイゾフトは、1989年、イラン・イラク戦争後のイラクの復興状況を世界に見せるためにイラク政府が招待したジャーナリスト団の一員となった。

同年9月、取材目的でのイラク滞在中に、ベイゾフトは、バグダッドからおよそ30キロ南にあるアルイスカンダリア軍事施設で爆発があったことを知った。イラクのフセイン大統領は爆発自体を隠そうとしていたが、多くの犠牲者が出たことや、爆発の詳細を調査すればイラクが秘密裏に中距離弾道ミサイルを開発していることが判明する可能性などから、複数のジャーナリストが現地取材を希望した。

大きなスクープ記事となると見込んだベイゾフトは「オブザーバー」のドナルド・トレルフォード編集長に連絡し、現地取材の承諾を得た。

軍事施設取材には他の英メディアも手を挙げたが、イラク政府が許可を出したのはベイゾフトのみ。イラクにいた英国人看護婦ダフニー・パリッシュに車を運転してもらい、ベイゾフトは施設に到着した。現地で写真を撮り、土壌のサンプルを採取した後、バグダッドではホテルやカジノにいたイラク軍関係者などに事故の件を聞きまわった。

ロンドンに戻るためにバグダッド空港にいたベイゾフトは、イラクの情報機関に逮捕された。ホテルやカジノでの聞き取りを不審に思ったバグダッド市民がベイゾフトを当局に通報していたのだった。

ベイゾフトのカメラには軍事施設で撮った34枚の写真があり、当局は荷英政府は欧州人権条約の第10条「言論の自由」に違反した、とする結論を出した。

書き手のライトは本を売ったお金で富豪となり、1995年、この世を去った。

「インディペンデント」にとっては『スパイキャッチャー』が売上げに貢献し、創刊から2年後の1988年、部数は40万部まで伸びた。洗練された写真使い、斬新なデザイン、「王室報道をしない」などの他紙とはやや異なる独自の編集方針、1987年の総選挙では、評判どおりに「どの政党も支持しない」中立主義、充実した訃報記事など、「インディペンデント」は、独自のブランドを作りあげていった。

左派リベラル系「インディペンデント」の人気に割を食ったのは、同じく左派系の「ガーディアン」や保守系「タイムズ」であった。この2年間で「ガーディアン」は8万部を、「タイムズ」は4万部を失っていた。

衛星放送が始まる

英放送業界が多チャンネル化を進めるきっかけとなったのが、1970年代末に開催された、国際電気通信連合（ITU）の世界無線通信主管庁会議（WARC、1992年以降は世界無線通信会議＝WRC）であった。

ITUは無線通信と電気通信分野における世界標準を決める組織で、19世紀末にパリで創設された。1977年、数年に1度開催されるITUの会議で、衛星放送の周波数の国際的割り当てが決定された。英国は5つの衛星放送チャンネルの設置の認可を得た。英政府は、国際的な衛星放送市場が確立してゆくと予想し、航空業界、通信業界、電子機器業界、映画業界などにビジネスチャンスが到来したと見た。1980年には衛星放送が産業界に与える影響について内務省に調査を命じた。

行政の動きよりも一足早く手を打ったのが、ブライアン・ヘインズが立ち上げた、欧州全域向けに放送する「衛星テレビUK」(サテライト・テレビジョン・UK、SATV)であった。ヘインズは、ロンドン近辺の平日に番組を放送するテームズ・テレビの元職員だった。1978年3月、実験用衛星を打ち上げ、主にオランダや米国で制作された番組を放送し始めた。英国内の放送免許を持っていなかったので、海賊放送である。

しかし、1983年後半には、資金難でSATVの株の大半を売却せざるを得なくなった。SATVの株80%をたったの1ポンドで買収したのがマードックのニューズ・インターナショナル社であった。その代わりSATVの負債を背負った。翌年、名称はスカイ・チャンネルに変更された。

1986年12月、民放の監督機関IBAが衛星放送の免許を与えたのはITV大手グラナダ、アングリア・テレビジョン、出版社ピアソン、航空会社バージン、電子機器の業者アムストラッドによるコンソーシアム「英国衛星放送」(ブリティッシュ・サテライト・ブロードキャスティング、BSB)であった(『トーリー政権下のテレビジョン——放送政策1979—1997

年』ピーター・グッドウィン著）。

英国の衛星放送業の公式な「顔」となったBSBは、放送免許を得る代わりに様々な条件を課せられた。放送衛星の建設と打ち上げ費用を自力で負担し、すでに英国内で普及しているPAL方式の映像規格ではなく、映像の質が高いとされたDMAC方式の導入を強いられた。

BSBが技術上の調整に手間取っている間に、1989年2月、マードックが一歩先に動いた。ルクセンブルクに本社を置き、欧州初の民間衛星運用企業となったSESアストラ社の衛星を使って、それまで欧州向け放送を提供していたスカイ・チャンネルを、今度は英国向け放送局として放送を開始した。スカイ・チャンネル、ユーロスポーツ、スカイ・ムービーズ、スカイ・ニューズの4つのチャンネルを持つスカイが、初の英国向け衛星放送となった。

BSBが衛星放送を開始したのはその1年以上後の1990年4月。アンテナの販売競争でスカイに遅れをとったBSBの業績は伸び悩んだ。両局ともに巨額の初期投資の回収負担とその割には利益が少ない状態が続き、同年11月、合併に動いた。新会社の名称はBスカイB（ブリティッシュ・スカイ・ブロードキャスティング）であった。出資比率は50%ずつであったが、事実上はマードックの乗っ取りで、旧BSBの経営陣は一掃された。

衛星放送の放送免許を授けるIBAには合併の話は事前に相談がなかった。マードックは合併発表の数日前にサッチャー首相に合併の件を知らせたものの、首相は内閣にこれを知らせなかった。面目をつぶされた形となったIBAだったが、BスカイBの発足にあたり、BSBに与えていた放送免許を取り消さなかった。マードックは、英国の技術を使わずに、また英国内の正式な放送免許も取得しないままに、英国での衛星放送事業を始めていた。BスカイBは1992年頃から次第に利益を上げるようになって、そのビジネスは拡大していった。

衛星放送の進展とともに発展したのがケーブル放送である。

1970年代末まで、英国のケーブル放送は微々たる存在であったが、米国でケーブル・テレビのブームが発生し、英政府はブロードバンドの通信網を使って大量の情報を伝える、いわば「情報スーパーハイウェー」を構築しようと考えた。

1984年、ケーブル及び放送法が成立し、監督機関としてケーブル庁が発足した。1989年と90年にスカイ、そしてBSBによる放送が始まると、ケーブル・チャンネルの魅力が高まった。ケーブル放送に加入していれば、アンテナを買わなくても両局の放送を視聴できたのである。

1982年、政府はマーキュリー・コミュニケーション社に通信事業の免許を与え、ブリティッシュ・テレコムによる通信網の独占状態が崩れた。1984年11月に保有株式の半分が売却され、ブリティッシュ・テレコムはブリティッシュ・テレコミュニケーションズ社（後、BT）として民営化された。ケーブル運営企業は、1980年代末からBTあるいはマーキュリー社と組んでネット電話のサービスも提供するようになった。

王室のメロドラマ

「御伽噺のような結婚式」と呼ばれたのが、1981年7月29日、ロンドンの聖ポール大聖堂で行われたチャールズ皇太子とダイアナ妃の結婚式であった。長いベールのすそをひきずる白いウェディングドレスに身をつつんだ、20歳になったばかりのダイアナ妃と13歳年上のチャールズ皇太子の結婚式の様子を世界中の7億5000万人の視聴者がため息を漏らしながら見守った。式のために大聖堂に向かう2人が乗る馬車の通り道には、約60万人が立ち並んで声援を送った。

ダイアナとチャールズの仲がきしみ始めたのは1985年頃とされる。皇太子は元恋人カミラ（当時はアンドリュー・パーカー・ボウルズの妻）とよりを戻し始めていた。

1992年6月、「サンデー・タイムズ」で出版前に一部が連載された本『ダイアナ妃の真実』によって、ダイアナとチャールズの夫婦の実態が暴露された。本によれば、同妃は王室の家族の中で孤立し、自傷行為を行ったり、過食症に悩んでいた。皇太子がカミラ夫人と親しい関係にあることも明らかにされた。ダイアナは自分は情報源ではないと否定し続けたが、数年後、本を書いたアンドリュー・モートンが情報源はダイアナであったことを認めている。

メディアとは常に一定の距離を保って接してきた英王室であったが、次の国王となる皇太子の夫婦の秘密がここまで深く外に暴露されてしまった例はない。この後、チャールズとダイアナはそれぞれの結婚外の男女関係をメディアを通して暴露しあい、言わば「王室のメロドラマ化」状態となる。

１９９２年夏、サン紙はダイアナと友人ジェームズ・ギルビーとの電話での会話を録音したテープから書き取ったものを大々的に掲載した。１９８９年の大晦日、親しそうに話す２人の会話は性的関係の存在を示唆させた。米国の政治スキャンダル、ウォーターゲート事件にちなんで「サン」はこれを「スクイッジゲート」と呼んだ。電話口でギルビーがダイアナ妃を「スクイッジ」、あるいは「スクイッジー」と愛情をこめて呼んだからだった（ちなみにスクイーズ＝squeezeとは「抱擁する」という意味）。「サン」は翌日、特別の電話番号を準備し、その番号にかけると、２人の会話が聞けるようにした。

秋には「デイリー・ミラー」がチャールズとカミラの電話の会話を録音したテープの書き取りを掲載した。翌年１月にはサン紙やトゥデー紙が会話の一部を載せた。２人の会話はかなりきわどいもので、チャールズが「君の最大の功績は私を愛していることだ」と言うと、カミラが「あなたのためなら何でもするわ」と答えていた。また、チャールズは「君のズボンの中で生きるためだけに――」、「タンポンになりたい」と話す部分もあった。

どちらの電話の会話も、アマチュア無線愛好家が「たまたま」録音したものと各紙は説明したが、諜報機関が盗聴をしたのではないかという説も消えなかった。

後にエリザベス女王は、ウィンザー城の火災も発生した１９９２年を「ひどい年だった」（ラテン語で「Annus horribilis＝アナス・ホリビリス、「ひどい年」という表現を使用）と述べるようになる。この年11月、チャールズとダイアナは別居に合意した。翌月、メージャー首相が下院で2人の「友好的な別離」を発表した。

しかし、「告白」はまだ終わっていなかった。チャールズはジャーナリスト、ジョナサン・ディンブルビーに伝記を書かせた上に、1994年6月、民放ITVの番組の中でカミラと不倫関係にあったことを約1400万人の視聴者の前で認めた。

ダイアナの反撃は翌年秋にやってきた。当時住んでいたケンジントン宮殿にBBCの調査報道番組「パノラマ」の撮影スタッフを入れ、事前に相談しておいた質問に対し、注意深く答える様子を撮影させた。11月20日に放映された番組の中で、ダイアナは、王室の一員となった自分が「外」の人間としていかに疎外されてきたかを切々と話し、自傷行為や過食症の苦しみを語った。また、カミラの存在のために「結婚生活には3人いた、だから少し混んでいたのです」と若干ユーモアも交えて質問に答えた。噂になっていた、乗馬の教師ジェームズ・ヒューイットとの関係について聞かれ、「愛していました、大好きでした」と語った。この「パノラマ」は英国で2300万人が視聴したといわれる。その後、米国を含めた海外でも放映された。

ロバート・レイシー著『ロイヤル』によれば、ダイアナの買い物姿の写真は1枚1500ポンドから2000ポンドで売れ、水着姿であれば1万ポンドに跳ね上がる。ダイアナ自身がお気に入りの記者も複数おり、どこに行けば写真が取れるかを、自分の方から記者たちに事前に教えることもあったという。

1996年夏、チャールズとダイアナの離婚が成立した。翌年夏、ダイアナはホテル・リッツなどを所有するモハメド・アルファイドの息子で、映画プロデューサーのドディ・アルファイドと恋に落ちる。地中海のヨット旅行中、2人が熱いキスをする場面を撮った写真は、世界中の新聞に掲載された。

1997年8月30日夜、ダイアナとドディはパリのリッツで食事をとった。その後、パリ市内のドディのアパートに向かうため、車に乗り込んだ。すでに日付は31日になっていた。世界中からやってきたパパラッチの群れをかわすため、2人の乗っていた車はスピードを加速させた。トンネルに入ったところで、酒気を帯びていた運転手がハンドルを切りそこない、車は壁にぶつかった。ドディと運転手は即死。ダイアナは一命を取り留めたものの、その後運ばれた病院で亡くなった。生き残ったのはボディーガードだけだった。英諜報機関が殺したのではないかという陰謀説も出たが、2007年に行われた検死調査で、最終的に事故死の判定が出た。享年36であった。

ダイアナの葬式の席で、同妃の弟にあたるスペンサー伯は「姉は世界で最もメディアに付け回された人物だった」とパパラッチたちへの怒りを隠さなかった。

放送法が民放を揺らす

サッチャー政権が実行してきた民営化と規制緩和の波が放送業界にも押し寄せてきた。199

０年施行の放送法は、民放の競争を促進させる目的を持っていた。ＩＢＡは廃止され、免許認可・監督業務は新しく設立された独立テレビジョン委員会（ＩＴＣ）とラジオ公社（ラジオ・オーソリティー）が引き継いだ。ケーブル庁の業務もＩＴＣに移った。

ＩＴＶの放送免許には入札が採用されることになった。入札制は番組の制作・放映という行為にはなじまないとＩＴＶ各局や新聞界が大きな反対運動を展開し、ＩＴＣは選定に番組の質も考慮することになった。

１９９３年以降の放送免許の入札が１９９１年行われ、１４３０万ポンドを入札価格として出したＴＶ―ａｍは、これを上回る３６４０万ポンドの価格を提供したコンソーシアム、サンライズ・テレビジョン（後のＧＭＴＶ）に放送免許を取られた。

ＴＶ―ａｍの「グッドモーニング・ブリテン」は、サッチャーが個人的に気に入っていた番組であった。入札結果が出た後、サッチャーはＴＶ―ａｍの経営陣に手紙を書いた。「心からがっかりしています。私がこの法律施行の責任者であったことは痛切の極みです」。

ＴＶ―ａｍの後を引き取ったＧＭＴＶは、２００９年11月、ＩＴＶの放映権を持つ放送局をまとめたＩＴＶｐｌｃ社の子会社となり、翌年、名称をＩＴＶブレックファーストに変えた。２０１０年秋からは、ＢＢＣから人気の２人組司会者エイドリアン・チャイルズとクリスティーン・ブレイクリーを引き抜き、「デイブレイク」と題する朝の番組を放送している。

一方のＢＢＣは、１９８０年代半ばからニュース性を強め、１９８９年からは「ブレックファースト・ニュース」、2000年10月からは「BBCブレックファースト」として番組を続けている。

第5番目の地上波放送、設置へ

1990年の放送法はもう1つの大きな動きを定めている。BBC1、BBC2、ITV、チャンネル4に次ぐ、英国第5の地上波テレビのチャンネルの創設が認められたのだ。しかし、その実現には時間がかかった。1993年から94年にかけて、公募・入札が行われ、地上波テレビ局の放送免許を得たのは、チャンネル・ファイブ・ブロードキャスティング社であった。

開局は1997年。当時大人気を博していたアイドル・グループ、スパイス・ガールズが、開局のセレモニーに参加し、華々しくスタートを切った。初日の放送には約250万人がチャンネルを合わせたという。しかし、BBCやITVという地上波テレビの大物の存在や、多チャンネル化の進展でライバルが増えたことで、ファイブは独自性の獲得に苦労した。地上波放送局5局の中で、常に視聴率は最下位で、ほぼ5～6％台を維持している。

1999年からは深夜にアダルト番組の放送を開始し、視聴者増加に力を入れた後、2002年には、局のイメージ刷新のため、名称を「チャンネル・ファイブ」から「ファイブ」に変更した（2010年、チャンネル・ファイブに戻る）。3年後には欧州の大手メディアグループ、R

TLグループに買収された。

プレミアリーグ創設の種を作った男

第2次大戦後のベビー・ブーマーの1人として、1947年、西ロンドンで生まれたグレッグ・ダイクは、他の多くの同時代の少年同様、テレビとサッカーが大好きな少年として育った。プロのサッカー選手になろうと一時考えたことがある兄がトッテナム・ホットスパーのファンだったので、同じクラブではいやだと思い、自分はマンチェスター・ユナイテッドを応援することにした(『インサイド・ストーリー』グレッグ・ダイク著)。

1980年代半ば、民放ITVの放送局の1つロンドン・ウィークエンド・テレビジョン(LWT)の番組ディレクターとなったダイクは、ITVのスポーツ番組を統括する「ITVスポーツ」の会長も兼任した。スポーツ好きのダイクにとって、願ってもないポジションだった。

そんなダイクが最も時間と労力を費やしたのがサッカーの放送だった。当時、FAカップの最終戦を除くとサッカーの試合が生中継で英国のテレビで放映されることは少なかった。衛星放送の免許を取得する見込みのBSBが、1990年4月から開始予定の有料チャンネルの枠の中で、イングランドの主要サッカークラブによる試合を独占放映する権利を得ようとしていた。

ダイクは、ITVがこの放映権を獲得できないか、と考えた。

アーセナルの経営幹部で「フットボールリーグ」(イングランドとウェールズ地方のプロ・サ

ッカークラブが参加するリーグ戦）の管理委員会の委員でもあったデービッド・デインとオフレコの会合を持ったダイクは、互いに損得が一致することを知った。90を超えるチームを抱えたリーグ側は、テレビ放映料を全員で共有する仕組みになっていたため、できうる限り巨額のテレビ放映料を獲得することを望んでいた。また、最大限の視聴者に試合を見てもらいたいと思っていた。

ダイクはアーセナル、リバプール、マンチェスター・ユナイテッド、トッテナム、エバートンといった5大クラブの経営陣と交渉を重ね、少なくとも年間1100万ポンドを各クラブに払うことで、英国で行われる試合に限りITVでの独占放映権を得るという案をオファーした。別の5チームも参加を希望し、フットボールリーグ側の代表とITV側との交渉に発展した。最終的に、ITVはリーグに対し、今後4年間で毎年1100万ポンドを払う代わりに、主力クラブによる21の試合の独占放映権を得た。2年前、サッカーの試合の生中継を行ったBBCとITVが合計で160万ポンドを払っていたのと比較すると、途方もない金額であった。

仲間はずれにされた状態となった他のクラブはこの契約に激怒した。リーグの会長フィル・カーターは解雇され、リーグの運営は、主力クラブが属する「ディビジョン1」の一つ下の「ディビジョン2」に入るクラブが牛耳るようになった。

1991年秋、そろそろ次のテレビ放映権を交渉する時期が来た。ダイクは主力クラブの経営幹部と話し合いを始めた。ダイクは大手クラブに対し、前回のように巨額を払うのは難しいと告げた。参加するクラブが増えるであろうし、各クラブが受け取る金額は少なくなるだろう、と。大手クラブ側は予期せぬ決断をした。少ない金額の支払いを受け取るよりは、自分たちだけで、「プレミアリーグ」を作りたいと答えたのである。

翌年にはプレミアリーグが活動を開始したが、ダイクは放映独占権をITVに持ってくることに失敗してしまう。英国の大手新聞数紙を発行するマードックが、1990年秋に発足したBスカイBの目玉番組として、プレミアリーグの独占放映権をどうしても手に入れたいと狙っていたのである。

1992年5月18日の最終交渉日、ITVは4年間で2億6200万ポンドをオファーしたが、BスカイBは3億ポンドを超える金額で独占放映権を獲得した。この時から、プレミアリーグの試合の生中継は、地上波の無料放送で見ることはできなくなってしまった。

サッカー、クリケット、ラグビー、テニス、ゴルフなど多くのスポーツ競技の放送権は、90年代以降、どんどん高額化している。特に高額化が激しいのがサッカーの試合だ。プレミアリーグの試合の生中継を1992年放送分からほぼ独占してきたBスカイBは、2010年度から3年間の放送権獲得に16億2300万ポンドを支払っている。

2007年、欧州委員会はプレミアリーグに対し、公正な競争を確保するため、試合の放送権を2つ以上の放送局に与えるよう命じた。2011年現在、同リーグの試合の生中継権はBスカイBのスポーツ専門チャンネルであるスカイ・スポーツ（155試合）と米スポーツ専門チャンネルESPNが所有（23試合）し、BBCが試合後のハイライトを放映する権利を持つ。ネットではヤフーがハイライトの一部を使用できる。

１９９７年以降、民放の監督機関ＩＴＣが地上波の無料放送チャンネルで放送されるべきスポーツの試合に関し、リストを作っている。２００３年以降は、放送業と通信業の両方を監督するオフコム（放送通信庁）がＩＴＣの業務を引き続き、リストを作成している。

海洋に浮かんだメディア王

アフリカ大陸北西沿岸の大西洋上にあるスペイン領カナリア諸島。そのうちの１つ、グラン・カナリア島から20キロほどの海面に、１９９１年11月５日、ある男性の裸体が浮かび上がった。通りかかった漁船が見つけ、スペイン当局のヘリコプターを使って遺体が引き上げられた。水死体は、「デイリー・ミラー」を初めとする全国紙や数多くの新聞、雑誌を傘下に置くミラー・グループの所有者ロバート・マックスウェルの最後の姿だった。

マックスウェルは自らが所有する豪華ヨット「レディー・ギスレーン」号に乗って、休暇中だった。４日の夜から姿を消し、５日朝、ヨットがテネリフェ島南端に到着後、船内にはいないことが確認されていた。マックスウェルのメディア帝国は30億ポンドにも上る大きな負債を抱え、近くグループを分割するという噂が出る中での事故死だった。

マックスウェルは１９２３年、チェコスロバキアの極貧の家庭に生まれた。後年、英国に移住し、1960年代に下院議員にまでなった。英国の大手新聞を手中にするのが長年の夢で、1984年、「デイリー・ミラー」を買収した。買収成立後の記者会見で、マックスウェルはミラー・グループ内の新聞における編集権の独立を確約し、所有者からの「干渉はない」と宣言した。

しかし、実際にはひんぱんに編集に介入したほか、自己の宣伝のために新聞を使った。「デイリー・ミラー」の編集長の1人だったロイ・グリーンスレードは、マックスウェルは鉄道の運営にたとえれば、「運転手、信号手、駅長」だったと言っている。

ミラー・グループの新聞以外では「ロンドン・デイリー・ニューズ」、「ヨーロピアン」を創刊し、「ニューヨーク・デイリー・ニューズ」を買収したが、いずれも成功しなかった。

マックスウェルが水死した後、90年代末には年金の不正使用疑惑が出た。マックスウェルの人生には謎が多く、イスラエルの情報機関モサドのスパイだったという疑惑をニューヨークのジャーナリスト、シーモア・ハーシュが『サムソン・オプション』という著書にまとめている。また、元保守党議員で自分自身が偽証罪で禁固刑の経験も持つ作家ジェフリー・アーチャーが書いた小説『メディア買収の野望』は、メディア王マードックとマックスウェルの抗争を描いている。

マックスウェルの死後、破産状態となったミラー・グループは、元「デイリー・ミラー」の記者でトゥデー紙の編集長兼マネジング・ディレクターになっていたデービッド・モンゴメリーが最高経営責任者となり、大幅な人員整理を実行した。数度の経営陣交代を経て、1999年、地方紙の出版社グループ、トリニティーと合併し、全国紙5紙と160を超える地方紙を出版するトリニティー・ミラーができた。

メージャー政権と「サン」

1979年から3度の総選挙を勝利したサッチャー政権だったが、1990年秋の党首選では第1回目の投票で思ったほどに票を集められず、サッチャーは辞任を決断した。新首相は元財務相のジョン・メージャーであった。

1992年、メージャーが初の総選挙に打って出た。4月8日、投票日の前日に、大衆紙「サン」は9ページの特集を組み、労働党政権になったらどんな怖いことが起きるかを画像を使って説明した。特集号の表紙には「(労働党党首ニール・)キノック通りの悪夢」(著名なホラー映画の題名をもじったもの)という見出しをつけた。投票日にはキノックの顔を電球に見立て、「もしキノックが今日勝ったら、最後の人はどうか電灯を消してくれ」と見出しをつけた。労働党政権になれば、英国が闇になるという論法だった。選挙は保守党の勝利となり、「サン」は「勝たせたのは『サン』だ」とする見出しを1面に出した。保守党でもメージャーでもなく、「サン」の報道こそが保守党政権を誕生させたのだ、と。

大衆紙が、あるいはメディアが総選挙の結果を左右するほどの影響力があるのだろうか? これは長年、英国で議論が続く問いである。

新聞市場で部数から言えば圧倒的な位置を占める大衆紙の中で、選挙直前の1年間で労働党寄りの報道を行ったのは「デイリー・ミラー」のみ。「サン」、「デイリー・メール」、「デイリー・エクスプレス」、「トゥデー」はメージャー支持であった。当時「ミラー」の発行部数は約３００万部で、「サン」、「メール」、「エクスプレス」、「トゥデー」の合計部数は８００万部であった。高級紙（５紙全体で発行部数は約２４０万部）ではトップのデイリー・テレグラフ紙とタイムズ紙が保守党、ガーディアン紙が労働党と第2野党自由民主党を同時支持。インディペンデント紙とフィナンシャル・タイムズ紙は支持政党なし。全体を見ると、保守党支持が圧倒的だった。

「『サン』が保守党を勝たせた」とするのは言いすぎであろうが、選挙のムード作りに大きく貢献した点に関しては多くの人が認める。しかし、こうしたムード作りが投票率にどれほど影響があるのかは人によって見方が異なる。

「『サン』が勝たせた、あるいは勝ったのは『サン』ではなく、もちろん保守党が勝ったのだ」と述べた元「サン」の政治記者トレバー・カバナーは、投票率を動かすことができたとしても「2％程度」としている。学者の中には8〜9％と主張する人もいる。

いずれにしろ、大手メディアの支援を得ることができれば、選挙に有利で、平時にも政策実行が容易になると政権担当者は考えている。ＢＢＣは不偏不党を編集方針に定めてあるため、政治家の目は新聞業界に向く。そして、大きな発行部数を持つ複数の新聞を手中に置くマードックと良好な関係を結ぶことにどの政治家も心を砕いてきた。

安売り競争による淘汰

「新聞市場最大の値下げ価格だ」と大きな見得を切って、「サン」が1部25ペンスから20ペンスに下げたのは、1993年7月12日のことである。6月まで250万部だった発行部数は、見る間に400万部近くまで伸びた。

ワッピング革命から数年たった1990年代の新聞は、テレビ番組ガイドの拡充、土曜日版の娯楽面増大、カラー面の多用、映画のDVDなど付録の添付など、どんどん厚味が増していったが、発行部数は思うほどには伸びなくなっていた。世界中の不景気から広告収入も伸び悩み、起死回生を狙ったマードックが仕掛けたのが安売り競争だった。

「サン」の価格減少に対抗できるほどの体力がある大衆紙はなく、「デイリー・ミラー」が1日だけ10ペンスで販売したぐらいであった。

マードックは「サン」の20ペンスという価格を少なくとも年明けまで続けると宣言した後で、9月には高級紙「タイムズ」の価格を45ペンスから30ペンスに下げた。マードックの狙いは、高級紙市場でトップの発行部数を誇る「デイリー・テレグラフ」に追いつき、追い越すことだった。

ニューズペーパーズ・パブリッシング社は、日曜紙「インディペンデント・オン・サンデー」を1990年に創刊したことで経営が悪化していた。「インディペンデント」の編集長アンドレアス・ウイッタムスミスは、「タイムズ」の値下げは「インディペンデント」をつぶすためではないか、と疑心暗鬼になった。安売り戦争に巻き込まれることに抵抗し、10月、「インディペンデント」は1部45ペンスから50ペンスに値上げした。

しばらく様子を見ていたのがカナダ人で「テレグラフ」の所有者コンラッド・ブラックである。値下げの後に「タイムズ」が部数を上昇させ、「テレグラフ」の部数が下がるようになり、1994年6月、1部48ペンスから30ペンスに値下げした。マードックはこれに負けず、すぐに「タイムズ」の平日版を30ペンスから20ペンス、土曜日版を30ペンスに下げた。「テレグラフ」の土曜版は70ペンスであったので、40ペンスも低い価格だ。

7月には「インディペンデント」も1部50ペンスから30ペンスに下げた。「テレグラフ」、「タイムズ」、「ガーディアン」、「インディペンデント」の4大高級紙の中で、価格戦争に加わらなかったのは「ガーディアン」だけだった。

1995年9月、「タイムズ」が価格を60ペンスに上げ、安売り競争が終わりを告げた。一連の安売り競争に、「タイムズ」、「サン」などを発行するニューズ・インターナショナル社は、1億7500万ポンドを費やしたといわれている。

『プレス・ギャング』によれば、安売り競争が始まる前の高級紙の部数は、「デイリー・テレグラフ」が101万7483部、「ガーディアン」が40万2157部、「タイムズ」が35万9822部、「インディペンデント」が33万3993部であった。安売り競争終了後の1995年7月〜12月の平均部数は、「テレグラフ」が90万3920部、「タイムズ」が68万9141部、「ガーデ

■フリート街からの脱出

1980年代半ばから90年代末にかけて、新聞社の同義語ともなっていたロンドン・フリート街から全国紙のほとんどが引越しをした。

1986年、ニューズ・インターナショナル社がロンドン東部ワッピングに制作拠点を移動させ、労組の力を一気に弱体化させた。その人員削減の手法と最新の新聞技術を各紙が取り入れるようになった。

新聞所有者協会会長マーシュ卿は、新聞社がフリート街を後にしたことを「うれしく思う」と述べた（「プレス・ガゼット」、1988年1月4日号）。「全国紙業界で起きた、これまでで最高の出来事だ」。マーシュによれば、「フリート街は1つの村だった」。昼時にパブに集まって、互いの賃金や労働条件を教えあった。このために「労組は途方もない要求をしたものだ」。「ガーディアン」の編集部はフリート街北部に残ったものの、印刷工場はロンドン東部ドックランズに引越した。アソシエーテッド・ニューズペーパーズ社はケンジントン・ハイストリートの「ノースクリフ・ハウス」と呼ばれる建物に移動し、エクスプレス・ニューズペーパーズ社は黒いガラスが印象的なフリート街のオフィスを投資銀行ゴールドマン・サックスに売却した後ドックランズに移った。テレグラフ・グループも東部カナリー・ワーフに引越した。2005年夏には最後の砦と見なされた、ロイター通信がカナリーワーフの10階建てビルに引越した。

フリート街が印刷業、そして新聞業のメッカとなったそもそもは、イングランドで初めて印刷業を始めたウィリアム・キャクストンの弟子ウィンキン・デ・ウォルデが、1500年、フリート街の聖ブライズ教会の隣に印刷機を置いてからだ。当時の教会の建物は1666年のロンドン大火で焼けてしまったので、現在の教会はその後再建されたものである。教会のそばには、印刷技術や活字書体などに関する書籍を専門に扱う聖ブライド図書館がある。

ィアン」が28万2291部、「インディペンデント」が25万9178部となった。「タイムズ」は「ガーディアン」を追い越してランキングでは2位となり、「テレグラフ」を100万部以下に減少させ、「インディペンデント」を下方に追いやった。

この年、「インディペンデント」の編集長で、ニューズペーパーズ・パブリッシング社の経営責任者だったウイッタムスミスは職を辞任した。1994年、同社の経営を引き取ったのがミラー・グループとアイルランド人経営者トニー・オライリーのインディペンデント・ニューズペーパーズ社（現インディペンデント・ニューズ&メディア社）だった。4年後、インディペンデント・ニューズペーパーズ社がミラー・グループ所有の株を買い取り、100%の所有者となった。

一方、エディー・シャーが創刊した「トゥデー」はマードックのニューズ・インターナショナル社の傘下に入った後、安売り競争に巻き込まれ、1995年、廃刊となった。

1990年代前半から半ばにかけての新聞の安売り競争は、英国の新聞の歴史からいえば、「最後の花火」であったのかもしれない。どんなにおまけをつけても、そして破格の値段に下げても、長年にわたる新聞の売上げ部数の凋落傾向をもはや逆行させることはできなくなっていた。じっくり新聞を読んでいる暇がないと感じる国民が増え、24時間メディアであるインターネットが普及してゆく。メディア環境の激変時代の到来がすぐそこまで来ていた。

第7章　24時間報道体制を生きる国民、激変するメディア環境（1990年代半ば―現在）

スウェーデンからやってきた無料紙「メトロ」

1990年代半ば、欧州の新聞業界をあっという間に席巻したある動きの発祥地はスウェーデンであった。

「この事業を今までに誰かやったことはあるのかね？」

スウェーデンの投資会社キンネヴィークの会長ヤン・ステンベックにこう聞かれた3人――ペッレ・アンデション、ロバート・ブラウネヒールム、モニカ・アンデション――は、「いいえ」と答えざるを得なかった。やっぱりだめか――スウェーデンで初の日刊無料紙を立ち上げるアイデアにお金を出してくれる銀行は、今のところ見つかっていなかった。あきらめかけた3人は、信じられない言葉がステンベックの口から出てくるのを聞いた。「そうか。それはすごい。やってみようじゃないか！」。広告だけでコストをまかなう無料紙「メトロ」の創刊に向けた、大きな一歩だった。

スウェーデンの冬は長く厳しい。1995年2月のある寒い朝、「メトロ」の創刊号が首都ストックホルムで創刊された。欧州を中心に爆発的な人気となり、2011年現在、「メトロ」は100都市以上で発行され、1700万人が毎日読むまでに成長した。

『フリーペーパーの衝撃』（稲垣太郎著）によれば、「メトロ」の誕生はスウェーデン人ジャーナリスト、ペッレ・アンデションの発案による。１９７３年、ストックホルム・ジャーナリズム大学で新聞の発行収支について学び、発行経費全体の20～35％を占める配送費と購読料収入がほぼ同額であることを知り、「配送の問題さえ解決できれば、新聞を無料で発行できるのではないか」と考えたという。「新聞は市民に討論の場を提供し、民主主義の核心につながる」との確信が、広告でコストをまかなう無料新聞の発想の根底にあった。

１９９５年、キンネヴィーク傘下のメディア複合体モダンタイムズ・グループ（ＭＴＧ）から資金の提供を受けたアンデションと仲間２人は、「メトロ」創刊に成功した。しかし、２０００年、「編集方針などをめぐって意見を異にし」、アンデションはＭＴＧに持ち株を売り渡して、仲間とともに事業から手を引いた。

この時から、「メトロ」はＭＴＧ傘下のメトロ・インターナショナル（本社ルクセンブルク）が引き受けている。

「メトロ」は世界中で発行を開始し、同様のビジネスモデルの下で、ライバル紙が続々と生まれていった。例えば、ノルウェーのメディア企業シブステッドが出した「20ミニッツ」（１９９９年）、米国では「エイエム・ニューヨーク」（２００３年）、「エクスプレス」（２００３年）など。紙名こそ違えど、無料日刊紙は相次いで発行され、特に欧州の主要都市では駅前で複数の種類の無料紙を配布員が配る姿が日常的になっている。

ロザミア卿が食指を動かす

アソシエーテッド・ニューズペーパーズ社の所有者ロザミア卿（3代目）がストックホルムの地下鉄構内で無料で配布されている新聞が大きな利益を上げているという記事を目にしたのは、1997年夏であった。英国では地方で無料の週刊新聞が一定の地位を得るようになっていたが、全国版あるいはロンドンでは本格的な無料紙は未だ形になっていなかった。

ロザミアはスウェーデンで出されたのと同名の無料紙「メトロ」を、アソシエーテッド社から発行しようと決めた。

想定していたのは小型タブロイド判の無料日刊紙で、すべてのコストは広告でまかなうものの、広告の羅列ばかりにはせず、一定の質を持たせた新聞であった。忙しくて新聞をじっくり読む時間のない人が、ロンドンの地下鉄の通勤時間を利用して、さっと読める新聞だ。読者の想定年齢は18歳から35歳。アソシエーテッド社はロンドンの地下鉄と交渉をして構内にラックを置かせてもらい、これに「メトロ」を平積みにした。通勤客は、朝、電車に乗る前にラックからメトロを手に取る。販売員を雇う必要がない新聞だった。

英「メトロ」の創刊は1999年3月16日。創刊まもなくの調査によると、ロンドンの地下鉄利用者の75％が「メトロ」を読んでいた。また、読み終わった「メトロ」を車内に置いて電車を降りると、新たに乗ってきた乗客が「メトロ」を拾って読みだす、という光景が見慣れたものになった。

創刊から1か月も経たない間にアソシエーテッド社は配布をロンドンの外に広げることにし、傘下の地方紙発行元ノースクリフ・ニューズペーパーズや大手地方紙出版社のトリニティー・ミラー、ガーディアン・メディア、ジョンストン・プレスと協力し、複数の都市圏で配布を開始した。「メトロ」が全国で配布されると聞いて懸念を表明した地方紙出版社もあったが、アソシエーテッド社がコンテンツを提供し、ディスプレー広告の収入の一部を提供するとともに、地方向け案内広告も掲載できるようにしたことで、不満は収まった。

２００４年、アソシエーテッド社の親会社デイリー・メール＆ゼネラル・トラスト社は、「メトロ」が初の黒字を出したことを発表した。２００５年、「メトロ」は発行部数１００万部の大台を超え、18歳から45歳の都市圏に住む人の間で最も多く読まれている新聞となった。

スウェーデンで始まった本家「メトロ」も１９９９年に英国市場に参入し、地方の一部で英「メトロ」とともに配布されていた。発行元メトロ・インターナショナルは英「メトロ」と区別をつけるために「モーニング・ニューズ」と改名したが、まもなく姿を消した。

無料紙「メトロ」が何故人気になったのかを日本で皮膚感覚として知るのは、やや難しい。というのも同じものが２０１１年現在ではないからだ。

「メトロ」の存在意義は、無料であることを除けば、正真正銘の新聞であること。通常の有料新聞同様、トップ面には政治、経済、国際、社会的に重要な記事が写真付きで掲載され、次の面からも有料新聞に似た構成となる。

しかし、1つひとつの記事が有料新聞の同じ記事よりも短く、読みやすい。通信社電を多用することで、「短いけれども、要点が入っている」紙面となっている。軟派の記事も多いので、気軽に、短時間にさっと読める。

無料紙の人気は、何十年も前から部数下落に悩む有料新聞に対する、読者の本音の吐露かもしれない。じっくり新聞を読む時間がなくなっている忙しい現代人が飛びついたのは、短時間で気軽に読める無料新聞であって、特定の政治観に満ちた長い記事が並ぶ新聞ではなかったのである。

大衆紙の国、英国

ここで改めて、英国の新聞市場を眺めてみよう。

英国の新聞は大雑把に言って、高級紙（「クオリティー・ペーパー」、大判＝「ブロードシート」などの呼び名がある）と大衆紙（「ポピュラー・プレス」、小型タブロイド判＝「タブロイド」、タイトル部分が赤いために＝「レッド・トップ」など）に分かれる。両者ともに原則朝刊紙だ。

高級紙は、内容的には日本の朝刊全国紙に似ており、英国では中流（あるいはそれより上の）階級が読む。大衆紙は主に労働者階級を対象とし、感情がかきたてられるような記事（例えば欧州連合の官僚制度や移民人口に対する怒りを引き起こすような記事、驚くような人生を体験した市民への共感を喚起する記事など)、有名人に関わるゴシップ記事、スポーツ記事が中心となる。「サン」や「デイリー・スター」は、裸同然の女性の写真を掲載するページがあることで知られている。大衆紙の記事は高級紙の記事よりは短く、より平易な文章で書かれている。階級意識が強く残る英国では、どの新聞を読むかでその人の社会的背景が分かってしまうことがある。

高級紙と大衆紙の発行部数を比較すると、後者が圧倒的に多い。例えば、日刊大衆紙市場のトップ「サン」の部数は約280万部(2011年6月)、日曜大衆紙市場のトップ「メール・オン・サンデー」が約260万部。一方の高級紙では、日刊紙の「デイリー・テレグラフ」が約60万部、「タイムズ」が約45万部、「ガーディアン」が約26万部。日曜高級紙では「サンデー・タイムズ」が100万部を超えるが、「サンデー・テレグラフ」は約47万部、「オブザーバー」が約25部である。英国は大衆紙の国と言ってよいだろう。

「メトロ」を始めとした無料紙は、どの特定の階級も示唆しない。政治志向の偏りがなく、ニュートラルな位置にいるのが無料紙である。

24時間報道体制が本格化

「世界が終わるまで放送は終わらない」——米国で初のニュース専門放送局CNN(ケーブル・ニュース・ネットワーク)を立ち上げたテッド・ターナーは、放送初日の1980年6月1日、こう宣言した。

英国で24時間、ニュースを流す放送局ができたのは、1989年だ。有料衛星放送スカイ・チャンネルの1つ、スカイ・ニューズが最初である。2年後にはBBCが、海外向けのニュース専門局BBCワールド・サービス・テレビジョン（現「BBCワールド・ニューズ」、BBCの子会社BBCワールドワイドが商業ベースで運営）の放映を開始した。

英国内向けのニュース専門局BBCニューズ24（現「BBCニューズ」）が立ち上がったのは1997年11月で、CNNと比べると17年余の遅れとなった。BBCのニュース・サイトも、ほぼ同時期にサービス開始となっている。

1990年代半ばには、インターネットの利用が拡大し、「デイリー・テレグラフ」を始めとする英国の新聞が続々とウェブサイトを設置した。現在まで続く、24時間の絶え間ないニュース環境が本格化してきた。

広く有権者に政策を訴える、あるいは支持を取り付ける必要がある政治家は、議会での演説よりも、メディアに出演してメッセージを伝えることを、これまで以上に重要視するようになった。どれほどすばらしい政策を持っていても、メディアが伝えてくれなければ、その存在は知られないままに終わる。またメディアの報道如何によって、その政策や政治家自身の評価が決まってしまう。そんな状況が出現し、政治家はメディア戦略に一層の工夫を凝らす必要性にかられた。

「メディアを制する者は政治を制する」――そんな風潮の中で、政権奪回のためにもがいていたのが、野党労働党であった。

「スピン・ドクター」たちと労働党

労働党は当時「労働組合、スト、絶対非武装、インフレ」を人々に連想させ、国の運営をまかせられない政党と見なされていた。1994年、41歳で党首になったトニー・ブレアは、政権奪回には「労働党を全く新しく作りかえる」ことが必須と確信した。「ニュー・レーバー（新労働党）」という呼称を使い、旧来の左派・右派の境界にとらわれず、これまで労働党が軽視してきた中流階級層の取り込みを狙った。自由主義経済と福祉政策の両立を目指す「サード・ウェー（第三の道）」も広く提唱した。

新しい労働党のイメージ作りは少人数の改革派たちが主導した。その顔ぶれはブレアを筆頭に、後に財務相（そして首相）となるゴードン・ブラウン、元テレビのプロデューサーで当時労働党の選挙戦略を統括していたピーター・マンデルソン、政治コンサルタントのフィリップ・グールド、デイリー・ミラー紙の元政治記者アラステア・キャンベルだった。

ブレアのチームは1980年代、90年代初頭を通じて、労働党に否定的だったメディア文脈を何とか自分たちの都合の良い文脈に変えようと苦心した。その1つがニュースの議題設定である。これは、毎日、ニュース性のあるトピックをメディアに対し政党側から提供し、報道内容の主導権を握ることを狙う手法だ。会見を開く、あるいは政治議論のきっかけになるような時事番組のインタビューに出る、新聞の論説面に原稿を出す、「その筋の話」として特定のジャーナリストに情報を流すなど。ある情報をできうる限り大きく、労働党に都合の良い形で掲載してもらうことを目指す。つまりはプロパガンダであった。

マンデルソンやキャンベルは「スピン・ドクター」と呼ばれるようになった。「スピン」(「回す」という意味）とは、ニュースの文脈ではある出来事に自分たちにとって最善と思われる色をつけることだ。スピン・ドクターとは、「政党の（後に政府の）広報担当者」を指す。

1997年の総選挙で、労働党は圧倒的な地すべり勝利で、保守党から政権を奪回した。投票直前になってサン紙は労働党への支持を宣言し、高級紙では以前は支持を明確にしていなかったインディペンデント紙とフィナンシャル・タイムズ紙も労働党支持に回った。92年当時とは異なり、全体的に労働党支持が圧倒的となっていた。

43歳の若い首相の誕生に国民の期待は高まったが、10年間にわたる首相の座を降りる頃には、「スピン」、「情報操作」、「イラク戦争」というキーワードが連想されるようになった。ブレア＝Blairという名前のつづりを少し変えて、「Bliar」＝ブライアー（liarとは嘘つきを意味し、嘘つきブレアというニュアンスになる）という言葉を生んだ。

BBCを揺るがした午前6時の放送

2003年5月29日。BBCラジオ4の朝のニュース番組「トゥデー」は、その日のラインアップの中に、アンドリュー・ギリガン記者によるイラク戦争に関わるリポートを入れた。3月20

日に開戦となったイラク戦争は、5月上旬にブッシュ米大統領による「大規模戦闘終結宣言」が出され、ひとまずの終了感があった。ギリガン記者はイラク戦争を現地から報道した記者の1人であった。

「トゥデー」は平日朝のニュース番組で、時事ネタを追う一般リスナーに加え、政府、政治家、官僚、企業の経営陣の間で人気が高い。

放送開始からすぐの午前6時台は7時以降に扱うトピックのさわりを紹介する時間として使われてきた。この時台本はなく、司会者が記者からトピックの概要を聞きだすスタイルを使う。

29日、午前6時7分。司会者ジョン・ハンフリーズがギリガン記者に問いかける。「イラクに大量破壊兵器があるという政府の主張に、今朝、もっと疑問が出てきそうです。ブレア首相がイラクは45分以内に大量破壊兵器を稼動準備できるといっていましたよね？」。これに答えるのはギリガン記者である。「そうです、昨年9月に出した政府の文書は、その点がポイントでした」、「ところが、この文書の作成に関与したある官僚が言うには、政府は実際にはこの45分間の部分が、文書に入れる前の段階で、すでに間違いであったことを知っていたのです」とギリガン記者。「この人によれば、発表の1週間前、この文書はどちらかというと無味乾燥だったようです」、それが「官邸がもっと誇張するように、もっとびっくりさせるようにと命令したんです、裏付ける事実をもっと見つけるように命令した、と」。

ハンフリーズが聞く。「『事実をもっと見つけるように』というのは、文書には事実ではないことが入っていたということですか？」。

ギリガン記者は、文書が発表されたとき、作成者となった情報機関側は「不満足」で、それは十分に精査していない情報が入っていたからだ、と説明した。45分の箇所は付け加えられた情報の中でも「最も重要な部分」だが、これはたった1人の情報提供者から得たもので、情報機関内ではこの人物が「おそらく混乱して」この情報を出したと見て、45分で稼動の箇所は「真実ではないかもしれない」と思っていた、と述べた。

文書の真実味は、今更どちらでもいいのではないかとハンフリーズが問うと、ギリガン記者は、イラクへの武力行使の必然性を政府が説明した際に、45分間の箇所が核になっていたことを指摘し、「もし政府が最初から間違いだと思っていたとしたら、重要なことではないか」と切り返した。

この日、ギリガン記者は「トゥデー」を含めて、十数回、この件をリポートしたが、政府が「45分の箇所が間違いであることを文書の発表前に知っていた」という部分は繰り返さなかった。

この午前6時7分のリポートが、後にBBCの経営幹部やギリガン記者自身の辞職につながる大事件に発展する。

２００３年のイラク戦争は、その合法性、正当性をめぐって国際社会はもとより、英国内でも議論が大きく分かれた。２００１年9月11日の米国への大規模同時テロで、テロの主犯とされたイスラム系テロ・ネットワーク、アルカイダ討伐が、ブッシュ米大統領の大きな目標となった。

アルカイダの首謀者オサマ・ビンラディンが隠れているとされたアフガニスタンへの空爆が開始されたのは翌月である。

ブッシュ大統領の次の攻撃目標は、フセイン大統領が統治するイラクであった。英国ではイラクへの武力侵攻に対する慎重論、反対論が強く、ブレア首相は、国民を参戦支持に導くため、イラクの脅威を力説する必要にかられた。

そこで、政府はイラクに関する諜報情報をまとめた報告書を2度作成した。その1つ、02年9月の発表の報告書には、イラクは「大量破壊兵器の一部を命令から45分以内に実働状態に出来る」とする部分が数か所あった。ブレアがこれを議会で発表すると、翌日、「サン」は「狂ったサダム(フセイン大統領)が攻撃準備——化学戦まで45分」、「デイリー・スター」は「45分で英国人が破滅に」と書き、国民に恐怖心を引き起こした。

「ごまかし」? のハットン調査委員会

ギリガン記者は、5月29日のリポート後、6月1日付の日曜紙「メール・オン・サンデー」にコラムを書き、政府報告書を書いた統合情報委員会に対し、表現を誇張するよう圧力をかけたのは官邸のキャンベル広報官だったと名指しした。キャンベルはこれに激怒し、BBCに対し謝罪と情報源の開示を要求した。官邸とBBCの対決が本格化した。

BBCは匿名の取材源の情報開示を拒否し続けたが、6月末、国防省顧問デービッド・ケリーが上司に対し、自分がギリガンと接触を持ったこと、しかし自分は主要な取材相手ではないと思うと伝えていた。ケリーは化学兵器の専門家で、元国連核施設調査班の1人としてイラクを訪れたことがあった。

7月9日、複数の新聞がギリガンの情報源はケリーだと報道した。国防省はケリーの名前を自ら発表したわけではなかったが、大量破壊兵器に関する知識が豊富でイラクで査察調査を行ったことがある専門家となると人数は限られている。新聞記者が広報官に候補者の名前を挙げてゆく中で、ケリーの名前が出ると広報官はこれに賛同した。間接的ではあるが、国防省はケリーの名前を暴露したのだった。

イラク問題を議論していた下院の外務問題委員会が、ギリガンとともにケリーを公聴会に召喚した。15日、テレビ放映された公聴会に出たケリーには元気がなく、エアコンの音にかき消されそうな声で質問に答えていた。ケリーは自分がギリガンの45分間に関わるリポートの情報源であることを否定し、取材を受けたジャーナリストの名前を挙げるように言われたが、これを拒否した。

2日後、英南部オックスフォード州の自宅にいたケリーは、いくつかの電子メールを送った後、午後3時頃、日課となっている散歩に出かけた。ケリーはその日自宅に戻らず、妻が失踪届けを出した。翌朝、自宅から1・6キロほど離れたハローダウン・ヒルの森の中で、服毒自殺したケリーの遺体が見つかった。

ブレア首相は、ケリーの死をめぐる状況を調査する、独立調査委員会を発足させた。元北アイルランドの判事だったハットン卿（ブライアン・ハットン）が委員長となった委員会は、ブレアも含め70人を超える証人から事情を聞いた。テレビ中継や写真撮影は許されなかったが、関連書類や証言内容の書き取ったものはすべてウェブサイトで公表された。

２００４年１月28日、委員会は報告書を出し、「問題となった箇所が間違いと知りつつ報告書に挿入した事実はなかった」として政府による情報操作を否定し、ＢＢＣのジャーナリズムに不十分な部分があったと指摘した。

委員会の報告書は、表現を強めるようにという官邸（事実上キャンベル）の要求に、政府文書が「潜在的に影響を受けた」可能性を指摘していたものの、ハットン委員長が政府を厳しく非難すると思っていたメディアは委員会の結論を驚きをもって受け止めた。インディペンデント紙は白の背景に赤い字で「ごまかし」という一言を１面に載せた。

報告書発表後、ギャビン・デービス経営委員長は自ら辞任し、経営陣トップとなるディレクター・ジェネラルのグレッグ・ダイクは経営委員会から辞任を通告された。ダイクは、80年代のミルンに続く、経営委員会に辞任を勧告された２人目のディレクター・ジェネラルとなった。また、ＢＢＣの経営委員長とディレクター・ジェネラルとが一度に辞任するのは、ＢＢＣの歴史が始まって以来、初めてのことだった。ギリガン記者もほどなくしてＢＢＣを去った。

ＢＢＣスタッフから人望が厚かったダイクに対し、「辞めないで」と涙ながらに懇願するスタッフがBBCの制作拠点「テレビ・センター」の前で抗議デモを行った。また、有志がお金を出し合って、テレグラフ紙（1月31日付）に1面広告を出した。これはダイクとBBCのジャーナリズムを擁護するメッセージであった。

ところが、その後の調査でギリガン報道の根幹部分が間違っていなかったことが判明した。翌月から、今度は開戦までの諜報情報の正確さをバトラー調査委員会（バトラー卿、ロビン・バトラー元官房長官が委員長）が調査した。同年7月に発表された報告書は、政府が情報を「意図的に歪曲した証拠はなかった」としながらも、45分以内に大量破壊兵器の配備が可能とする主張には「根拠がなかった」、「政府文書に入れるべきではなかった」と述べた。情報の精度には「深刻な欠陥」がありながら、政府文書は「確実な情報に基づいている」という印象を与えており、政府の情報利用が不適切であったと指摘した。

イラク開戦の際に、当時の政権がイラクの脅威を誇張し、国民を「だまして」戦争に参加させたのではないか？　そんな疑念と怒りが根強い英国では、２０１０年から、開戦に関わる政治事情を検証する「チルコット委員会」（枢密院メンバーのジョン・チルコットを委員長とする）が調査を進めている。この委員会の公聴会に召喚されたブレア元首相は、開戦の合法性、正当性に関して聞かれ、「正しいことだった」とこれまでの持論を繰り返した。

「ビッグ・ブラザー」を楽しむ若者たち

ジョージ・オーウェルが監視社会の恐ろしさを書いた近未来小説『1984年』で、いたるところに設置された巨大スクリーンから国民の一挙一動を監視していたのは、「ビッグ・ブラザー」(「大いなる兄」などの意味)と呼ばれる存在だった。

小説が出版されたのは1949年だが、ほぼ半世紀を経て、この名を冠したテレビ番組が世界各国で流行した。最初の番組はオランダで1999年始まった。番組に参加する数人(「ハウスメイト」と呼ばれる)が、数週間、合宿生活を体験する。外部との接触は一切禁じられ、ハウスメイトたちの生活の様子は、24時間カメラで録画され、テレビで放映される。

英国ではチャンネル4が2000年から放映を開始し、若者たち数人が生活する様子を週に1回の番組で、紹介した。

ハウスメイトたちは、のんびりと生活しているわけにはいかない。様々なゲームに参加する必要がある上に、毎週、1人が「ビッグ・ブラザー・ハウス」(合宿所を指す)から排除されることになっていた。自分たちで「排除される人」のリストを作成する義務があるのだ。視聴者は電話によってこのリストから「誰が排除されるべきか」を「投票」し(チャンネル4が画面上で示す番号に電話をかけ、指定された番号を押して、「投票」する)、最も票を得たハウスメイトはハウスを出なければならなくなる。排除される人物、つまり最も不人気な人物にならないよう、ハウスメイトたちは、努力することになる。

最後までハウスに残った人物は、巨額の賞金（当初は7万ポンド）を得た。番組に参加すれば有名になるばかりか、最後まで居残ることができれば大金が手に入るとあって、チャンネル4は参加者を探すのに苦労しなかった。

「ビッグ・ブラザー」はこの頃、英国のテレビ界で流行した「リアリティー・テレビ」（「本当のテレビ」などの意味）の1つであった。これは出演者が台本なしで様々な体験をする様子を撮影・放映する番組で、多くの場合、一般市民が参加し、2000年前後、この種の番組が急激に増加した。

リアリティー・テレビはまた、「視聴者参加型テレビ」とも言える。例えば、普通の市民が主人公となるドキュメンタリー番組（家族旅行の様子を番組化する、体重を減らしたい人がやせるまでを記録するなど）や、クイズ番組やコンテスト番組（最も上手な歌手あるいは踊り手を決めるなど）などに、番組出演者として参加することに加え、「ビッグ・ブラザー」のように、テレビの前の視聴者がテレビのリモコンの赤いボタンを押す、あるいはテレビ局側が画面に示す電話番号に電話するなどの行為を通じて、クイズの正解を選択する、あるいはコンテストの勝利者を選びながら、「参加する」形のテレビ番組である。

テレビ局側からすれば、出演料を支払う俳優を使わずに済む、視聴者に番組への参加意識を持ってもらうことで視聴率を上げるといった利点のほかに、広告収入以外の収入を増やせるという誘因もあった。視聴者がコンテストの勝利者を選択するために電話をかける度に、一定の収入がテレビ局に入る仕組みになっていたからだ。

視聴者が、テレビ局が指定する電話番号に電話をかけて、コンテストの勝利者などを選ぶ仕組みを取り入れた番組は、「フォーン・イン（「電話をかける」、という意味）」とも呼ばれた。

１９９０年頃から始まったテレビの多チャンネル化の進展で、地上波チャンネルは相対的に視聴率が下がるようになった。景気の浮き沈みによって広告収入が上下するテレビ局側は、視聴者参加型テレビで、起死回生を狙った。

２００２年、テレビ受信機の上にデジタル受信用のセットトップボックス（ＳＴＢ）を設置して、無料で地上デジタル放送を受信できる「Freeview《フリービュー》」サービスが開始となった。ＳＴＢを一度購入するだけで、追加料金を払わずにデジタル放送が楽しめるFreeviewのおかげで、多チャンネル放送の普及に拍車がかかった。

ポルノ雑誌の所有者が「デイリー・エクスプレス」を買う

ロンドンのユダヤ系家庭で生まれたリチャード・デズモンド（１９５１年―）は、ロック音楽好きの少年として成長した。学校教育は肌に合わず、15歳でメディア企業トムソン・グループの広告部門で働き出した。昼間は会社で働き、夜はドラムのスティックを握り、バンドの一員として演奏を楽しんだ。音楽への関心は止まらず、１９７４年には音楽出版業ノーザン＆シェル社を立ち上げた。

1983年、男性向け月刊雑誌「ペントハウス」の英国での販売を同社が引き受けるようになり、これを機に複数のポルノ雑誌を販売するようになった。

10年後、有名人の人気ゴシップ雑誌「ハロー!」のライバルとして「OK!」を創刊。「OK!」はあっという間に「ハロー!」の部数を追い越し、続々と世界中で販売されるようになった。ポップ歌手エルトン・ジョン、フィル・コリンズ、ロジャー・ダルトリーなどとの交友も、雑誌の人気に貢献した。デズモンドは2003年、ダルトリーともにチャリティー・バンド「RDクルセイダーズ」を結成し(デズモンドがドラム役)、慈善目的でコンサート活動を行い、1400万ポンドの募金を集めている。

財を成したデズモンドは、大衆紙「デイリー・エクスプレス」、「デイリー・スター」(1978年創刊、ビンゴ・ゲームの提供や裸の女性のグラビア写真で人気を博す)などを発行するエクスプレス・ニューズペーパーズ社をユナイテッド・ニューズ&メディア社(現UBM plc。1985年、エクスプレス・ニューズペーパーズをトラファルガー・ハウスから買収)から1億2300万ポンドで買収した。

「新聞の運営は最高に面白い」、とデズモンドは、「インディペンデント」に語っている(2003年)。「音楽バンドと同じだよ。編集長はバンドでいえば、リード・ギタリスト」、「発行部数の管理者がキーボードだ」。そして、経営者としての自分は「ドラムを叩いている。締め切り時間を守りながら、情熱とひらめきを付け加える役目だよ」。

デズモンドの野望はここで終わらなかった。国民的大衆紙「デイリー・エクスプレス」の後は、高級紙や政治雑誌を手中に入れたい――そんな夢をデズモンドは持っていた。2010年春、デズモンドは、1997年に開局した英国第5の地上波テレビ局、チャンネル・ファイブを買収した。ポルノ雑誌の所有者がテレビ界に進出したニュースは多くの人を驚かせた。

チャンネル・ファイブは、娯楽系を中心に、自社制作番組のほかに、オーストラリアのホーム・ドラマ「ネイバーズ」、米国の「CSI、クライム・シーン・インベスティゲーション」など海外の番組を多く放送してきた。2006年にはデジタル・チャンネル、「ファイブ・ライフ」(現在の「ファイバー」)、「ファイブUS」を開局したが、2008年後半の世界的金融危機後の広告収入の激減で経営が行き詰まった。それから2年もしない内に、デズモンドが経営するノーザン&シェル社に買収されてしまった。

「お金がたくさんあって困っている」とぼやくほどのデズモンドは、2011年夏、チャンネル4が放映を停止した「ビッグ・ブラザー」をチャンネル・ファイブで放映させ、大きく視聴率を拡大させた。

ブラック男爵の顚末

カナダ出身で英国の新聞経営者になった人物といえば、古くはマックス・エイトケンことビーバーブルック卿（1964年死去、「デイリー・エクスプレス」などを所有）、ロイ・トムソン（初代トムソン卿、1976年死去、「タイムズ」、「サンデー・タイムズ」などを所有）が記憶に残る。

その流れを汲むのが、カナダ・モントリオール出身のコンラッド・ブラック（1944年―）である。しかし、ビーバーブルックやトムソンよりも、ブラックが同列になるべきは、海上で水死体となって発見された新聞王でミラー・グループの経営者ロバート・マックスウェルかもしれない。マックスウェルはグループ内の年金不正使用の疑惑が出て、大きな負債を抱えた中で最後を迎えたからだ。

カナダの富裕家庭で育ったブラックは1960年代半ばから国内の新聞を買収し始めた。1980年代半ばにはデイリー・テレグラフ紙とサンデー・テレグラフ紙の支配株式を所有。イスラエルの「エルサレム・ポスト」（1989年）、米国の「シカゴ・サンタイムズ」（1994年）、カナダの全国紙「ナショナル・ポスト」（1998年）と傘下の新聞を拡大させていった。

ブラックと2番目の妻でカナダ人ジャーナリストのバーバラ・エミエルは華美な生活で知られた。ブラック自身は、「ライバルを斬って捨てることなど朝飯前」と豪語（BBC報道、2004年2月27日）し、バーバラ夫人は高額ショッピングにいそしんだ。フィリピンのフェルディナンド・マルコス大統領（在任1965―86年）夫人で膨大な数の靴を購入していたイメルダのようだ、とバーバラは評された。ブラック経営のデイリー・テレグラフ紙の論説面にはバーバラ夫人が書いた親イスラエルの論説がしばしば掲載された。

２００１年、ブラックに貴族の称号が与えられた。それまでカナダと英国の二重国籍者だったブラックは、カナダの国籍を断念せざるを得なくなったが、英国社会のトップ・クラスに上り詰めた栄誉は、ほかの何物にも代えられなかった。

その人生が転落に向かうのは2年後である。ブラックが所有する数々のメディアを管理する、米持ち株会社ホリンジャー・インターナショナル内で、ブラックと経営幹部らが不正な取引を行った疑いが発生し、２００３年夏、内部調査が開始された。同年11月、調査の終了とともに、ブラックはホリンジャー・インターナショナルの最高経営者職を辞することになった。翌年、同社はブラックに対し、2億ドルの不正資金の同社への払い戻しを求めて提訴するとともに、会長職から解任した。２００５年には、ブラックがホリンジャー社内で書類を廃棄している様子を社内の警備カメラがとらえ、この様子が公にされた。

２００７年、ブラックは詐欺罪と司法妨害罪で有罪となった。巨額の賠償金の支払いの上、裁判費用の負担、そして6年半の実刑判決が下った。

シャイな兄弟が「テレグラフ」を手中に

ブラックの急落で汚名がついた、英国で最大の高級紙「デイリー・テレグラフ」と日曜高級紙「サンデー・テレグラフ」を引き継いだのは、ブラック同様富豪で知られるバークレー兄弟であった。

ブラックは2004年初頭、既に兄弟への売却を承認していたが、ホリンジャー・インターナショナルの経営幹部はこれに同意せず、最終的に約7億3000万ポンドの売却発表が行われたのは、その年の夏であった。

スコットランド人の両親を持つデービッドとフレデリック（1934年―）の兄弟は、ロンドンで生まれ育った。1950年代以降は不動産投資で財を成し、1995年、リッツ・ホテルを買収した。2002年にはカタログ・ショッピングのリトルウッズを買収し、ビジネスの幅を広げた。

メディア業界への進出は1992年で、マックスウェルが創刊した「ヨーロピアン」を買収し、その3年後にはスコットランドの大手高級紙「スコッツマン」を手に入れた（2005年、売却）。2000年には、慈善活動への尽力を評価され、騎士《ナイト》の称号を授与されている。

「サンデー・タイムズ」が毎年発表する、英国の富豪者のリスト（「リッチ・リスト」）の2007年版によると、その富は18億ポンドに上るという。

バークレー兄弟は上記の新聞のほかに、プレス・ホールディング社を媒介として、週刊経済誌「ビジネス」、同じく週刊の保守系政治誌「スペクテーター」を発行する。メディアを所有しながらも、自分たち自身がメディアに露出されるのを嫌う。英王室属領となるチャネル諸島の1つ、ガーンジー島に属するブレッシュ島を1993年に購入し、ゴシック風のお城と見まがう住居に住む。有名人の行動を追うパパラッチと呼ばれる写真家たちでも、なかなか近付きにくい場所にいる。

大きさの戦争

「新聞離れ」は日本だけの減少ではない。英国でも新聞の発行部数は減少し続けていた。「一体、どうやったら部数が増えるのだろう?」2003年、インディペンデント紙の編集長となったサイモン・ケルナーは、頭を抱えていた。1998年から編集長職に就いたケルナーは、同紙の創刊当時の編集スタッフの1人だった。「インディペンデント」から日曜紙「サンデー・コレスポンデント」、「オブザーバー」、「インディペンデント・オン・サンデー」、「メール・オン・サンデー」で修行を積み、「インディペンデント」にまた戻ってきた。

ニューズ・インターナショナル社が主導した1990年代の新聞値下げ戦争で、「インディペンデント」は大きな痛手を負った。1986年の創刊以来、一時は部数が40万部に到達したものの、値下げ戦争後、20万部台に転落してしまった。

英国の新聞読者は、新聞小売店の店頭で見て気に入った新聞を買う比率が高い。新聞小売店というのは、雑貨屋、スーパーなど、新聞を売っている小売店舗を指す。英国の新聞宅配機関の調査によれば、高級紙では販売部数の6割が定期購読によるものだが、そのほかの新聞では定期購読の割合はもっと低くなる。当日買いの気まぐれ読者を相手にするのが英国の新聞経営者である。

「インディペンデント」の部数が21万前後となった2003年、有料新聞、特に高級紙の発行部数がどんどん下降する中で、小型タブロイド判無料朝刊紙「メトロ」は逆に人気が上々であった。マーケティング調査は読者が小型で読みやすい新聞を求めているとケルナーに告げていた。

しかし、ケルナーは「インディペンデント」をタブロイド判にすることには抵抗があった。それは、英国でタブロイドといえば、「大衆紙のイメージがある。低俗で質の低い、ゴシップ記事が満載の新聞と見られてしまう」からだった（筆者との取材中の談）。

ある日、家族とスーパーに買い物に出かけ、ケルナーは考えを変えた。陳列棚の間を歩いていたケルナーは、ずらりと並んだ練り歯磨きの商品群に目を留めた。歯磨き粉のチューブは色とりどりで大小さまざま。チューブではなくポンプ式で上から押して使う商品もあった。「これだ！」とケルナーは思った。歯磨き粉を収容する容器の形やサイズは千差万別でも、中身は全てが同じ歯磨き粉であることに変わりはない。

「小型タブロイド判になっても、『インディペンデント』の質の高いジャーナリズムは変わらない」――そう確信したケルナーは早速、社内会議で小型化を提案した。ケルナー案に賛同する幹部や編集スタッフは多くはなかったが、強気のケルナーに押され、2003年9月30日、タブロイド判の発行が実現した。「インディペンデント」はこれをタブロイドではなく、「コンパクト」判と呼んだ。また、半年ほど、コンパクト判と通常の大判の発行を並行させた。コンパクト判のみの印刷となったのは2004年5月からである。

ケルナーの賭けは成功した。持ちやすく、小型化した「インディペンデント」は「タブロイド判だが中身は硬質のジャーナリズム」という新しい組み合わせを具現化し、新鮮な印象を読者に与えた。

ケルナーはまた、新しい「インディペンデント」を新聞の主張がより強く出る構成に変えた。事実を公平に伝えるというよりも、あえて編集部の特定の視点を強調する方針とし、「インディペンデント」は「視点の新聞《ビューズ・ペーパー》」となった。

まるで「ポスターのようだ」とよくいわれたのが1面のデザインだ。面一杯を使って印象的な写真や画像、あるいは文章を目立つように入れ、1つのメッセージが印象強く伝わるようにした。「インディペンデント」の後を追うように、03年11月には、「タイムズ」が「コンパクト」化し、売上げを大きく伸ばした。

「テレグラフ」はあえて大判を続ける道を選んだが、「ガーディアン」は独自の方法を選んだ。欧州他国で発行されている新聞が採用する、縦に細長いベルリナー判を2005年9月から採用した。最後の大判サイズのガーディアン紙上で、編集長のアラン・ラスブリジャーはこう書いた。「新聞の大きさは重要なことだろうか？　多くの読者がそう言っている」、「大判サイズはもう死んだ。ベルリナー判、万歳！」。

ロンドン無料紙戦争

無料朝刊「メトロ」にあやかりたい——英国の新聞経営者なら、そう願うのも無理はないほど、21世紀に入り、「メトロ」の快進撃は続いていた。最初の一歩を踏み出したのは「メトロ」の発行元アソシエーテッド・ニューズペーパーズ社だった。

２０００年、ロンドンの夕刊紙市場には、「イブニング・スタンダード」を含む３紙がひしめき合い、合計で２２０万部が売れていた。その４年後、有料夕刊紙はスタンダードの１紙のみ。部数は37万部で、次第に縮小していた。

そこでアソシエーテッドが考えたのは、朝刊「メトロ」の配布が終わり、有料紙の「スタンダード」が専用ブースでの販売を開始するまでの時間、つまり午前11時半から午後２時半頃に、「スタンダード」を読みやすくした無料紙「スタンダード・ライト」をロンドン市内の一部で配布する計画だった。ロンドンで働く人は約１２０万人で、その半分の60万人が昼食を取りに外に出るという調査を基に、２００４年12月から、「スタンダード・ライト」５万部を配りだした。無料版を読んだ後、その日の夕方は本格的な新聞「イブニング・スタンダード」を買ってもらうことを狙った。

「スタンダード・ライト」の開始から半年後、配布部数は７万６０００部に上昇した。一方の「スタンダード」本紙の部数は34万部に落ちていた。それでも、合計で41万部がはけていることになる。アソシエーテッドはこれを成功と見た。

「スタンダード・ライト」の創刊3か月前には経済と金融に特化した朝刊無料紙「シティーAM」が創刊の運びとなっていた。スウェーデンで始まった無料紙「メトロ」を発行するメトロ・インターナショナルにいたローソン・マンカスターが経営者となり、「シティーAM」は当初6万部の配布から、2004年末には10万部に増え、人気を博するようになった。

アソシエーテッド社の動きを横で見ていたのが、ニューズ・インターナショナル社であった。親会社米ニューズ・コーポレーション（ニューズ社）の最高経営責任者マードックの意向もあって、2006年9月中旬、夕刊無料紙「ロンドン・ペーパー」を創刊することにした。これに負けじとアソシエーテッド社が本格的な夕刊無料紙の発行を計画し、ニューズ・インターナショナル社はこれに対抗して、「ロンドン・ペーパー」の発行を9月上旬に繰り上げた。しかし、アソシエーテッド社は一枚上を行っていた。昼時に発行していたスタンダード・ライト紙を、8月末から「ロンドン・ライト」と改名し、ロンドン初の夕刊無料紙創刊の地位を獲得してしまったのである。

「ロンドン・ライト」と「ロンドン・ペーパー」は両紙とも朝の「メトロ」よりややライト・タッチで、有名人に関するゴシップや料理、映画など娯楽系の記事が多い、似通った紙面構成であった。それぞれの配布員たちが通りに立ち、道行く人に新聞を配った。人通りが多いピカデリー・サーカス駅近辺には両紙の配布員が競いあいながら、それぞれの新聞を通行人に手渡した。

「ライト」と「ペーパー」の両紙あわせた部数は約90万部。これに金融経済の無料紙シティーAM、朝刊無料紙「メトロ」を入れると100万から200万部の無料の新聞が、ロンドンの新聞市場にどっと入ってきた。「ロンドン無料紙戦争」で、最も打撃を受けたのは有料「イブニング・スタンダード」であった。無料新聞がいつでも手に入るようになると、財布から硬貨を出して新聞を買うという行為がなんとも億劫に思えてくるのだった。

「スタンダード」は安値競争に走らず、1部40ペンスであったところ50ペンスに値上げして、「有料だが読み応えのある記事を出す」方針をとったが、うまく行かなかった。「戦争」開始から1年後の2007年8月、スタンダード紙の部数はかつての50万部から27万部にまで落ちた。全面カラー化、プリペイドカード「エロス」の導入、「ライト」紙との編集部門の統合、3刷制を2刷制にするなど様々な手を尽くしたが、起死回生にはいたらなかった。年間損失額が約1000万ポンドに上っていた。

「スーボ」の声が多くの人を魅了

「人は見た目では判断できない」――そんなことは誰でも知っているはずだが、それでも、48歳に手が届こうとするスーザン・ボイルが、オーディション番組「ブリテンズ・ゴット・タレント」の審査員の前に立ったとき、大きな期待を持った人は多くはなかった。2009年春のことである。

ボイルはやや小太りで、パーマがかかったおかっぱ頭、顔の中心部にある鼻はやや低く、どこから見ても「魅力的」には見えなかった。一言で言えば、「ぱっとしない感じ」である。

しかし、ボイルが口を開き、ミュージカル「レ・ミゼラブル」の挿入歌「夢やぶれて(I Dreamed a Dream)」を歌いだすと、審査員や会場にいた聴衆の目が変わった。後にこのミュージカルのプロデューサーが表現するように「心に染み入る、スリリングで、気持ちが明るくなる」ような、美しい歌声が流れてきたのである。全員がボイルの歌に聴き入った。歌い終わると、盛大な拍手がボイルに向けてわき起こった。

番組が4月11日に放映されると、すぐにその歌う姿が動画投稿サイトに転載された。数日間で1億回を超える視聴回数を記録した。いつしかボイルは、「スーボ」という愛称で呼ばれるようになった。

5月末の決勝戦ではダンスグループ「ダイバーシティー」に敗れたものの、視聴者の人気は絶大で、同年11月にはデビュー・アルバム「夢やぶれて」を出すまでに至った。この年のNHK「紅白歌合戦」にも出演した。

「ブリテンズ・ゴット・タレント」は、歌、踊り、コメディーなど、パフォーマンスに自信がある人なら誰でもが応募できるオーディション番組だ。パフォーマンスの良し悪しは、会場の数人の審査員と、テレビの視聴者による「投票」によって評価される。高得点を得た参加者が次週の番組に出演するという勝ち抜き戦で、決勝戦で優勝した人は賞金と王室のメンバーが出席する「ロイヤル・バラエティー・ショー」でパフォーマンスする権利を得る。

この番組は、同様の形を取る様々なオーディションション番組の1つで、ほかには、若く才能があるタレントを決める「ポップアイドル」、歌手に特化した「Xファクター」などがある。いずれもITV系列で放送されている。「ポップアイドル」の米国版「アメリカンアイドル」も人気だ。

こうした番組に厳しい審査役として出演しているのが、番組のプロデューサーでもあるサイモン・コーウェルだ。コーウェルの制作会社サイコは一連のオーディション番組のフォーマットの販売も管理しており、左派系政治週刊誌「ニュー・ステーツマン」は、コーウェルを「2010年、世界で最も影響力のある50人」の中の1人だと書いた。

元スパイが新聞界にやってきた

部数が低迷し、瀕死の状態になっていたイブニング・スタンダード紙の買い手が、2009年、現れた。ロシアの富豪で元KGB（ソ連国家保安委員会）情報員のアレクサンドル・レベジェフである。年明けから噂になっていた売却話が、同年1月21日、正式発表された。売却価格はなんとたったの1ポンド。富裕な個人が新聞を所有するのが1つの伝統とも言える英新聞界だが、元スパイというのは前代未聞だ。しかも、タダ同然の価格であった。

スタンダード紙を30年近く所有していたロザミア卿は、売却は「親の死ほどつらい」（「サンデー・タイムズ」、2月16日付）と心情を語った。しかし、背に腹は替えられない。前年秋の米リーマン・ブラザース証券会社の破綻に端を発した世界的金融危機のあおりを受けて、業界全体で広告収入は激減していた。スタンダード紙を買うような人はほかには見つからなかった。

レベジェフは一言で言えば「英国好きのロシア人の富豪」である。ロシアのナショナル・リザーブ銀行の会長で、国営航空会社アエロフロートの株30%も所有する。07年まではロシアの国会議員でもあった。ゴルバチョフ元ソ連大統領とも親しい。ソ連崩壊後、銀行業で財を成して現在に至る。

レベジェフの父はモスクワの工科大学の教授で母は英語の教師だった。ロシア外務省付属のモスクワ国際関係大学で経済学を勉強し、1980年代、KGBに勤務。92年には在英ロシア大使館で情報収集活動に従事し、毎日、新聞を読むのが仕事だった。この時、「英国のジャーナリズムの質の高さ」、「いかに民主主義社会が機能するか」を新聞を通じて学んだという。

ロシアで政府批判を続ける数少ない新聞の1つ「ノーヴァヤ・ガゼータ」紙を2006年に買収し、39%の株を所有する。

英紙の取材には「編集体制には一切タッチしない」と宣言している。しかし、同時に「文化、歴史、国際報道の充実を望んでいる」とも発言し、かつてのスタンダード紙よりは高級でリベラルな新聞を想定しているようだった。レベジェフが新編集長に就任させたのは、富裕層の雑誌「タトラー」の編集長だったジョージー・グレーグである。

元KGBスパイということで、英新聞界には漠とした不安と不信感が当初生じていたが、時がたつにつれて消えていった。細身のジーンズとスニーカーの組み合わせが好みで、流暢な英語で英国の新聞を誉めそやすレベジェフは、「本当に編集過程に干渉しない所有者」として評価を上げていった。

レベジェフは巨額をスタンダード紙のマーケティング費用にあて、5月には「謝罪広告」(「今まで、読者の気持ちを十分に汲み上げることができずにいて、ごめんなさい」などのキャッチフレーズが入るポスターなど)を出すとともに、経費削減に力を入れた。販売エリアの縮小、専用の販売ブースで「スタンダード」を売ってきた販売員の整理などを推し進め、10月、ロンドン中心部の販売分から無料化に踏み切った。

2009年秋、「ロンドン・ライト」と「ロンドン・ペーパー」は不景気による広告収入の減少から赤字が拡大し、廃刊となった。「メトロ」と「シティーAM」は健在だが、ロンドンの夕刊市場は無料の「イブニング・スタンダード」が主要な位置を占めることになった。

レベジェフの人をあっと驚かせるような手法はここで終わらなかった。「インディペンデント」のサイモン・ケルナー編集長とレベジェフが出会ったとき、英新聞界でこれまでにはなかったある新聞が誕生した。

ケルナーの悩み

2003年以降、高級紙に小型化旋風を巻き起こした、「インディペンデント」のサイモン・

ケルナー編集長は、一時業界の寵児ともてはやされた。しかし、栄光は永遠には続かなかった。次第に部数は下落傾向に向かいだし、2008年11月、経費削減の一環として、「インディペンデント」と日曜紙「インディペンデント・オン・サンデー」の制作部門はアソシエーテッド・ニューズペーパーズ社の本社があるノースクリフ・ハウスに引越した。編集部はアソシエーテッド社が発行する新聞とは別だったが、IT関係や電話のシステム、人事部門などを共有することになった。

インディペンデント紙のライバルとなる左派系高級紙「ガーディアン」は、「インディペンデント」とその日曜紙が無料になる、あるいは廃刊となるという噂を掲載するようになった。また、「イブニング・スタンダード」の所有者アレクサンドル・レベジェフが、「インディペンデント」の買収を計画している、という記事も出た。

当初、関係者は否定したものの、両紙を所有するインディペンデント・ニューズ&メディア社は、2010年3月、2紙をレベジェフと息子イフゲニーが経営する会社に売却したと発表した。「インディペンデント」は2年前に、日曜紙「オブザーバー」を刷新して大きく部数を伸ばしたロジャー・アルトン編集長が統括していたが、アルトンはレベジェフの買収後、まもなくして「インディペンデント」を去った。戻ってきたのは、一旦経営職についていたサイモン・ケルナー元編集長であった。

「インディペンデント」がレベジェフの手中に入ったニュースは、新聞界で必ずしも高く評価されなかった。レベジェフが「インディペンデント」も無料化するのではないか、という懸念が出た。

ケルナーは、無料化云々どころか、廃刊の可能性も考えるほど、追い込まれた状況にいた。ケルナーと「インディペンデント」の幹部は、マーケティング調査が示す情報を徹底的に分析した。浮かび上がってきたのは、「新聞を読みたい」という思いを持つ人が意外と多いことだった。しかし、新聞をじっくり読む時間を持っておらず、かつ高級紙の値段（1ポンド）を高いと思っていることも分かった。

そこでケルナーたちが考えたのは、まったく新しい新聞の創刊であった。2010年10月26日、質の高い記事が短くまとまっており、高級紙の価格の5分の1の20ペンスで買える新聞「i《アイ》」が創刊となった。「i」は「インディペンデント」の妹版ともいえる。中身は「インディペンデント」なのだが、レイアウトや記事の長さを変えた。「破格の値段で、高級紙の内容が読める」のが売りだ。

全面カラー印刷で、本紙同様小型タブロイドサイズ。1面には媒体名である「i」を強調した真っ赤なロゴと大きな写真付きのトップ記事を掲載。2、3面目にはその日の紙面全体の構成を示す見取り図がある。「メトロ」のようにさっと読める点は同じでも、中身はじっくり読める「インディペンデント」なのである。逆に本家「インディペンデント」は色味を押さえ、原則白黒で制作した。抑えた色調で「真面目な新聞」であることを強調している。

ケルナーは「i」を「新しい高級紙」と呼び、「英国で高級紙が創刊されたのは1986年以来だ」と話した。1986年創刊の高級紙とは、もちろん「インディペンデント」である。

ケルナーとレベジェフの作戦は成功した。「インディペンデント」の部数は20万部前後でそれほど大きくは増えなかったが、「i」は2011年に入り、7万部以上出るようになった。本紙と合計すれば、25万から30万部が出ていることになる。読みたいけれど時間がない——そんな現代人のニーズにぴったり合ったのが「i」だった。

テレグラフ紙が議会のタブーに挑戦

「デイリー・テレグラフ」、「サンデー・テレグラフ」を、2004年、コンラッド・ブラックから買収したバークレー兄弟は、「高齢の読者が読む、旧態依然とした新聞」というイメージを変える必要性に迫られた。前年には「インディペンデント」や「タイムズ」がコンパクト判に変身し、「ガーディアン」も独自の大きさに変更する方針を明らかにしていた。「テレグラフ」は大きさを変えないつもりでいた。しかし、一体どうやって「斬新さ」を出すのだろう?

新経営陣は、まず保守系大衆紙「デイリー・メール」をライバルと見なして、記事をより扇情的に変えるほか、徹底したデジタル戦略を打ち出した。読者の平均年齢が他紙よりも高齢であるという部分を逆手にとって、デジタルの世界になじみが薄い読者を「新世界に連れてゆく」方針を取った。

2006年、オフィスをカナリー・ワーフからビクトリア駅近くに移動させたことを利用して、ウェブサイトと紙の新聞の編集室を同一化した「統合編集室」を作り上げた。元は大手証券会社のディーリング・ルームだった巨大編集室の中央部には、丸い編集会議用のテーブルを置いた。これを自転車の車輪の中心部(ハブ)として、その周りのスポーク部分にはそれぞれの編集部門のスタッフの机を配置した。ミニ・スタジオも複数作り、記者が次々と発生するニュースについてコメントを述べる動画を制作できるようにした。決まった締め切り時間はなくなった。24時間、いつでもがニュースの更新時なのである。動画を豊富に入れたウェブサイトには、読者が無料でブログを開設できる、「マイ・テレグラフ」というコーナーも準備した。

しかし、同業者に、「『テレグラフ』、すごいぞ」と思わせるには、飛びぬけたスクープ報道が必要だった。そんな機会が訪れたのが2010年春である。

5月上旬、「デイリー・テレグラフ」は下院議員の経費超過請求に関わるスクープ報道を開始した。姉妹紙の「サンデー・テレグラフ」とともに連続35日間、一面トップで経費問題を扱い、複数の閣僚が辞任。報道開始から2週間後、下院議長までもが辞任の意向を表明し、前代未聞の事態となった。

ここでの経費とは別宅手当てに関するもの。「別宅手当て」(正式には「追加費用手当て」)の「別宅」とは、議会があるロンドンから遠い場所を選挙区とする下院議員が、議会開会中に宿泊するロンドン近辺のホテルやその他の住居を指す。別宅維持費として、住宅ローンの金利や賃貸料、地方税、家具代、光熱費他必要経費などを請求できる。支払額は議員の申請で決まる。

別宅及び本宅の区別は年間での宿泊日数により、日数の多い方が通常は本宅となる。しかし、複数回、本宅・別宅の区別を変更しても構わない。また仮に本宅を別宅として申請すれば、別宅手当てを本宅での経費を負担するために使える。議員たちはこの制度を利用して、完済している住宅ローンの金利の支払いを請求したり、手当てを使って家を改修しその売却益で私服をこやしていた。

「テレグラフ」は、「こんなものまで経費請求していた」という具体例として、トイレの蓋や自宅の池で泳ぐアヒルの家などの写真を紙面とウェブサイトに掲載し、読者の怒りと驚きを引き起こした。

情報公開に向けての戦い

議員経費の情報公開を求めて、「テレグラフ」の報道以前に立ち上がったのが、ロンドンに住む米国人ジャーナリスト、ヘザー・ブルックである。２００４年、ブルックが下院に対し議員の経費情報の公開を求めたところ、別宅手当ての総額と使途の要約が取得できただけだった。米国で調査報道に関わったブルックは、英国では国民に選ばれた議員に関わる公的情報が簡単には入手できないことを知り、愕然とした。

翌年、政府省庁や公的機関に関わる情報の公開を国民が要求できる情報公開法が施行となった。

これを利用してブルックが下院議員全員の経費情報の公開を要求したところ、「実行には費用がかかりすぎる」として拒絶された。同年、「サンデー・タイムズ」や「イブニング・スタンダード」の記者らも数人の議員の経費情報の公開を要求し、いずれも拒絶されていた。ブルックを含むジャーナリストたちは、データ保護法や情報公開法の実施度を監視する特殊法人「情報公開長官事務局」に窮状を訴え、長官は情報を公開すべきだと結論付けたものの、下院側がこれを拒否。情報公開をめぐる争いは裁判沙汰にまで発展した。

紆余曲折の後、2010年1月に、ブラウン首相がすべての下院議員の経費を7月に公開することを確約した。3月頃、全議員の詳細な経費情報が入ったディスクが何者かの手によって下院の外に流出し、買い手を求めているという噂が出るようになった。「テレグラフ」が経費請求の実態を細かく報道できたのは、このディスクを入手したためであった。

3月末、テレグラフ紙の政治記者はPRコンサルタントから連絡を受け、英陸軍特殊空挺部隊（SAS）の元隊員の男性がディスクを持っていることを知った。交渉の末、4月、タバコのケースほどの大きさのディスクを受け取ってみると、中には過去4年間にわたる、全下院議員の経費請求に関わる領収書やメモなど、膨大な量の書類が保管されていた。

ディスクは何故作成されたのだろう？「テレグラフ」記者が事件の一部始終を書いた『どんな経費も見逃さない』（ロバート・ウィネット、ゴードン・レイナー著）と題された本によれば、下院内では、7月の経費情報公開に向けて、議員の住所やその他の個人情報、外に出せない情報を「編集する」（黒塗りにする）作業が行われていた。黒塗り作業を行っていた部屋の入り口を、数人の英軍兵士らが警備員として見張っていた。

兵士たちは2003年のイラク戦争に派遣された経験を持っていた。現地では、政府が十分な機材や装備を与えなかったために無駄に兵士が亡くなったと兵士たちは感じていた。今度はアフガニスタンに派遣されることになり、安全度が高い装備を自前で購入するには低い給与では不可能で、アルバイトをして追加収入を稼がざるを得なかった。そこで下院内の作業室で警備員として働くことになったのだった。

兵士たちの悔しい感情や、黒塗り作業をしながら議員の経費乱用に怒りを募らせる作業員たちの姿が先の本の中で描かれた。この作業に関わった人物の中のある男性が、英兵の置かれている状況と議員の経費乱用ぶりに義憤を感じ、元SAS隊員にディスクを渡したという。

問われた「小切手ジャーナリズム」

ディスクを「テレグラフ」に託した元SAS隊員の条件は、「一部の議員だけでなく、全ての議員を対象にして報道してほしい」、「情報提供料として11万ポンドを支払ってほしい」だった。

大衆紙が情報提供者にお金を払って記事を書く（小切手ジャーナリズム）行為は常習化しているといわれているが、高級紙には少なくとも表向きにはこうした慣習がない。現に、「タイムズ」がアプローチを受け、3万ポンドの情報提供料の支払いを求められた後で、ディスクの受け取りを断っている。11万ポンドの支払いは金額自体が大きいことに加え、「テレグラフ」では通常情報を買うことがないため、記者は情報取得は不可能と思ったが、ウィリアム・ルイス編集長（当時）を含め、経営陣がこれを最終的に承諾した。

4月末、ライバル紙に情報が漏れるのを防ぐため、テレグラフ紙では数人の記者を「研修」と称して一室に集め、他の記者や家族にも他言をしないよう伝えて、膨大なディスク情報の分析を開始した。原稿を書く前に情報の解読と確認に2時間は要したという。該当する議員のコメントを求めた後で原稿を作った。5月7日夜、ウェブサイト（紙媒体は8日付）で「内閣の経費に関わる真実」と題した第一報を開始。翌日以降も、ブラウン首相を始めとする閣僚や与野党議員の経費超過請求の実態を次々と暴露していった。

「テレグラフ」による「問題経費」の請求者には政府閣僚や、保守党、自由民主党など野党議員、無所属議員も含まれていた。報道に対し、多くの議員は「合法に経費を申請している」と反論したが、選挙民からの不信の高まりを察知し、経費の一部を返還する議員も続出した。手当ての内訳の公開を拒んできたマイケル・マーティン下院議長（当時）は世論の批判的な風当たりに耐えられず、5月19日、6月末での辞任を発表した。下院議長が辞任を強いられるのは1695年以来だ。

6月18日、下院は、7月に公表予定だった議員の経費情報を繰り上げ公開した。大部分の書類は議員の住所などの身元情報が黒く塗りつぶされていた。そこで、テレグラフ紙はオリジナルの文書と下院が公表した文書を並べて掲載した。
「テレグラフ」の経費請求報道は英メディア界でも、一般国民の間でも高く評価された。情報をお金で買った点に関しては、「公益性があった」としてその必要性を認める見方が大勢となった。

廃刊にされた老舗日曜大衆紙「ニューズ・オブ・ザ・ワールド」

2011年7月10日、168年の歴史を持つ、日曜大衆紙「ニューズ・オブ・ザ・ワールド（NOW）」が廃刊となった。「ローストビーフ同様に英国らしい存在」といわれたNOWは、1969年、メディア王ルパート・マードックが英国で買収した最初の新聞だ。

NOWは、日曜紙市場では発行部数がダントツでトップだった。それでも廃刊の憂き目にあったのは、数年前から報道されてきたNOWでの電話盗聴疑惑が深刻化したためだ。盗聴対象が政治家や有名人のみならず犯罪被害者にも広がっていたことが7月上旬判明し、国民の怒りを買った。大手企業が広告の出稿を次々と取りやめると、NOWの選択肢は限られた。

一方、NOWを所有するニューズ・インターナショナル（以下、NI社）の親会社米ニューズ社は、衛星放送BスカイBの完全子会社化（現在は39％の株を所有）に向けて買収交渉を続けていた。盗聴疑惑が拡大するNOWを維持すれば、放送局を取得する企業体としてふさわしくないとされて買収の実現が阻まれることを懸念して、廃刊したともいわれている。

電話盗聴事件の発端は、2005年秋にさかのぼる。ウィリアム王子のひざの怪我に関する記事がNOWに掲載されたのだが、この件についてはごく少人数の王室関係者しか知らないはずだった。そこで、王子の側近がロンドン警視庁に連絡を取り、携帯電話への不正アクセスがなかったかどうかを調査してほしいと依頼した。

警視庁が捜査を開始し、NOWの王室報道担当記者クライブ・グッドマンと私立探偵グレン・マルケーが翌年、逮捕された。2007年初頭には両者ともに携帯電話への不正アクセスで有罪となり、それぞれ4か月（グッドマン）と6か月（マルケー）の実刑判決が下った。この時のNOW編集長アンディー・クールソンは、自分は盗聴行為のことを「まったく知らなかった」と述べたが、責任を取って辞任した。

盗聴は「組織ぐるみ」だった？

2009年7月、盗聴疑惑が再燃した。左派系高級紙「ガーディアン」は、ニューズ社が、盗聴行為の被害者に巨額の賠償金を支払っていたと報道。また、複数の記者が盗聴などの不正行為に関わり、「組織ぐるみ」であったと報道したのである。さらに、携帯電話に不正アクセスされたのは王室関係者のみではなく、政治家や有名人を含む「数千人規模」と報じた。

この報道を受けて、下院の文化・メディア・スポーツ委員会が公聴会を開き、NOW関係者などを召喚して事情を聞いた。クールソンやNOW、NI側の答えは、「グッドマン記者のみが関与していた」、クールソンは「まったく知らなかった」などと、これまでの返答を繰り返した。

しかし、記者の動向を編集長がまったく知らないことはあり得ないはずで、返答のつじつまが合わないこともあって、２０１０年２月、委員会が出した報告書は、「まったく知らなかったとは、理解できない」、ＮＯＷやＮＩ社幹部は「集団健忘症にかかっていたに違いない」という厳しい見方を出した。

新たな捜査が必要だという「ガーディアン」の声は、ロンドン警視庁の警視監ジョン・イェーツの「必要ない」という判断や、新聞業界の自主監視団体「報道苦情委員会」（ＰＣＣ）が報告書の中で「ガーディアン」報道を「裏付ける証拠がない」という結論を出したことで、もみ消された。

しかし、その後、自分の携帯電話が盗聴されたかもしれないと懸念した政治家や著名人が警視庁に連絡を取ったり、ＮＯＷを相手に裁判を起こすケースが発生し、ＮＯＷやＮＩ側は次第に追い詰められていった。

電話の盗聴はどうやった？

ここで、ＮＯＷ記者による携帯電話の「盗聴」の手口を見てみよう。

英国の携帯電話には自分の留守番電話のメッセージを聞くためなどに、個別のＰＩＮ（Personal Identification Number）番号がついている。新しい携帯電話を買うと、この番号は「１２３４」、「００００」、「３３３３」など、ある程度パターン化したものに設定されている。

いる。

この番号を利用者は別の番号に変えるべきなのだが、実際には変えている人は少ないといわれて

そこで、NOWは、まず調べたい人物の携帯電話に電話をかけ、相手が応答しない場合、デフォルトのPIN番号を押すと、留守電のメッセージを聞くことができた。元NOWの記者だったポール・マクマランが複数のテレビ番組内で語ったところによると、最初の電話をかける時、「携帯通信サービスの従業員のふりをする」という。相手が出た場合、格安なキャンペーンを提供するなどと嘘をいう。そして、本人と電話で話をしている間に、ほかの記者が同じ電話番号にかける。すると、通話中であるので、留守電メッセージが聞けるようになるという。

大衆紙同士の競争は激しく、こんな手を使ってまで「特ダネ」を入手するよう、記者には「大きな圧力が常にかかっていた」(マクマラン談)。

マクマランによると、「全員がやっていたわけではないが、多くの記者がこんな手口を使っていた」。また、マクマランがNOWにいたときに編集長だったクールソンは、「情報の出所をいつも知りたがった」。したがって、特ダネを編集長に紹介するとき、「必ず、どうやってその情報が出たかを示す必要があり、取材内容も書き取って提出していた」という。

マクマランはクールソンも、その前のNOW編集長だったレベッカ・ブルックスも「盗聴の事実を、もちろん知っていたと思う」と話す。

違法な取材行為といえば、大衆紙が常套手段とするものに「ダークアーツ」がある。その1つ

が「ブラギング」(blagging)。「ブラグ」(blag) とは「巧みな話術で人をだます」という意味があるが、ブラギングは他人に成りすましてその人の個人情報(例えば健康保険の番号、年金、銀行口座情報など)を取得することである。

非合法に個人情報を入手するやり方は、以前から行われていた。これが大衆紙のみの専売特許ではないことを、情報公開長官事務局が、2006年、明らかにしている。これによると、大衆紙に加えて、高級紙「タイムズ」、「オブザーバー」などを含む31の新聞や雑誌が私立探偵を使って非合法に個人情報を取得。2002年の抜き打ち調査をまとめたものだが、ある私立探偵事務所に対し、3年間で約1万3000回の情報の利用申請があったという。このほぼ全てが違法行為にあたるものと事務局は推測している。

キャメロンのクールソン起用への疑問

電話盗聴疑惑は、2007年当時野党だった保守党のキャメロン党首が、NOWを辞任して間もないクールソンを広報責任者として採用したことから、政治問題化した。2010年5月、保守党と自由民主党による連立政権が発足すると、キャメロン首相はクールソンを官邸の報道局長に任命した。

クールソンは20歳から「サン」で働き出し、2001年からはNOWの副編集長、2003年から07年まで同紙の編集長を務めた、根っからの大衆紙ジャーナリストである。上流階級出身のキャメロンにとって、クールソンは一般大衆とつながるための架け橋でもあったといわれる。

２００９年夏、「ガーディアン」が一連の疑惑報道をしたことで、クールソンの抜擢に影が落ち始めた。２０１１年１月、継続する疑惑報道で通常の業務遂行が困難になったクールソンは、官邸の報道局長の職を辞任した。

同時期、警視庁はＮＯＷでの盗聴疑惑に関し、新たな捜査を開始した。この時、ＮＩ社は内部調査の結果を電子メールなどの資料を含めて、警視庁に渡している。

２０１１年現在、ロンドン警視庁の手元には、２００６年、私立探偵マルケーの自宅から押収した約１万点の書類がある。この中には４０００人を超える人物の電話番号を含む個人情報が含まれていた。ＮＯＷ向けに盗聴が行われた可能性がある人物のリストである。前回の捜査で警視庁が調査したのはほんの一部であった。

この中には、クールソンが記者に盗聴行為の指示を出していたことを示唆するメールや、警察への賄賂の支払いを示す情報もあったといわれている。

メディア界と政治界を揺るがした数日

愛くるしい笑顔でカメラの方を時々見ながら、嬉々としてアイロンをかける、13歳のミリー・ダウラーの姿を、テレビの前に座った視聴者は何度目にしたことだろう。２００２年３月、英南部サリー州に住む13歳のミリーは、学校からの帰宅途中で失踪した。半年後、バラバラに切断されたミリーの遺体が沼地で見つかった。目撃者を求め、家族が撮影したミリーのビデオ映像がメディアに繰り返し登場した。殺害犯人が捕まったのは失踪から6年後であった（2011年6月、殺人罪で有罪判決）。

2011年7月4日、「ガーディアン」の報道で、ミリーの携帯電話の留守電メッセージがNOWに雇われた私立探偵によって聞かれていたことが発覚した。探偵は、電話の記録容量が一杯になってメッセージが受け取れなくなることを避けるため、メッセージを適宜、消していた。2002年当時、ミリーの両親は娘の携帯電話のメッセージが消されていたため、ミリーがまだ生きているものとして望みをつないでいた。何の罪もないのに殺害されたミリーや、愛する娘を失って深く傷ついた家族の元にまで大衆紙の盗聴行為が及んでいたことで、国民の間に衝撃が走った。事件解明のための捜査に影響を及ぼしたかもしれない盗聴行為を、政治家も問題視せざるを得なくなった。

翌日、同じく2002年に発生した、小学生の女児2人の殺害事件にも盗聴の手が伸びていたことが分かった。英南部ケンブリッジシャー・ソーハムの小学校に通う10歳の少女たちが学校の用務員に殺害された事件は、この用務員が過去に性犯罪を起こしていたにもかかわらず学校に雇用されていたこと、捜索に何くわぬ顔をして参加していたことなどから、多くの人の記憶に強く残っていた。NOWが私立探偵を使って少女たちの両親の携帯電話に不正アクセスをしていたという報道は、大きな怒りを引き起こした。

この日の夕方から、米フォード社を始めとした大手広告主がNOWにはもう広告を出さない、あるいは当分見合わせるという発表を続々と行うようになった。

7月6日には、イラク戦争やアフガン戦争で亡くなった英兵たちの携帯電話や電子メールにNOWが不正アクセスを行っていたとする疑惑が報道され、NOWに対する反感がさらに募った。

前触れなしの廃刊決定

7月7日、午後4時過ぎ。NI社最高経営責任者（当時）のブルックスがNOWの編集室を訪れ、10日付のNOWが最終号になるとスタッフに告げた。多くのスタッフが突然の廃刊決定に呆然とし、涙を流すスタッフもいたという。

同日、ルパート・マードックの次男でニューズ社の副最高執行責任者ジェームズは、声明文を出した。「2006年、警察は2人の男性」（グッドマンとマルケー）「に捜査を集中させた」、両者は刑務所に送られたが、NOWとNI社は、「良心や合法的な目的のないままに、何度も繰返された間違った行為に徹底的に対処しなかった」。また、「わが社はこの問題がたった1人の記者のみが関わったと間違って主張してきたが」、今となってはこれは「真実ではなかった」と述べた。「私たちは間違いを犯した」、「これを全力で矯正しようと思う」とした上で、NOWの廃刊を宣言した。

この日までに、2005年7月7日に発生したロンドン・テロの犠牲者の遺族の携帯電話にも、

NOWが盗聴行為を行っていた可能性が報道された。また、その数日後には、ブラウン前首相が、個人情報をNI社傘下の「サン」、NOW、「サンデー・タイムズ」の記者に突き止められた、と自ら暴露した。

「演奏は終わった」とキャメロン

7月8日、クールソン元NOW編集長は、盗聴疑惑に加え、警察から情報をもらう代わりに賄賂を渡したとされる嫌疑をかけられ、逮捕された。警察で取調べを受ける間の数時間、クールソンの自宅からコンピューターや書類を警察が押収した。同日、別の大衆紙に勤務するグッドマンが同じ嫌疑で逮捕されたが、両者ともに、保釈措置となった。

野党労働党党首エド・ミリバンドは、キャメロン首相がクールソンを官邸報道局長として起用したことは「大きな判断の間違いだった」として、キャメロンに謝罪するよう求めた。

一方のキャメロン首相は、盗聴疑惑の深刻化を受けて記者会見を開いた。盗聴事件の実態を精査する委員会と、英国の新聞のあり方を検証する調査委員会の立ち上げを発表した。クールソンの起用に関しては「自分の責任だ」、「責任を取る」と述べたものの、どのように責任を取るのかについては言及しなかった。

キャメロンは、NOWでの盗聴疑惑を、政治家も、警察も、メディアも「誰も真剣に受け止めなかった、対処しなかった」と省みた。政治家がメディアに対する規制を声高に叫ばなかったのは、「政党党首たちが新聞の支持を得ることにあまりにも必死だったので」、このような問題が起きたときに「目をつぶっていたのだと思う」と正直な見方を示した。これまで長い間「政治家と新聞界は互いから支援を得ようと機嫌をうかがってきた」が、その背後に流れていた「音楽の演奏」は「終わった」とまで述べた。

しかし、どのようにしてキャメロンがマードック関係者との間に線を引くつもりかは不明だ。キャメロンはマードック関係者とプライベートでも深い関係を持っているからだ。

「チッピング・ノートン・セット」

キャメロンの選挙区はイングランド南東部オックスフォードシャー、ウィットニーである。北部にはチッピング・ノートンという町がある。この町とその近辺には政治家、メディア関係者、著名人などの家がある。こうした住人たちは「チッピング・ノートン・セット」（チップ・ノートン組）と呼ばれている。

この「セット」に入るのが、キャメロン夫妻、NI社最高経営責任者（2011年7月下旬、辞任）ブルックス夫妻、マードックの娘エリザベスと大手PR会社を経営する夫マシュー・フロイド、テレビの著名タレント、ジェレミー・クラークソン夫妻、人気ミュージシャンのアレックス・ジェームズなど。セットの仲間たちは互いの家に行き来し交遊を楽しむ。キャメロンとブルックスとは乗馬仲間でもある。また、ブルックスの夫チャーリーとキャメロンとは、名門私立校イートンの学友であった。

政治とメディアが一つのエリート層として公私ともに結びついていることを如実に示すのが「セット」の交友関係である。

時の政権がマードック関係者と公私ともに親しくなるのは、「キャメロン政権に限ったことではない」とブレアやブラウン政権（1997－2010年）時代に官邸広報で働いていたランス・プライスは語る（スカイニューズ、7月10日）。「ブラウン前首相夫人もブルックスと親友同士だった」。

キャメロンが首相に就任する直前、電話盗聴事件を追ってきた「ガーディアン」のアラン・ラスブリジャー編集長や保守党側近らは、キャメロンに対し、クールソンを官邸に起用しないよう警告したが、キャメロンはこれを聞き入れなかった。プライスによると、「ブレアやブラウン政権が、マードック人脈と親しくなってマードック・メディアに好意的な報道をしてもらうなどの利便を得ていたのを、キャメロンは見てきた。自分もこれにあやかりたい、という誘惑に勝てなかったのだと思う」（プライス談）。

英国のエスタブリッシュメントを嫌っていたはずのマードックはいつしか自分もその一部になっていた。しかし、インディペンデント紙の政治記者アンディー・マクスミスは、キャメロン首相の記者会見後、「マードック家はもはや英国のエスタブリッシュメントには戻れないだろう」と予測した（7月9日付）。

「ガーディアン」の粘り強い調査報道が続く

電話盗聴疑惑をきっかけに、NOWの廃刊までマードック・プレスを追い詰めたのは、主として「ガーディアン」の粘り強い報道によるものであった。

盗聴被害の大きさを矮小化し、「新たな事実がないので再捜査はできない」と、一見したところマードック側に偏向した言動を続けてきたのが、ロンドン警視庁であった。

このため、盗聴事件に関する2005年から始まった捜査で、王室報道に関わる証拠のみを調査した警視庁にはNI社との癒着があるとも噂された。2011年1月から開始された再捜査に対し、NI社は内部調査の結果を警視庁に提出したが、この過程で、数人の警察官がNOWから総額10万ポンドにも上る賄賂を受け取って、情報を流していた疑いが出てきた。

また、複数紙の報道によると、6月末日になってNI社が警察に提出した複数の電子メールは、2007年時点で既にNI社が組織ぐるみで盗聴行為を行っていた可能性を示唆していた。2009年、下院の文化・メディア・スポーツ委員会に召喚されたNI社の経営幹部や編集幹部たちが、「組織ぐるみではない」、「証拠がない」と表明していたのとはつじつまの合わない話となった。

10日、「サンデー・テレグラフ」は、イェーツ警視監の独占インタビューを掲載した。イェーツは警視庁による当初の捜査が「くずだった」と認め、盗聴事件の犠牲者に対して謝罪した。イェーツによれば、NI社は警視庁に十分な資料を渡しておらず、「ガーディアン」が2009年に「被害者は数千人規模」と報道しても、「新たな証拠がない」として、捜査を再開しなかったという。殺害された少女ミリーの電話への盗聴が報道されたとき、初めて大きな衝撃を感じたという。「もっと以前に盗聴問題を解決できなかったことを後悔している」。

NOWは消えてしまったが、電話盗聴事件の全容解明は終わっていない。

インターネット、そして将来

「ガーディアン」のアラン・ラスブリジャー編集長は、「ガーディアン紙の本体が紙かネットかと聞かれたら、豊富な情報があるネットの方だ」と常日頃から発言してきた。

数年前、ラスブリジャーがこの発言をしたとき、「新聞は紙媒体を販売して利益を得るもの」、「なんて馬鹿げた言い方だろう」と業界内で受け取られたものだ。

しかし、2011年の現在、実に自然な発言に聞こえる。同編集長は、「2015年頃には紙媒体では発行していないかもしれない」とさえ言っている。といって、もちろん「ガーディアン」がなくなるわけではない。ただ、新聞の発行部数の増減の資料を見ると、前年比二桁台で減少している新聞が複数あり、「紙が消える」可能性は思いのほか近いかもしれない。

英国の新聞、放送業の主戦場の1つは、今やネット上に移動している。24時間報道体制が現実化し、メディアは複数のプラットフォーム（紙媒体、ネット、放送、携帯電話など）に向けての発信が必須となった。こうした動きの中で、新聞であれば「紙媒体が上で、ネットは後あるいは一段と低い存在」とする考えはすでに消えた。放送業であれば、たとえばその日の主要報道番組の放映までスクープを出さないでおく、という習慣も消えた。

２００７年、中堅金融機関ノーザンロックで取り付け騒ぎが起き、破綻、国有化される事件があったが、ノーザンロックが資金繰りで困っていると報じたＢＢＣのロバート・ペストン記者が、第一報を出したのは自分のブログであった。このブログはＢＢＣのニュース・サイトの中に設置されている。従来は午後10時のニュース番組でスクープを出せば、最もインパクトが大きいはずであった。

新聞業界が毎年選出する「プレス・アワード」で、２０１１年の最優秀政治記者に選ばれたのは「ガーディアン」のアンドリュー・スパロー記者。スパローはネット専属記者だ。その日の政治の動きを「ガーディアン」のサイト上に設置された自分のブログにどんどん入力して発信する、いわゆる「ライブ・ブログ」方式で前年の総選挙の模様をリポートしたことが高く評価された。スパローは議会報道の歴史を書いた本『オブスキュア・スクリブラーズ』の著者でもある。

「タイムズ」、「サンデー・タイムズ」などを発行するニューズ・インターナショナル社は、傘下にある新聞のウェブサイトの閲読を、２０１０年7月から完全有料化した。経済紙「フィナンシャル・タイムズ」が有料購読制（ただし、一定本数は無料で読める）を実施して成功しているが、一般紙での有料購読制、しかも購読者にならないと１本も読めない（携帯電話アンドロイドでは購読しなくても読めるなど、例外もあるが）方式を導入するのは、英国の大手新聞サイトでは初である。これが成功するかどうかの判断には、もう少し時間が必要だろう。

一方、ソーシャル・ネットワーク・サービスの「フェイスブック」や、マイクロ・ブログ「ツイッター」は、２０１１年春の中東諸国で発生したいわゆる「アラブの春」で、現地から情報を発信する際に大きな役割を果たした。大きな印刷機械や放送施設を所有しなくても、１人ひとりが情報を発信できる時代がやってきた。

２０１０年には、ネットを使った内部告発サイト「ウィキリークス」が注目を浴びた。「ロックスターのようなカリスマ性を持つ」（「ガーディアン」）と評された、当時39歳のハッカー、ジュリアン・アサンジが作り上げたサイトは、世界各国の為政者や企業経営者が隠しておきたいような情報を、告発者の身元を特殊ソフトで守りながら、暴露する装置とも言える。ウィキリークスは米「ニューヨーク・タイムズ」、英「ガーディアン」、英チャンネル４、独週刊誌「シュピーゲル」など複数の大手メディアと共同し、数10万点にも上るアフガニスタンでの米軍の戦闘記録、イラク戦争の機密書類、米外交文書を続々と報道した。大手メディアが加わったことで注目度は飛躍的に高まったものの、公的価値があると思われる情報を出すという意味では、ウィキリークスはそれ自体が「無国籍のネット・メディア」（ニューヨーク大学ジェイ・ローゼン教授の定義）、つまりはジャーナリズムの一部といえよう。

利用者にとっても、メディアの選択の幅は驚くほどに拡大している。見逃した番組を後で見たりダウンロードできる「BBCアイプレイヤー」(2007年本格稼動)は、「いつでも、どこでも、好きなときに」番組を視聴する習慣を英国民に広く普及させる役割を果たした。ブロードバンドやケーブル放送と契約することによって、見逃した番組を後で視聴したり、映画などを購入して視聴する、いわゆる「オンデマンド」型視聴が普通になった。BBCのディレクター・ジェネラル、マーク・トンプソンは、数年前から「近い将来、テレビ番組はもはやテレビ受信機では見なくなるだろう」と語っている。

様々な既成概念が急速に変化しているとき、生き抜くための英メディアのやり方は、自分たち自身が変化してゆくことである。

1990年代以降の多チャンネル化の影響で、それまで圧倒的位置を占めていたBBCやITVなど地上波放送の視聴占有率が年々下落している。視聴者から受信料を受け取り、これを活動費用にあてているBBCのテレビ受信料制度はいつまで正当化されるのだろうか。BBCがその支配的位置を失ったとき、英放送業界はどのような様相を見せるだろうか。

新聞業界には放送・通信業界の規制団体オフコムのような組織がない。あるのは自主規制組織の報道苦情委員会のみだ。外部からの規制・干渉を強く否定し、思い思いの論調を日々、世界に発信する新聞を見ていると、17世紀、国王チャールズ1世を支持する国王派とこれに対抗する議会派、そして民主主義社会の実現を提唱した平等派などが議論百出の印刷物を発行した時も、こんな感じだったのかなと思わせる。

競争によって常に変化を遂げてきた多彩な英国のメディアは、英国社会の公的言論空間の多彩さをそのまま、現在そして将来にわたって反映していくのだろう。

おわりに

「本を書いてみたらどうか」と声をかけてくれたのは、読売新聞英字新聞部に勤める松丸久美さんであった。２００９年、夏のある日のこと。松丸さんと私とは、約12年間にわたり、英字紙「デイリー・ヨミウリ」で編集作業をともにした元同僚同士である。

自分が本を書く——そんなことをまともに考えたことは一度もなかったので、何を書いたらいいのかさっぱり分からず、しばし呆然とした。

私がまだぼうっとしている間に、松丸さんは中公新書ラクレ編集部の横手拓治部長（当時）に連絡をつけてくれ、秋が深まる頃までに、テーマは英国のメディアの歴史と決まった。ここまではとんとん拍子で話が進み、クリスマス、年末年始の忙しい時期を経て、翌年2月、いよいよ執筆に向けて行動を開始することにした。

私はここで初めて、あることに気づいた。歴史物は、そもそも、勝手なことを書くわけにはいかない。あくまでも、事実（あるいはそう思われていること）に依拠して書かなければならない。いくら私がラップトップの画面の前で呻吟しても、材料が集まらないことには一言も書けないのだ——このことを、何度も、何度も、この本を書く作業で思い知らされた。

「材料集め」――つまりは、足で資料を集める、図書館に行く、本を買う、人に話を聞く、買った本を読む、ノートを取るなどなど、地道な作業が始まった。

例えば、15世紀の印刷の話をしようと思えば、「一体、当時の人はどんな洋服を着て、どんなものを食べて、どんな思いをして、生きていたんだろう」というのが気になりだす。英語の聖書が広く流布する前、教会ではラテン語が使われていたというならば、集まった一般市民たちは、「一体、何語で説教を聞いたんだろう?」と知りたくなった。常に頭の中に疑問符が浮かび、これを解消するために資料を集め、本を読みくらべた。「名著」とされる本を中古で入手したまでは良かったが、かなり虫に食われており、自分も虫に食われてしまった。サングラスとマスク、手袋をはめてコピーしても虫が飛んでくるので、家人をだましてコピーしてもらったりなど、悲喜こもごもであった。

私がもともと、英国のメディアに関して雑文を書くようになったのは、渡英後、何をしたらいいのか、皆目分からなかったからである。コネもなくお金もない、しかし時間だけはたっぷりある――そんな私が、とりあえず死なないために読み出したのが、英国の新聞であり、視聴したのがBBCのテレビやラジオであった。渡英からほぼ一〇年、未だに読んだり、見たり、聞いたりの毎日である。

松丸さんや横手部長の後押しで書き出したメディア史だが、様々なジャーナリストや編集者の仕事ぶりを知る機会を得て、時には鳥肌が立つほどの感動を覚えた。例えばもし1人だけ挙げるなら、元サンデー・タイムズ紙の編集長で、「ダイナモ」というニックネームを持つハロルド・エバンズ。正義感に燃え、真実を世に出すためにありとあらゆる手を使い、政府や司法界からの脅しにもびくともせず、仕事をしたこんな編集長がいた。この本の執筆を通じて、すばらしいジャーナリストたちの仕事を綴ることができただけでも、幸せだった。

英国でめぐり合い、時間を割いてメディア事情を教えてくれたジャーナリストや編集者の方たちの名前の一部をここに挙げさせていただきたい。George Brock, David Cox, Davina Crole, Duncan Crole, Tim Crook, Peter Donaldson, Brendan Donnelly, Bill Emmott, Raymond Fitzwater, Ivor Gaber, Nick Garland, Sylvia Harvey, Jocelyn Hay, John Hewitt, Nicholas Jones, Ian Katz, Simon Kelner, David Leigh, John Lloyd, John Plender, Peter Preston, Raphael Rowe, Bob Satchwell, Brian Small, Jon Smith, Paul Staines, John Standage, Gillian Tett, Vivian White, Andreas Whittam Smith, Will Wyatt, Dominic Ziegler

英国メディアという、日本ではあまりなじみがない分野を書き続ける機会を与えてくれた「メディア展望」元編集長安達武さん、共同通信の石山永一郎さん、ネットサイト「日刊ベリタ」大野和興編集長、他複数の出版社の編集長、編集スタッフの方に感謝します。翻訳スタッフとして雇われた私に、「原稿、書いてみない？」と声をかけてくださった読売新聞英字新聞部の上司（当時）の麻生雍一郎さん、原稿の書き方を教えてくれた、現在は同新聞メディア戦略局データベース部の堀川真理子さん、ありがとう――お2人がいなければ、文章を書いていませんでした。最後まで原稿の仕上がりを待って下さり、決してあわてず対処して下さった中公選書編集長の横手さん、つたない原稿を精査して下さった校閲のスタッフの皆さん、大変お世話になりました。最後になりましたが、「適当に書けば？　どうせ誰も分からないんだから」と反語的なアドバイスをくれた英国の親戚 Mick Osborne さんとほかの英国の家族の皆さん、そして英国の家人、東京に住む日本の家族の皆さん、これまでの支援を心から感謝しています。そして、いま、このページを開いている、読者のあなたへ。この本を手にとってくれて、ありがとう。

この本では英国の新聞の中でもイングランド地方の全国紙を主に取り上げ、地方紙についてはほとんど言及がないことをお許しいただきたい。あくまでも、「ある一つのメディア史」のつもりである。いつか地方紙市場について詳細する機会を持てればと思う。

なお本文中で紹介した書籍のうち、表記を英文原題ではなく、仮和訳としているものがあります。読みやすさに考慮してのことですが、正式の原題は巻末の参考書籍リストをご覧ください。

事実関係に関しては、校閲さんの助けをお借りしながら、十分に検証したつもりですが、もし間違いなどがありましたら、どうぞご一報ください（ブログ「英国メディア・ウオッチ」、（http://ukmedia.exblog.jp/　電子メール ginkokoba@googlemail.com　ツイッター @ginkokobayashi)。

小林恭子

参考書籍、関連ウェブサイト

（ウェブサイトについては数が多いため、抜粋分を掲載）

■第1章　英国メディアの始まり　ニュースが生まれるまで（15世紀―17世紀）

〈書籍〉

A Dictionary of Book History: The First Three Thousand Years, John Feather（Croom Helm, September 1986）

A History of Christianity, Diarmaid MacCulloch（Allen Lane, September 24, 2009）

British History in Perspective: Henry VIII and the English Reformation Second Edition, Richard Rex（Palgrave Macmillan, March 30, 2006）

From Catholic to Protestant: Religion and the People in Tudor England, Doreen Rosman（UCL Press, 1996）

Newspapers and English Society, 1695-1855, Hannah Barker（Longman, October 18, 1999）

Reformation: Europe's House Divided 1490-1700, Diarmaid MacCulloch（Penguin Books, September 2, 2004）

Terry Jones' Medieval Lives, Alan Ereira and Terry Jones（BBC Books, May 5, 2005）

The Business of Books: Booksellers and the English Book Trade 1450-1850, James Raven (Yale University Press, March 29, 2007)
The English Civil Wars 1640-1660, Blair Worden (Weidenfeld & Nicholson, January 21, 2009)
The English Press 1621-1861, Jeremy Black (Sutton Publishing, January 18, 2001)
The Gunpowder Plot: Terror & Faith in 1605, Antonia Fraser (Mandarin Paperbacks, November 1, 1997)
The Seventeenth Century: Short Oxford History of the British Isles, Jenny Wormald (Oxford University Press, May 22, 2008)
The Time Traveller's Guide to Medieval England, Ian Mortimer (Vintage, January 21, 2009)
What the Tudors & Stuarts Did For Us, Adam Hart-Davis (Boxtree, October 1, 2003)
William Tyndale: A Biography, David Daniell (Yale University Press, April 10, 2001)

〈ウェブサイトの抜粋〉

BBC History London's Burning: The Great Fire www.bbc.co.uk/history/british/civil_war_revolution/great_fire_01.shtml
History of Printing http://www.historyworld.net/wrldhis/PlainTextHistories.asp?historyid=ab78
London and the Great Plague of 1665
Medieval London www.britannia.com/history/londonhistory/medlon.html

Museum of London London's burning www.museumoflondon.org.uk/Explore-online/Past/LondonsBurning/
Museum of London The Great Plague of 1665 www.museumoflondon.org.uk/Explore-online/Pocket-histories/plagues/page5.htm
Queen Elizabeth and the Church www.elizabethi.org/us/elizabethanchurch/queenandchurch.html
Stuart London www.britannia.com/history/londonhistory/stulon.html
The Cambridge History of English and American Literature in 18 Volumes (19007-21), Volumes II The End of the Middle Ages XIII The Introduction of Printing into England and the Early Work of the Press www.bartleby.com/212/1303.html
The Great Plague of 1665 http://mason.gmu.edu/˜ayadav/historical%20outline/great-plague.htm
The London Plague 1665 www.britainexpress.com/History/plague.htm
Treasure in Full Gutenberg Bible www.bl.uk/treasures/gutenberg/homepage.html
Treasures in Full Caxton's Chaucer www.bl.uk/treasures/caxton/homepage.html
イングランド内戦　www.open2.net/civilwar/timeline.html
ウェストミンスター宮殿、議会の歴史、イングランド内戦　www.parliament.uk
チャールズ1世　www.historyofwar.org/articles/people_charlesI.html
ウィリアム・キャクストン「気ままな言葉のコレクション」　www16.ocn.ne.jp/〜kageyama/

■第2章　政治権力と戦うプレス（18世紀―19世紀初）

〈書籍〉

Behind Closed Doors: At Home in Georgian England, Amanda Vickery（Yale University Press, October 2, 2009）

Britain Since 1789: A Concise History, Martin Pugh（Macmillan, August 1, 1999）

Britons: Forging the Nation 1707-1837, Linda Colley,（Yale University Press, September 15, 2009）

City of Laughter: Sex and Satire in Eighteenth-Century London, Vic Gatrell（Atlantic Books, October 12, 2006）

English Society in the 18th Century, Revised Edition, Roy Porter（Penguin Books, 1991）

George III: A Personal History, Christopher Hibbert（Penguin Books, September 2, 1999）

John Wilkes: A Friend to Liberty, Peter D.G. Thomas（Cleardon Press, March 28, 1996）

John Wilkes: The Scandalous Father of Civil Liberty, Arthur, H. Cash（Yale University Press, February 3, 2006）

My Trade: A Short History of British Journalism , Andrew Marr（Macmillan, September 2, 2004）

Obscure Scribblers: A History of Parliamentary Journalism, Andrew Sparrow（Politico's, May 1, 2003）

Robert Harley and the press: Propaganda and public opinion in the age of Swift and

Defoe, J.A. Downie（Cambridge University Press, August 28, 2008）
Tea & Coffee in the Age of Dr Johnson, Stephanie Pickford ed.（Dr Johnson's House Trust, March 20, 2008）
Tea & Coffee: Three Hundred Years of Tradition, Edward Bramah（Hutchinson, January 17, 1972）
The Penguin Social History of Britain: English Society in the 18th Century Revised Edition, Roy Porter（Penguin Books, November 1, 1991）
『紳士の国のインテリジェンス』川成洋著（集英社新書、集英社、２００７年７月22日）

〈ウェブサイトの抜粋〉
A New History of London: Including Westminster and Southwark, Book 1, CHAP. XXIV From the prosecution of Mr. Wilkes, to his being elected alderman of the ward of Farringdon without, John Noorthouck www.british-history.ac.uk/report.aspx?compid=46741
Carlo Khan's triumphal entry into Leadenhall Street, James Sayers, National Portrait Gallery http://www.npg.org.uk/collections/search/portrait/mw43275/Carlo-Khans-triumphal-entry-into-Leadenhall-Street?set=172%3BJames+Sayers+etchings&wPage=1&search=ap&rNo=36
Georgian London www.britannia.com/history/londonhistory/geolon.html
History Today: Britannia Roused: Political caricature and the fall of the Fox-North

coalition, David Johnson www.historytoday.com/david-johnson/britannia-roused-political-caricature-and-fall-fox-north-coalition
http://www.gutenberg.org/ebooks/2644
アイザック・ビッカースタッフ *The Predictions of Isaac Bickerstaff* www.museumofhoaxes.com/bickerstaff.html
Wilkes, Liberty, and Number 45, Jack Lynch www.history.org/Foundation/journal/summer03/wilkes.cfm
ウィリアム・ホガース　主要作品の解説と画像・壁紙　www.salvastyle.com/menu_rococo/hogarth.html

■第3章　国民と歩むメディア（19世紀—20世紀初）

〈書籍〉

Access to History: An introduction to Nineteenth Century British History 1800-1914, Michael Lynch（Hodder Education, 1999）
Crimea, Orlando Figes（Penguin Books, June 2, 2011）
Delane's War: How front-line reports from the Crimean War brought down the British Government, Tim Coates（Biteback Publishing, October 20, 2009）
Galipoli, Les Carlyon（Bantam New Edition, October 1, 2003）
Heinemann Advanced History: British Imperial and Foreign Policy 1846-1980, John Aldred

(Heinemann, May 28, 2004)
Heinemann Advanced History: Poverty and Public Health 1815-1948, Rosemar Rees (Heinemann, April 3, 2001)
Lords of Fleet Street: The Harmsworth Dynasty, Richard Bourne (Unwin Hyman Ltd, October 25, 1990)
Queen Victoria: First Media Monarch, John Plunkett (Oxford University Press, March 20, 2003)
The Financial Times: A Centenary History, David Kynasto, (Viking, February 11, 1988)
The Pursuit of Reason: The Economist 1843-1993, Ruth Dudley Edwards (Hamish Hamilton, September 2, 1993)

〈ウェブサイトの抜粋〉

James Gillray: The Art of Caricature www.tate.org.uk/britain/exhibitions/gillray/
Historical landmarks at The Times www.timesonline.co.uk/tol/tools_and_services/services/press_office/article2086405.ece
Distance Learning: A History of the Telegraph Companies in Britain between 1838 and 1868, Steven Roberts http://distantwriting.co.uk/default.aspx

■第4章　放送メディアが産声上げる（19世紀末―第2次世界大戦終了）

〈書籍〉

AQA A2 History British State and People, 1865-1915, Ailsa Fortune（Nelson Thornes, August 10, 2009）

Flagship History: Britain 1783-1918, Derrick Murphy, Richard Staton, Patrick Walsh-Atkins, Neil Whiskerd（Collins Educational, April 20, 2003）

Marconi's Atlantic Leap, Gordon Bussey（Marconi Communications, 2000）

Oxford Television Studies: British Television: A Reader, Edward Buscombe ed.（Oxford University Press, January 27, 2000）

Power Without Responsibility: Press, broadcasting and the internet in Britain seventh edition, James Curran and Jean Seaton（Routledge, August 20, 2010）

Reith of the BBC——My Father, Marista Leishman（Saint Andrew Press, September 26, 2008）

Royal: Her Majesty Queen Elizabeth II, Robert Lacey（Little, Brown, February 2, 2002）

Signor Marconi's Magic Box, Gavin Weightman（HarperCollins Publishers, March 17, 2003）

The History of Broadcasting in the United Kingdom, Volume I: The Birth of Broadcasting, Asa Briggs（Oxford University Press, 1961）

Twilight of Truth: Chamberlain Appeasement and the Manipulation of the Press, Richard Cockett（Palgrave Macmillan, June 1989）

『ＢＢＣイギリス放送協会　パブリック・サービス放送の伝統——第二版』簑葉信弘著（東信堂、２００３年１月）

〈ウェブサイトの抜粋〉
BBC Story www.bbc.co.uk/historyofthebbc/index.shtml
Teletronic: The Television History Site www.teletronic.co.uk/tvera.htm
Alfred Harmsworth www.spartacus.schoolnet.co.uk/BUharmsworth.htm

■第5章　戦後社会が大きく変わる（第2次世界大戦後—1979年）

〈書籍〉
Access to History: Britain 1945-2007, Michael Lynch（Hodder Education, October 31, 2008）
Access to History: context: An Introduction to Modern British History 1900-1999, Michael Lynch（Hodder Education, January 23, 2009）
Access to History: context: Nineteenth-Century British History 1800-1914, Michael Lynch（Hodder Education, 2008）
Grand Inquisitor: Memoirs by Sir Robin Day, Robin Day（George Windenfeld & Nicholson, October 19, 1989）
Itv Cultures: Independent Television Over Fifty Years, Catherine Johnson and Rob Turnock ed.（Open University Press, September 1, 2005）
My Paper Chase, Harold Evans（Little, Brown, September 24, 2009）
Publish and be Damned!: The astonishing story of the Daily Mirror, Hugh Cudlipp（First

published by Andrew Dakers, 1953, the revised edition by Revel Barker Publishing, November 2, 2009)
Suez: Britain's End of Empire in the Middle East, Keith Kyle（I.B. Tauris, January 30, 2011)

■第6章　サッチャー登場、自由競争の進展と多チャンネル化への道（１９７９年―１９９０年代半ば）

〈書籍〉

A Licence to be Different: The Story of Channel 4, Maggie Brown（British Film Institute, November 6, 2007)
Britain Since 1978: A Concise History, Martin Pugh（Macmillan Press, August 1, 1999)
DG: The Memoirs of a British Broadcaster, Alasdair Milne（Hodder & Stoughton, June 1, 1988)
Good Times, Bad Times, Harold Evans（Phoenix, June 2, 1994)
Maxwell: The Final Verdict, Tom Bower（HarperCollinsPublishers, December 2, 1996)
Maxwell's Fall: The Appalling Legacy of a Corrupt Man, Roy Greenslade（Simon & Schuster, April 1, 1992)
My Silent War, Kim Philby（Modern Library Paperback Edition, 2002)
Not Many Dead: Journal of a Year in Fleet Street, Nicholas Garland（Hutchinson, 1990)

Paper Dreams: The Story of The Independent and The Independent on Sunday by one of the three founders, Stephen Glover （Jonathan Cape, May 20, 1993）

Press Gang: How Newspapers Make Profits From Propaganda, Roy Greenslade (Macmillan, October 3, 2003)

Rupert Murdoch: Creator of a Worldwide Media Empire, Jerome Tuccille （BeardBooks, January 1, 1989）

Spycatcher: The Candid Autobiography of a Senior Intelligent Officer, Peter Wright （Viking, 1987）

Television under the Tories; Broadcasting Policy 1979-1997, Peter Goodwin （British Film Institute, September 1, 1998）

The Battle for the BBC, Steven Barnett and Andrew Curry （Aurum Press, August 1994）

The Dream That Died: The rise and fall of ITV, Raymond Fitzwater （Matador, 2008）

The Fun Factory: A Life in the BBC, Will Wyatt （Aurum Press, June 16, 2003）

The Woman From Mossad: The Torment of Mordechai Vanunu, Peter Hounam （VISION Paperbacks, 1999）

『英国王室と英国人』荒井利明著（平凡社新書、平凡社、２０００年９月）

『イギリスの情報外交：インテリジェンスとは何か』小谷賢著（ＰＨＰ新書、ＰＨＰ研究所、２００４年11月29日）

■第7章　24時間報道体制を生きる国民、激変するメディア環境（1990年代半ば―現在）

〈書籍〉

A Field Guide to the English, Sarah Lyall（Quercus, June 4, 2009）

A Press Free and Responsible: Self-regulation and the Press Complaints Commission 1991-2001, Richard Shannon（John Murray, September 6, 2001）

Conrad Black and Lady Black: Dancing on the Edge, Tom Bower（Harper Perennial, July 29, 2011）

Flat Earth News, Nick Davies（Chatto & Windus, February 7, 2008）

Inside Story, Greg Dyke（HarperCollinsPublishers, September 13, 2004）

Inside WikiLeaks: My Time with Julian Assange at the World's Most Dangerous Website, Daniel Domscheit-Berg with Tina Klopp（Jonathan Cape, February 15, 2011）

News of the World?: Fake Sheikhs & Royal Trappings, Peter Burden（Eye Books, May 14, 2009）

No Expenses Spared, Robert Winnett and Gordon Rayner（Bantam Press, September 25, 2009）

Outfoxed:Rupert Murdoch's War on Journalism, Alexandra Kitty（Disinformation Company Ltd., February 5, 2005）

Prime Ministers and the Media: Issues of Power and Control, Colin Seymour-Ure（Blackwell Publishing, August 22, 2003）

Rupert Murdoch: The Untold Story of the World's Greatest Media Wizard , Neil Chenoweth (Crown Business, November 2002)

Rupert's Adventures in China: How Murdoch Lost a Fortune and Found a wife, Bruce Dover (Mainstream Publishing, 2008)

Sultans of Spin: The Media and New Labour Government, Nicholas Jones (Guernsey Press, May 6, 1999)

Tabloid Nation: From the Birth of the Daily Mirror to the Death of the Tabloid, Chris Horrie (Andre Deutsch Ltd, October 1, 2003)

Thatcher & Sons: A Revolution in Three Acts, Simon Jenkins (Penguin Allen Lane, October 5, 2006)

The Blair Revolution Revisited, Peter Mandelson (Politico's, July 10, 2002)

The Control Freaks: How New Labour Gets its Own Way, Nicholas Jones (Politico's Publishing, March 1, 2001)

The Labour Party, Steven Fielding (Palgrave Macmillan, September 26, 2003)

The Man Who Owns the News: Inside the Secret World of Rupert Murdoch, Michael Wolff (Vintage Books, May 6, 2010)

The Rise of Political Lying, Peter Oborne (Simon & Schuster, April 11, 2005)

The Silent State, Heather Brooke (Windmill Books, January 6, 2011)

The Triumph of the Political Class, Peter Oborne (Simon & Schuster, September 17, 2007)

This is Today…, Tim Luckhurst (Aurum Press Ltd., September 27, 2001)
Trading Information: Leaks, Lies and Tip-offs, Nicholas Jones (Politico's, July 3, 2006)
Westminster Tales: The Twenty-first-century Crisis in Political Journalism, Steven Barnett and Ivor Gaber (Continuum, April 26, 2001)
What the Media Are Doing to Our Politics, John Lloyd (Constable, June 24, 2004)
Who Runs This Place?: The Anatomy of Britain in the 21st Century, Anthony Sampson (John Murray, April 12, 2004)
WikiLeaks: Inside Julian Assange's War on Secrecy, David Leigh and Luke Harding (Guardian Books, February 1, 2011)
『イギリス現代政治史』梅川正美・阪野智一・力久昌幸編著（ミネルヴァ書房、２０１０年４月）
『イギリス現代政治の軌跡——指導者たちの現代史』黒岩徹著（丸善ライブラリー、丸善、１９９８年２月）
『イギリス政治はおもしろい』菊川智文著（ＰＨＰ新書、ＰＨＰ研究所、２００４年５月）
『英国式事件報道：なぜ実名にこだわるのか』澤康臣著（文藝春秋、２０１０年９月30日）
『決断するイギリス：ニューリーダーの誕生』黒岩徹著（文春新書、文藝春秋社、１９９９年２月）
『決断の代償：ブレアのイラク戦争』山本浩著（講談社、２００４年４月）
『ケリー博士の死をめぐるＢＢＣと英政府の確執』簑葉信弘著（東信堂ブックレット、東信堂、２００４年９月）
『仁義なき英国タブロイド伝説』山本浩著（新潮新書、新潮社、２００４年12月20日）
『世界の裁判員——14カ国イラスト法廷ガイド』神谷説子、澤康臣著（日本評論社、２００９年６月）

『日本人が知らないウィキリークス』小林恭子、白井聡、塚越健司、津田大介、八田真行、浜野喬士、孫崎享著（新書y、洋泉社、２０１１年２月５日）
『フリーペーパーの衝撃』稲垣太郎著（集英社新書、集英社、２００８年１月17日）
『ブレアのイラク戦争――イギリスの世界戦略』梅川正美・阪野智一編著（朝日新聞社、２００４年12月）
月刊誌『Journalism』２０１１年８月号「海外メディア報告：英最大の日曜紙、突然の廃刊　―盗聴疑惑に揺れるマードック帝国」小林恭子著（朝日新聞出版）

■全章

Fleet Street: Five Hundred Years of the Press, Dennis Griffiths（The British Library, March 23, 2006）
News and Journalism in the UK 4th edition, Brian McNair（Routledge, February 17, 2003）
Read All About It!: A history of the British newspaper, Kevin Williams（Routledge, 2010）
The British Press, Mick Temple（Open University Press, 2008）
The Elements of Journalism: What Newspeople Should Know and the Public Should Expect, completely updated and revised, Bill Kovach and Tom Rosenstiel（Three Rivers Press, April 24, 2007）
The Encyclopedia of the British Press 1422-1992, Dennis Griffiths ed.（Macmillan Press, September 1992）

The Press and Society: From Caxton to Northcliffe, G.A. Cranfield（Longman, June 5, 1978）

『ＮＨＫデータブック世界の放送２００９』ＮＨＫ放送文化研究所編（ＮＨＫ出版、２００９年2月25日）

▼放送、新聞業界関連ウェブサイト

Audit Bureau of Circulations http://www.abc.org.uk/

Broadcasters' Audience Research Board, Barb http://www.barb.co.uk/

Department for Culture, Media and Sport http://www.culture.gov.uk/

Ofcom http://www.ofcom.org.uk/

Press Complaints Commission http://www.pcc.org.uk/

The Culture, Media and Sport Committee at the House of Commons
http://www.parliament.uk/business/committees/committees-a-z/commons-select/culture-media-and-sport-committee/

図表資料

日刊・全国紙の発行部数（2011年6月）

新聞名	6月部数	前年同月比（%）	2011年 1-6月平均	前年同時期比（%）
「サン」	2,806,746	-5.81	2,839,248	-4.65
「デイリー・メール」	2,047,206	-2.17	2,070,310	-1.33
「デイリー・ミラー」	1,170,541	-6.28	1,171,722	-5.39
「デイリー・スター」	708,163	-12.57	708,684	-12.66
「デイリー・レコード」	305,840	-5.38	310,298	-5.40
「デイリー・エクスプレス」	621,871	-6.39	627,743	-6.05
「デイリー・テレグラフ」	622,719	-8.60	632,617	-7.97
「タイムズ」	440,581	-12.52	447,059	-11.76
「フィナンシャル・タイムズ」*	356,194	-9.10	371,932	-5.50
「ガーディアン」	256,283	-10.46	263,458	-9.29
「インディペンデント」	176,681	-5.59	180,814	-3.33
「i（アイ）」**	173,165	—	165,596	—

*「フィナンシャル・タイムズ」の部数のほぼ3分の2は英国外での発行数
**2010年10月創刊
注：数字は該当期間の平均部数。資料元は英 Audit Bureau of Circulations

日曜・全国紙の発行部数（2011年6月）

新聞名	6月部数	前年同月比（%）	2011年 1-6月平均	前年同時期比（%）
「ニューズ・オブ・ザ・ワールド」*	2,667,428	-5.70	2,683,917	-7.75
「メール・オン・サンデー」	1,927,791	0.98	1,923,372	-2.01
「サンデー・ミラー」	1,087,796	-5.24	1,086,664	-4.81
「サンデー・タイムズ」	1,000,848	-7.82	1,030,215	-7.87
「サンデー・エキスプレス」	539,478	-4.84	550,248	-3.98
「サンデー・テレグラフ」	474,722	-6.68	486,844	-5.29
「ピープル」	474,549	-8.61	483,348	-8.79
「サンデー・メール」	360,475	-6.94	304,133	-7.62
「デイリー・スター・サンデー」	305,978	-13.12	304,711	-13.18
「オブザーバー」	288,928	-11.59	298,264	-11.61
「インディペンデント・オン・サンデー」	151,229	-3.76	152,507	-3.98

＊ニューズ・オブ・ザ・ワールド紙が2011年7月10日で廃刊後、他紙の部数が増え、全体の部数減少傾向が正しく反映されないため、6月の数字を紹介

注：数字は該当期間の平均部数。資料元は英 Audit Bureau of Circulations

各放送局の年間平均視聴占有率（%）

チャンネル名	2001	2002	2003	2004	2005	2006	2007	2008	2009	2010
BBC	38.13	38.5	38.28	36.65	35.21	34.46	34.01	33.54	32.62	32.9
ITV	26.96	24.87	24.66	24.14	24.13	23.12	23.21	23.23	23.13	22.86
チャンネル4	10.34	10.81	10.36	10.48	11.00	12.09	11.71	11.57	11.24	11.18
チャンネル5*	5.75	6.29	6.46	6.57	6.43	5.87	5.99	6.08	6.12	5.91
Bスカイ B	5.77	6.04	6.35	6.45	6.36	6.73	6.36	6.02	6.88	6.61
その他	13.05	13.49	13.89	15.71	16.87	17.73	18.72	19.56	20.01	20.54

＊チャンネル5は2002年から2010年まで、名称が「ファイブ」に

注：数字は該当期間の平均。資料元は英 Broadcasters' Audience Research Board, BARB

英国新聞サイトのブラウザー数ランキング上位（2011年7月）

ウェブサイト名	日間平均ブラウザー数	前年の日間平均比（%）	月間平均ブラウザー数	前年同月比（%）
「メール・オンライン」（「デイリー・メール」及び「メール・オン・サンデー」）	4,239,304	69.92	72,964,048	8.72
「ガーディアン」（「ガーディアン」及び「オブザーバー」）	2,810,046	45.32	49,715,584	（公表せず）
「テレグラフ」（「デイリー・テレグラフ」及び「サンデー・テレグラフ」	1,965,481	21.08	36,457,713	4.96
「ミラー・グループ・デジタル」（「デイリー・ミラー」及び「サンデー・ミラー」）	737,494	43.5	15,542,461	5.67
「インディペンデント」（「インディペンデント」及び「インディペンデント・オン・サンデー」）	622,543	31.92	13,516,692	0.03

注：「タイムズ」、「サン」、「サンデー・タイムズ」は有料購読制を導入し、調査に参加していない。
（資料元は英Audit Bureau of Circulations）

中公選書　刊行のことば

電子化と世界標準化の時代を迎えて、わたしたちはいま、価値転換のダイナミズムのなかにいます。多様で複雑な課題に囲まれており、そのどれもが、深い思索をくり返さないと、解決への道は拓けないものばかりです。しかし、わたしたちには一つの信頼があります――知はしなやかで、自在である。問題解決に向かう、着実な歩みができるものである、と。混沌とした世界で、確かな知の営みをすすめる――それが新しいシリーズ、中公選書の決意です。

２０１１年11月　中央公論新社

中公選書　004

英国《えいこく》メディア史《し》

2011年11月10日　初版発行

著　者　小林恭子《こばやしぎんこ》

発行者　小林敬和

発行所　中央公論新社
〒104-8320　東京都中央区京橋2-8-7
電話　販売　03-3563-1431　編集　03-3563-2312
URL http://www.chuko.co.jp/

印　刷　凸版印刷
製　本　凸版印刷

Published by CHUOKORON-SHINSHA, INC.
Printed in Japan　ISBN978-4-12-110004-7 C1322

本書に関連する事項の経過表

新聞・出版

15世紀
キャクストンがウェストミンスター寺院境内にイングランド初の印刷所を設置（1476）
ウィンキン・デ・ウォルデがフリート街の聖ブライズ教会の隣に印刷機を設置（1500）
16世紀
イングランド最初のニュースの印刷物「トゥルー・エンカウンター」発行（1513）
出版禁止となる書籍のリストを当局が作成（1529）
新約聖書を英訳したウィリアム・ティンダルが絞首、火あぶりの刑に（1536）
宗教改革後初の印刷物検閲に関わる布告（1538頃）
ロンドンの書籍出版事業組合が印刷業の独占権を得る（1557）
星室庁による印刷令で、すべての印刷書籍に認可が必要となる（1586）
17世紀
「タバコへの抗議」（1604）
最初の英語のコラントがアムステルダムで発行（1620）
ニコラス・バーンらがコラント「ウィークリー・ニュース・フロム・イタリー」をロンドンで発行（1621頃）
星室庁が、すべての印刷物は書籍出版事業組合を通じてオックスフォード大学の図書館に届けるべしという布告を出す（1637）
星室庁、廃止（1641）
議会報道の認可を受けた最初のニュース本「パーフェクト・ジャーナル」発行（1642）
国王派と議会派との間で発行物の競争が起きる。国王派の「マーキュリアス・アウリカス」、議会派の「マーキュリアス・ブリタニカス」など（1643）
ジョン・ミルトンの『言論・出版の自由』（または『アレオパジティカ』）出版（1644）
護国卿体制下、すべてのニュース本の発行が禁止される（1649）
オックスフォードに英国初のコーヒーハウス「エンジェル」がオープン（1650）
ミルトンが印刷物の検閲官に任命される（1651）
初の広告のみのニュース本「パブリック・アドバタイザー」発行（1657）

王政復古後、ヘンリー・マッディマンにニュース本発行の独占権を授与（1660）
印刷・出版物免許法（1662）の下、印刷物はキングズ・ライブラリー（後の大英図書館）とケンブリッジ大学の図書館にも届けるよう義務化される。同法が最終的に失効するのは1694年
プレスの監視役になったロジャー・レストランジがニュース発行を独占化。政府の公式新聞「オックスフォード・ガゼット」（後の「ロンドン・ガゼット」）創刊（1665）
「ドメスティック・インテリジェンス」創刊（1679）
「ジェントルマンズ・ジャーナル」創刊（1692）
女性誌の先駆け「レディーズ・マーキュリー」創刊（1693）
海運情報を掲載する「ロイズ・ニュース」（のちの「ロイズ・リスト」）創刊（1696）
「エディンバラ・ガゼット」創刊（1699）
18世紀
最初の地方紙「ノーウィッチ・ポスト」創刊（1701頃）
初の日刊紙「デイリー・コラント」創刊（1702）
デフォーによる「ウィークリー・レビュー」創刊（1704）
初の夕刊紙「イブニング・ポスト」創刊（1706）
初の著作権法（「アン法」）成立（1709、施行1710）。「タトラー」創刊
スウィフトの「エグザミナー」創刊（1710）
「スペクテーター」創刊（1711）
印紙法が印刷物に適用される（1712）
『ロビンソン・クルーソー』出版。「デイリー・ポスト」、「ロンドン・ジャーナル」など創刊（1719）
印紙法が適用される新聞の範囲が拡大する（1725年、その後19世紀初頭まで数度繰り返される）
『ガリバー旅行記』出版（1726）
「ロンドン・イブニング・ポスト」創刊（1727）
「グラブストリート・ジャーナル」、「デイリー・アドバタイザー」（後者は当初広告のみ）創刊（1730）
「ジェントルマンズ・マガジン」創刊（1731）、５年後に議会報道を開始

「ロンドン・マガジン」創刊（1732）
「ロイズ・リスト」創刊（1734）
すべての議会報道が禁止される（1738）
サミュエル・ジョンソンの「ランブラー」創刊（1750）
ウィルクスの「ノース・ブリトン」創刊（1762）
ウィルクス、扇情的名誉毀損罪で起訴される（1763）
ホガース、ギルレイ、クルックシャンクなどによる風刺画が人気に（1760-1820頃）
「モーニング・クロニクル」創刊（1769）
現在の「ロイズ・リスト」の前身となる「ニュー・ロイズ・リスト」創刊（1770）
新聞が議会審議を報道する権利を勝ち取る（1771）
「モーニング・ポスト」創刊（1772）
ハンサードが最初の議会報道を行う（1774）
貴族院が審議の報道を許可する（1775）
初の日曜紙「ブリティッシュ・ガゼット＆サンデー・モニター」創刊（1779）
「モーニング・ヘラルド」創刊（1780）
「デイリー・ユニバーサル・レジスター」創刊（1785）
「デイリー・ユニバーサル・レジスター」が「タイムズ」に改名。最初の定期的な夕刊紙「スター」創刊（1788）
日曜紙「オブザーバー」創刊（1791）
トーマス・ペインの『人間の権利』出版（1791－92）
フォックスの名誉毀損法で新聞が名誉毀損にあたるかどうかを陪審員が決めることになる。郵便局が全国紙の地方への郵送を無料にする。「トゥルー・ブリトン」、「ワールド」創刊（1792）
「モーニング・アドバタイザー」創刊（1794）
19世紀
「ウィークリー・ディスパッチ」創刊（1801）
コベットが「ウィークリー・ポリティカル・レジスター」創刊（1802）
風刺画家ギルレイによる「プラム・プディングの危機」（1805）
「タイムズ」がロビンソン記者を初の外国特派員記者として任命（1807）

「クォータリー・レビュー」創刊（1809）
コベットが始めた「パーラメンタリー・ディベーツ」（1804）をハンサードが発行（1812）
ケーニッヒ印刷機が「タイムズ」に導入される（1814）
「スコッツマン」創刊（1817）
「ピータールーの虐殺」報道で「タイムズ」の記者が逮捕される。急進プレスを抑制する「六か条法」施行（1819）
「ロンドン・マガジン」、「ジョン・ブル」創刊（1820）
「マンチェスター・ガーディアン」（後の「ガーディアン」）創刊（1821）
「サンデー・タイムズ」創刊（1822）
科学雑誌「ランセット」創刊（1823）
「ウェストミンスター・レビュー」創刊（1824）
「スタンダード」が午後に発行される新聞として創刊（1827年）、1916年に朝刊紙になる
保守系政治雑誌「スペクテーター」創刊（1828）
「プアマンズ・ガーディアン」創刊（1831）
「ベルズ・ニューウィークリー・メッセンジャー」に、記録に残る初の新聞漫画が掲載される（1832）
地方紙の団体「ニューズペーパー・ソサエティー」発足（1836）
代表的急進プレス「ノーザン・スター」創刊（1837）
「パンチ」創刊（1841）
「ロイズ・イラストレーテッド・ロンドン・ニューズペーパー」（後の「ロイズ・ウィークリー・ニューズペーパー」）、「イラストレーテッド・ロンドン・ニューズ」創刊（1842）
「ニューズ・オブ・ザ・ワールド」、「エコノミスト」創刊（1843）
「タイムズ」が電報で受け取ったニュースを初めて報道（1844）
ソールトヒル殺人事件（1845）
チャールズ・ディケンズが編集した「デイリー・ニューズ」創刊（1846）
書籍商W. H. スミス２世が鉄道の全駅で新聞を売る権利を取得（1848）

「レイノルズ・ウィークリー・ニューズペーパー」（後の「レイノルズ・ニューズ」）創刊（1850）。「タイムズ」が「フォース・エステート」と呼ばれるようになる（1850頃以降）
ロイターがロンドンに通信社を開設（1851）
広告税の廃止。「タイムズ」がラッセル記者をクリミア戦争の報道に任命（1853）
印紙税の廃止。「デイリー・テレグラフ・アンド・クーリエ」創刊（1855）
「タイムズ」がステロ版印刷機を導入（1857）
「アイリッシュ・タイムズ」創刊（1859）
夕刊紙「イブニング・スタンダード」が朝刊紙「スタンダード」と合併（1860）
紙税廃止（1861）
「パルメル・ガゼット」創刊（1865）
地方紙によるＰＡ通信発足。「マンチェスター・イブニング・ニューズ」創刊（1868）
「ロンドン・デイリー・クロニクル」（後の「デイリー・クロニクル」）、自然科学の雑誌「ネイチャー」創刊（1869）
「ノーザン・エコー」創刊（1870）
「セントラル・ニューズ」が電信利用を開始（1871）
「エクスチェンジ・テレグラフ」がＰＡ通信などに対抗して発足（1872）
「ニュージャーナリズム」の流行（1880年代）
「イブニング・ニューズ」、「ティットビッツ」、「ピープル」創刊（1881）
ロンドンに「プレスクラブ」発足（1882）
全国ジャーナリスト協会（ＮＪＡ）発足。「フィナンシャル・ニューズ」創刊（1884）
「アンサーズ」、「フィナンシャル・タイムズ」、「スター」創刊（1888）
「デイリー・ディスパッチ」創刊（1889）
「デイリー・グラフィック」、「ウーマン」創刊（1890）
シャーロック・ホームズの小説を初めて掲載した「ストランド・マガジン」創刊（1891）
最初の半ペニー全国紙「モーニング」（後の「デイリー・エクスプレス」）、「モーニング・リーダー」創刊（1892）
「ウェストミンスター・ガゼット」、「スケッチ」創刊（1893）
アルフレッド・ハームズワースが「イブニング・ニューズ」を買収（1894）

「デイリー・レコード」創刊（1895）
「デイリー・メール」創刊（1896）
「デイリー・メール」の発行部数が100万部に。ピアソンが「モーニング・ヘラルド」を買収し、「デイリー・エクスプレス＆モーニング・ヘラルド」に改名する（後の「デイリー・エクスプレス」）（1900）
20世紀
「タトラー」創刊（1901）
「タイムズ・リテラリー・サプルメント」創刊（1902）
初の女性向け日刊紙「デイリー・ミラー」創刊（1903）
ピアソンが「スタンダード」と「イブニング・スタンダード」を買収。「デイリー・ミラー」がイラストを重視した新聞に刷新される（1904）
アルフレッド・ハームズワース（ノースクリフ卿）が「オブザーバー」を買収（1905）
新聞所有者協会発足（1906）
「全国ジャーナリスト組合」（ＮＵＪ）発足。C．P．スコットが「マンチェスター・ガーディアン」を買収（1907）
ノースクリフ卿が「タイムズ」を買収（1908）
「デイリー・スケッチ」創刊、大英帝国プレス会議が開催（1909）
デービソン・ダルジールが「スタンダード」を買収。「ワールド」（後の「デイリー・ヘラルド」）創刊（1910）
ウィリアム・ウォルドルフ・アスターが「オブザーバー」の新所有者に。新著作権法施行（1911）
「デイリー・ヘラルド」、「デイリー・シチズン」創刊（1912）
「サンデー・ポスト」創刊（1914）
「サンデー・ピクトリアル」（後の「サンデー・ミラー」）創刊。ベリー兄弟が「サンデー・タイムズ」を買収。フルトンが「イブニング・スタンダード」を買収。キース・マードックが「ガリポリ書簡」を書く（1915）
マックス・エイトケン（後のビーバーブルック卿）が「デイリー・エクスプレス」の支配株を所有（1916）
朝刊「スタンダード」が廃刊に（1917）
「サンデー・エクスプレス」創刊（1918）
ウィリアム・ベリーが「フィナンシャル・タイムズ」を買収（1919）

「ウェストミンスター・ガゼット」が朝刊に（1921）
ノースクリフ卿死去、アソシエーテッド・ニューズペーパーズ社、アマルガメーテッド・プレス社を弟のロザミア卿が引き継ぐ。ＪＪアスターが「タイムズ」の支配権を得る。労働党と労働組合会議（ＴＵＣ）が「デイリー・ヘラルド」の運営を引き取る（1922）
フルトン・チェーンの発行物をロザミア卿が買収。ビーバーブルック卿が「イブニング・スタンダード」を乗っ取る（1923）
ベリー兄弟らが「サンデー・タイムズ」と旧フルトン・チェーンのほとんどの発行物を出すアライド・ニューズペーパーズ社を発足させる（1924）
ＰＡ通信がロイター通信の過半数の株を所有する（1925）
ゼネスト発生。政府発行の「ブリティッシュ・ガゼット」。ＴＵＣの「ブリティッシュ・ワーカー」創刊（1926）
「デイリー・テレグラフ」がベリー兄弟に買収される。ケムズリー・ニューズペーパーズ社創立。「ウーマンズ・ジャーナル」創刊（1927）
「デイリー・ヘラルド」の支配権をオーダムズ・プレスが得る（1929）
「デイリー・クロニクル」と「デイリー・ニューズ」が合併して「ニューズ・クロニクル」に。「デイリー・ワーカー」（後の「モーニング・スター」）創刊（1930）
新聞の発行部数を管理する「新聞雑誌部数公査機構」（ＡＢＣ）が発足（1931）
ロンドン・コリンデールに大英博物館の新聞図書館ができる（1932）
「テレグラフ」が「モーニング・ポスト」を吸収。アライド・ニューズペーパーズ社、解体（1937）
第２次世界大戦中の措置として情報省が設置される（1939）
新聞用紙が配給制に（1940）
政府批判で「デイリー・ワーカー」と「ウィーク」が一時発行停止、「デイリー・ミラー」が警告受ける。ＰＡ通信と新聞所有者協会がロイター通信を共同運営（1941）
「フィナンシャル・ニューズ」が「フィナンシャル・タイムズ」を乗っ取る（1945）
新聞用紙への規制の一部解除。「英国新聞編集者ギルド」の結成（1946）
新聞などの支配、管理、所有を調査する王立委員会発足（1947）
オーウェルの『1984年』出版。「デイリー・ミラー」のボラム編集長が法廷侮辱罪で実刑判決を受ける。王立委員会が新聞界は「汚職とは無縁」とする報告書を出す（1949）
「ニューズ・オブ・ザ・ワールド」の発行部数が850万部近くに（1950）

エリザベス女王の戴冠式の日、「デイリー・ミラー」が英国の日刊紙としては最大部数（716万1704部）を売る。トムソンが「スコッツマン」を買収。新聞業界の自主監視団体「ジェネラル・カウンシル・オブ・ザ・プレス」発足（1953）
１ヶ月にわたる全国紙のスト。「ニューズ・クロニクル」が「デイリー・スケッチ」を吸収。新聞用紙の配給制、終わる（1955）
「フィナンシャル・タイムズ」がピアソン・グループに吸収される（1957）
トムソンが「サンデー・タイムズ」を含む、ケムズリー・グループの発行物を買収。地方紙が６週間にわたるスト（1959）
「ニューズ・クロニクル」、「スター」、「サンデー・グラフィック」、「エンパイヤー・ニューズ」廃刊（1960）
プレスに関わる調査委員会発足。「サンデー・ディスパッチ」が「サンデー・エクスプレス」と合併。「サンデー・テレグラフ」、「プライベート・アイ」創刊（1961）
「サンデー・タイムズ・マガジン」発行。「レイノルズ・ニューズ」が「サンデー・シチズン」と合併（1962）
プロフューモ事件で陸相が辞任。トムソンが「エディンバラ・イブニング・ニューズ」を買収。「デイリー・ミラー」を含む新聞を発行する出版社ＩＰＣ発足（1963）
ビーバーブルック卿死去。「ジェネラル・カウンシル」が「プレス・カウンシル」（新聞評議会）として改組される。「オブザーバー・マガジン」、「テレグラフ・マガジン」発行。ＩＰＣが「デイリー・ヘラルド」を「サン」として発行。ルパート・マードックがオーストラリアで「オーストラリアン」創刊（1964）
「タイムズ」が１面にニュースを掲載。トムソンが「タイムズ」を買収。「ノーザン・エコー」の報道がきっかけでティモシー・エバンズが無罪に（1966）
新聞所有者協会が新聞出版社協会に改名。「タイム・アウト」創刊（1968）
マードックが「ニューズ・オブ・ザ・ワールド」と「サン」を買収し、小型タブロイド判にする。「パンチ」と「ヨークシャー・ポスト」をユナイテッド・ニューズペーパーズ社が買収（1969）
リード・グループとＩＰＣがリード・インターナショナル社となる（1970）
「デイリー・スケッチ」を吸収した「デイリー・メール」がタブロイド判に（1971）
「タイムズ」がプリンティング・ハウス・スクエアからグレイズ・イン・ロードに引っ越す。第３回目のプレスに関する調査委員会発足（1974）
リード・インターナショナル社がミラーグループ・ニューズペーパーズ社とＩＰＣ（ほかの定期刊行物発行）という２つの子会社を作る（1975）
「オブザーバー」の過半数の株を米ＡＲＣＯ社が獲得。ノッティンガムの「イブニング・ポスト」がジャーナリストが直接原稿を入力する方式を採用する、最初の新聞となる（1975）

トラファルガー・ハウス社がビーバーブルック・ニューズペーパーズ社（後、エクスプレス・ニューズペーパーズ社に改名）を買収。ＡＲＣＯが「オブザーバー」をロンロー社に売却（1977）
マンチェスターで「デイリー・スター」創刊（1978)。「タイムズ」と「サンデー・タイムズ」の発行が11ヶ月間停止（1978－79）
「フィナンシャル・タイムズ」が初の国際版を独フランクフルトで発行（1979）
「デイリー・スター」がロンドンでも発行に。ロンドンの「イブニング・ニューズ」が廃刊になり、トラファルガー・ハウスとアソシエーテッドが「イブニング・スタンダード」を共同運営（「ニュー・スタンダード」に改名されるが、後、「スタンダード」に）（1980）
ニューズ・インターナショナル社が「タイムズ」と「サンデー・タイムズ」を買収。ロンロー社が「オブザーバー」を買収（1981）
「スタンダード」を除く、トラファルガー・ハウスの発行組織がフリート・ホールディングズに改名。創刊された「メール・オン・サンデー」で英国で初の写真植字が使われる（1982）
シャーがウォリングトン印刷所で労組員と対決。デズモンドのノーザン＆シェル社が米「ペントハウス」の英国での販売を担当することに（1983）
マックスウェルがミラー・グループを買収。ロイター通信が株式上場（1984）
ユナイテッド・ニューズペーパーズ社がフリート・ホールディングズ社（エクスプレス・ニューズペーパーズ）を買収。ブラックが「デイリー・テレグラフ」と「サンデー・テレグラフ」の支配株式を所有。アソシエーテッド・ニューズペーパーズ社が「スタンダード」を完全所有（1985）
「スパイキャッチャー」事件（1985－1991）
ニューズ・インターナショナル社が傘下の新聞の制作をワッピングに移動。シャーが「トゥデー」を、ウイッタムスミスが「インディペンデント」を創刊（1986）
フリート街から新聞社が出ていく動きが続く（1980年代半ばから1990年末）
「ロンドン・デイリー・ニューズ」創刊。アソシエーテッド・ニューズペーパーズ社が一時「イブニング・ニューズ」を復刊。マードックが「トゥデー」を買収（1987）
「デイリー・ミラー」が全国紙でカラー革命を起こす（1988）
「インディペンデント・オン・サンデー」、「ヨーロピアン」創刊（1990）
新聞評議会が報道苦情委員会（ＰＣＣ）として再出発。マックスウェル死去、ミラー・グループをモンゴメリーが引き継ぐ（1991）
バークレー兄弟が「ヨーロピアン」を買収（1992）

「サン」が値下げ戦争を開始、「タイムズ」、「テレグラフ」他数紙が値下げ競争に参加し、1995年に終了。「オブザーバー」がガーディアン・メディア・グループに買収される（1993）
「トゥデー」廃刊。スウェーデンで無料紙「メトロ」創刊。バークレー兄弟が「スコッツマン」を買収。「ガーディアン」とＩＴＶの「ワールド・イン・アクション」がエイトケン副財務大臣がサウジアラビアから武器契約に絡み賄賂を受け取っていたと報じ、エイトケンが「ガーディアン」を名誉毀損で提訴（1995）
ユナイテッド・ニューズ・アンド・メディア社（エクスプレス・ニューズペーパーズ含む）がＭＡＩグループと合併（1996）
エイトケン敗訴（1997）
インディペンデント・ニューズペーパーズ社がニューズペーパー・パブリッシング社（「インディペンデント」、「インディペンデント・オン・サンデー」を発行）を買収（1998）
ミラー・グループが地方紙出版社トリニティーと合併し、トリニティー・ミラーになる。アソシエーテッド・ニューズペーパーズ社が日刊無料紙「メトロ」を創刊。スウェーデン発祥の「メトロ」はイングランド地方の一部で「モーニング・ニューズ」として配布されたが、まもなくして消える。エイトケンが偽証罪と司法妨害で有罪に（1999）
ノーザン＆シェル社がエクスプレス・ニューズペーパーズ社を買収（2000）
21世紀
「インディペンデント」が小型化し、「タイムズ」も続く。ブラックが、米ホリンジャー・インターナショナル社最高経営責任者の職を解任される。「ガーディアン」が防衛関連大手ＢＡＥシステムズがサウジアラビアから武器売却契約で賄賂を受け取っていたとする報道を開始（2003）
「デイリー・ミラー」が頭巾をかぶったイラク兵らに英兵が放尿をしている写真を掲載するもやらせと判明し、編集長解雇。バークレー兄弟が「デイリー・テレグラフ」、「サンデー・テレグラフ」などを買収。重大不正捜査局がＢＡＥシステムズの賄賂疑惑の捜査を開始（2004）
「ガーディアン」がベルリナー判に変更。「ニューズ・オブ・ザ・ワールド」が王室関係者の携帯電話を盗聴しているのではないかという疑念が浮上。情報公開法施行（2005）
経済・金融の無料紙「シティーＡＭ」創刊、「ロンドン・ペーパー」と「ロンドン・ライト」が配布部数を競うロンドン無料紙戦争発生。「デイリー・テレグラフ」、「サンデー・テレグラフ」が新社屋へ引越し、「統合編集室」を作る。ネット広告が全国紙の広告費を追い抜く。重大不正捜査局によるＢＡＥシステムズの賄賂疑惑捜査が、政府の介入で中止（2006）

翌日の新聞の発行を待たず、適宜ウェブ・サイトで先にニュースを出す「ウェブ・ファースト」戦略、紙の新聞の制作とウェブ・サイトの制作部門を統合させる「統合編集室」などが、新聞界に波及（2006－2008頃）
「ニューズ・オブ・ザ・ワールド」の王室報道記者と私立探偵が携帯電話への不正アクセスで有罪となり、実刑判決、編集長辞任、ブラックが詐欺罪と司法妨害罪で有罪となる。「乳幼児ゆさぶり症候群」で保育中の乳児を死なせたとして、実刑判決を受けた女性の裁判で、陪審長だった男性が「タイムズ」に匿名で誤審を示唆。「ガーディアン」とＢＢＣがＢＡＥシステムズが元駐米サウジアラビア大使に巨額の裏金を支払っていたと報道（2007）
「乳幼児ゆさぶり症候群」事件で陪審長だった男性が「タイムズ」に実名（マイケル・セッカーソン）で誤審を示唆する記事を出す。ポルトガルで行方不明になった少女を巡る報道で、両親を犯人扱いした「デイリー・エクスプレス」が名誉毀損で和解金を支払う。「タイムズ」が社説を論説面から２面に移動。通信社電にたよる新聞界を批判した本「フラット・アース・ニューズ」出版（2008）
セッカーソンと「タイムズ」が法廷侮辱罪で有罪となる。不景気と広告収入激減で地方紙苦境になり半年で業界の１割の人員が削減される。「デイリー・テレグラフ」が下院議員の灰色経費スクープ報道。元ＫＧＢアレクサンドル・レベジェフが「ロンドン・イブニング・スタンダード」を買収、後無料化。「ロンドン・ペーパー」と「ロンドン・ライト」が廃刊。保守系政治ブログ「Guido Fawkes」の報道で、野党閣僚に関する誹謗メールを発信していた官邸広報官が辞任、ブログ・ジャーナリズムが注目の的に。高等法院が「ガーディアン」に対し石油会社トラフィギュラの廃棄物汚染に関わる報告書の掲載差止め令を出し、差し止め内容の報道も禁じたため「２重差止め令」と呼ばれた（2009）
「ガーディアン」が複数の報道機関とともに、「ウィキリークス」にリークされた大量の米軍・政府に関わる資料を元にアフガン戦争、イラク戦争、米外交公電などの情報を報道し、「ウィキリークス旋風」を発生させる。「インディペンデント」、「インディペンデント・オン・サンデー」をレベジェフが買収、「i（アイ）」創刊。キャメロン首相が「ニューズ・オブ・ザ・ワールド」の元編集長クールソンを官邸の報道局長とする。ニューズ・インターナショナル社が傘下の新聞のウェブサイトを完全有料購読化する。地方自治体発行の無料新聞を地方紙出版社らが「民業圧迫」と非難。ＢＡＥシステムズの賄賂疑惑を捜査していた米英当局が同社と４億5000万ドルの和解金の支払いで合意。「メール・オン・サンデー」、「サンデー・タイムズ」、ＢＢＣなどが国際サッカー連盟の汚職疑惑を報じる（2010）
「ニューズ・オブ・ザ・ワールド」での電話盗聴事件が再燃し、廃刊へ。同紙を発行するニューズ・インターナショナル社の幹部、癒着があったと推察されたロンドン警視庁の幹部らが辞任、同社の親会社ニューズ・コーポレーションの最高経営責任者マードックなどが下院の文化・メディア・スポーツ委員会に召喚され、事件に関して質疑を受ける（2011）

（『The Encyclopedia of the British Press』、『Fleet Street』、『Read All About It!』、『Press and Society From Caxton to Northcliffe』、「タイムズ」ウェブサイトなどを参考に作成）

放　送

19世紀
マルコーニが最初の無線信号の公開実験をロンドンで行う（1896）
マルコーニ無線会社発足（1897）
マルコーニ、英仏ドーバー海峡横断の無線通信に成功（1899）
20世紀
マルコーニ、大西洋横断の無線通信に成功（1901）
フェッセンデンが世界初のラジオ放送を発信（1906）
ネリー・メルバがマルコーニの通信施設で歌う声が放送される（1920）
マルコーニの実験放送がリットルで開始。「英国放送会社（British Broadcasting Company, BBC）」が発足、リースがBBCのジェネラル・マネージャーとして採用される（1922）
ＢＢＣの番組表を掲載した「ラジオ・タイムズ」発行（1923）
ベアードがロンドンの百貨店セルフリッジでテレビの実演を行う（1925）
クローフォード委員会が報告書を発表、ＢＢＣを公共組織として立ち上げることを提唱。ゼネストでＢＢＣのニュース組織としての名声が定着。ベアードが王立研究所で動く物体の形の送受信の公開実験を行う（1926）
「英国放送協会」（British Broadcasting Corporation, BBC）発足（1927）
「ブロードキャスティング・ハウス」がＢＢＣのラジオ放送の本拠地になる、海外向け放送「エンパイヤー・サービス」始まる（1932）
ＢＢＣがテレビ放送を開始、エドワード8世が王位放棄のスピーチをＢＢＣラジオで放送（1936）
ジョージ６世の戴冠式がＢＢＣテレビで放映される（1937）
ＢＢＣがテレビ放送を停止。ホーホー卿によるラジオ放送「こちらドイツ」が人気に（1939）
ドゴール仏将軍がＢＢＣで仏国民へのメッセージを流す。ブロードキャスティング・ハウスが爆撃を受ける。チャーチル首相が英国民を鼓舞するメッセージをＢＢＣで放送（1940）
ＢＢＣのテレビ放送が再開（1946）
オリンピックを世界で初めてＢＢＣがテレビ放送（1948）
ベヴァリッジ委員会が、報告書でＢＢＣ以外の放送局の開設を否定（1951）

ＢＢＣラジオ「グーン・ショー」（1951～60）放送
エリザベス女王の戴冠式のテレビ放映で、「テレビの時代」到来。放送白書が広告によって成り立つ放送局の成立とＢＢＣにもう1つのチャンネル創設を発表（1953）
テレビ放送の画面を写真で撮影する「テレスナップ」が人気に（1950年代）
テレビ法施行。商業放送の監督機関「独立テレビジョン・オーソリティー」（ＩＴＡ）が発足し、放送免許を得る放送局を認定（1954）
英国初の商業テレビの放送開始（1955）
「アド・マグ」、「アームチェアの劇場」などが人気を博す（1955～60年代）
ピルキントン委員会が商業放送を批判、ＢＢＣに新たなチャンネル創設を提言（1962）
ＢＢＣテレビ「ザット・ワズ・ザ・ウィーク・ザット・ワズ」放映（1962～63）
ＩＴＶ局グラナダ・テレビの「ワールド・イン・アクション」放映開始（1963）
ＢＢＣテレビが第２チャンネル（ＢＢＣ２）の放送開始（1964）。海賊放送「ラジオ・キャロライン」（1964～）と「ラジオ・ロンドン」開始（1964～67）
ＢＢＣテレビ「ザ・フロスト・リポート」放映（1966～67）
ＢＢＣ２がカラー化（1967）
解雇手当などを巡り、民放ＩＴＶの各放送局で山猫スト、勃発。ＢＢＣがカラー料金を新設（1968）
「ロイヤル・ファミリー」放映。ＢＢＣ1（テレビの第１チャンネル）とＩＴＶがカラー化（1969）
放送大学開設。ラジオの受信料を廃止（1971）
商業テレビとラジオの監督機関ＩＢＡ（インディペンデント・ブロードキャスティング・オーソリティー）がＩＴＡの業務を引き継ぐ（1972）
初の商業ローカルラジオ局（ＬＢＣ）が放送開始（1973）
放送業が内務省の所管になる（1974）
アナン委員会が第４番目のチャンネルの創設を提唱（1977）
欧州向け衛星放送ＳＡＴＶが放送開始（1978）
一部ＩＴＶ局が10週間にわたる放送停止（1979）
チャンネル４が放送開始。政府がマーキュリー・コミュニケーション社に通信事業の免許を与える（1982）

初の朝食時の情報番組「ブレックファースト・タイム」がＢＢＣで開始。ニューズ・インターナショナル社がＳＡＴＶを買収し、スカイ・チャンネルを発足させる（1983）
ケーブル及び放送法施行。ブリティッシュ・テレコムの民営化（1984）
上院のテレビ中継が開始（1985）
ピーコック委員会が消費者主権を基礎に放送業界への競争原理の導入を提言するが、ＢＢＣへの広告収入導入を見送る結論を出す。ＢＢＣのディレクター・ジェネラル、ミルンが「リアル・ライブズ」や「ジルコン」の放映を巡り、辞任。ＩＢＡが「英国衛星放送」（ＢＳＢ）に衛星放送の免許を与える（1986）
サッカーの大手クラブによる試合の独占放映権を、ＩＴＶが獲得（1980年代半ば）
受信料が物価スライド制に（1988）。政府がＩＲＡの政治組織シン・フェイン党の党員や複数のアイルランド私兵組織のメンバーの声の放送禁止（1988－1994）
スカイ・チャンネルが英国向けに衛星放送を開始、下院のテレビ中継開始（1989）
放送法（1990）が、ＢＢＣとＩＴＶによる番組制作の独占を崩すため、外部制作会社の利用とＩＴＶ放送免許の獲得に入札制の導入を定める。ＢＳＢが衛星放送を開始。ＩＢＡが廃止され、その業務を独立テレビジョン委員会（ＩＴＣ）とラジオ公社（ラジオ・オーソリティー）が引き継ぐ。ＢＳＢとスカイ・チャンネルが合併し、ＢスカイＢができる
ＩＴＶの放送免許が初の競争入札で決定。「ワールド・イン・アクション」が中心となった運動の結果、「バーミンガム・シックス」が無罪に。ＧＭＴＶが朝の番組の放送免許を得る（1991）
「プレミアリーグ」発足。新設の国民文化省が放送業を所管。初の全国ネットの商業ラジオ「Classic FM」が開局（1992）
政府がＩＴＶの所有制限緩和を決定、大規模局相互の合併も可能になる。カールトン・テレビとセントラル・テレビが合併（1993）
グラナダ・テレビとＬＷＴが合併（1994）
テレビ国際放送のＢＢＣワールドとＢＢＣプライムが放送開始（1995）
放送法成立。ＢＢＣの受信料額に小売物価指数を反映することに。ＢＢＣのキャスター、ジル・ダンドーが自宅前で射殺される（1996）
ＢＢＣのニュース専門局「ＢＢＣニュース24」開局、ＢＢＣのニュースサイト、サービス開始。第５番目の地上波放送局チャンネル・ファイブが開局。政府が国民文化省を文化・メディア・スポーツ省と改称（1997）
ＢＢＣが世界で初の地上波デジタルテレビ放送を４チャンネルで開始。ＢスカイＢが衛星デジタル放送を開始。ＤＡＢ（デジタルラジオ）放送の免許をDigital ONEに付与決定。ONdigitalが地上デジタルテレビの商業サービスを開始（1998）

政府が75歳以上のＢＢＣの受信料支払いを2000年から免除すると発表。商業サービスのＤＡＢ放送を開始（1999）
チャンネル４が「ビッグ・ブラザー」放送開始。政府がＢＢＣの受信料を2006年まで小売物価指数プラス1.5%の割合で毎年値上げすると決定（2000）
21世紀
商業地上デジタルONdigitalがITV Digitalに変更。ＩＴＶが「ポップ・アイドル」開始。ＢＢＣのダンドー殺害でバリー・ジョージが有罪に（2001）
ITV Digital倒産。ＢＢＣとクラウン・キャッスルがITV Digitalの後継免許を得る。テレビ受信機の上にセットトップボックスを設置して無料で地上デジタル放送が受信できる「Freeview」サービス開始（2002）
放送通信法施行。放送通信庁（オフコム）発足。ＢＢＣが衛星放送サービスのスクランブルを解除。政府がＩＴＶの２大事業者カールトンとグラナダの合併を認可。ＢＢＣラジオ４「トゥデー」でのイラク戦争に関わる報道が、政府とＢＢＣの対立に発展、報道の情報源とされたデービッド・ケリー元国務省顧問が自殺（2003）
ハットン委員会が報告書で、官邸がイラクの脅威を誇張していた事実はないと結論付ける。ＢＢＣの記者、ＢＢＣ経営委員会委員長、ディレクター・ジェネラルが辞任。バトラー委員会は、政府のイラク文書の諜報情報が不正確であったと結論付ける。ＩＴＶで「Xファクター」開始。ナショナル・グリッド・トランスコ社がＢＢＣの地上送信業務を行うクラウン・キャッスルを買収（2004）
ロンドン・テロ発生でＢＢＣなどに市民からの情報殺到、「市民ジャーナリズム」活発化。ＲＴＬグループがチャンネル・ファイブを買収（2005）
NTLによるTelewestの吸収合併でケーブル事業者が１社（NTL Telewest）に。チャンネル４がオンデマンド・サービス「4oD」を開始（2006）
ＢＢＣの10年間の特許状が更新される。NTL TelewestがVirgin Mediaに改名、チャンネル４が1時間後の番組を放送する「プラス・ワン」サービスを始める。ＢＢＣがエリザベス女王の一日を紹介する番組予告ビデオで時系列を逆編集し、謝罪。テレビ各局で「やらせ」番組が発覚し、オフコムが罰金を科す。「フォーン・イン」と呼ばれる視聴者参加型番組で電話料金の不正料金徴収が発覚。ＢＢＣ記者が中堅金融機関ノーザン・ロックの資金難をスクープ報道し取り付け騒ぎ発生。ＩＴＶで「ブリテンズ・ゴット・タレント」開始。ＢＢＣがオンデマンド・サービス「iPlayer」を本格稼動、各局がオンデマンド・サービスの拡充に力を入れ始める。動画サイト「YouTube」などが人気に。デジタル・テレビの普及率が80%を越える。ＢＢＣテレビの番組「パノラマ」がダンドー殺害で有罪となったバリーに関する番組を放送、バリーの裁判で陪審員だった人物の姿を映す（2007）
バリー、無罪となる。ＢＢＣラジオで、タレントのジョナサン・ロスとラッセル・ブランドが往年のコメディアンの孫娘に関わる性的ジョークを留守電に残した様子が放送され、非難の的になり、幹部辞任、タレントは謹慎措置。ＢＢＣが複数あったニュースの制作部門を「マルチメディア・ニューズルーム」として統一、ＢＢＣとＩＴＶによるFreesatが開始（2008）

政府のデジタル政策白書「デジタル・ブリテン」発表、ＧＭＴＶがＩＴＶ plcの子会社になり、後「ＩＴＶブレックファースト」に改名。ＩＴＶの「ブリテンズ・ゴット・タレント」に出演したスーザン・ボイルが人気に。ＩＴＶが赤字決算。俳優スティーブン・フライなど著名人によるツイッターが流行する（2009）
政府がＢＢＣの受信料を現在の特許状が終了するまでの６年間、現行（カラーテレビで145.50ポンド）のままで凍結すると発表する。総選挙キャンペーンの一環として、英国初の政党党首らによるテレビ討議が開催される。エディンバラ国際テレビ・フェスティバルで米ニューズ・コーポレーションの幹部ジェームズ・マードックがＢＢＣの巨大化を批判し、ジャーナリズムを支えるのは「利益」と演説。ＢスカイＢの契約者が1000万人の大台を超える。ノーザン＆シェル社がチャンネル・ファイブを買収（2010）
ＢＢＣが「iPlayer」のグローバル版を欧州各国でサービス開始。チャンネル・ファイブが、チャンネル４が終了した「ビッグ・ブラザー」を放映し、視聴率を上げる（2011）

（『ＮＨＫデータブック世界の放送2009』、ＢＢＣウェブサイト他参照）

政治・社会

15世紀
バラ戦争（1455－85）
16世紀
ローマ教会から独立し、イングランド国教会成立、首長令（1534）
ウェールズがイングランド王国に統合される（1536）
ヘンリー８世が、アイルランド国王に（1541）
礼拝統一法（1549）
スコットランド女王メアリー・スチュアート処刑（1587）
スペイン無敵艦隊撃退（1588）
東インド会社設立（1600）
17世紀
救貧法制定（1601）
火薬陰謀事件（1605）
欽定訳聖書刊行（1611）
権利請願の提出（1628）
短期議会召集、解散、長期議会召集（1640）
議員らが国王に大抗議文。アイルランドの反乱（1641）
イングランドの内戦（「ピューリタン革命」1642－45、など）
チャールズ１世の処刑、共和国成立（1649）
航海法制定（1651）。第１次オランダ戦争（－1653）
残部会議解散、統治章典起草、護国卿体制成立（1653）
王政復古（1660）
ロンドンでペスト大流行（1665）。第２次オランダ戦争（－74）
ロンドンで大火（1666）
ドーバーの密約（1670）
第３次オランダ戦争（1672－74）

審査法（1673）
カトリック陰謀事件（1678－81）
王位継承排除法案、人身保護法（1679）
モンマス公の反乱（1685）
オレンジ公ウィリアム上陸、名誉革命（1688）
権利章典（1689）。ファルツ継承戦争（－97）
ボイン川の戦い（1690）
リムリック条約（1691）
イングランド銀行発足（1694）
18世紀
王位継承法。対仏同盟結成（1701）
スペイン継承戦争（1702－13）
イングランド、スコットランドが合同（1707）
ジャコバイトの反乱（1715）
南海泡沫事件（1720）
産業革命開始（1720頃）
ジェンキンスの耳の戦争（1739－48）
ジャコバイトの反乱（1745）
対植民地印紙法（1765、翌年撤廃）
米独立戦争（1775－83）
ゴードンの暴動（1780）
パリ条約、ヴェルサイユ条約（1783）
対フランス戦争に参戦（1795）
アイルランドで反乱（1798）
19世紀
アイルランド併合（1801）
トラファルガーの海戦（1805）
奴隷貿易廃止法成立（1807）

蒸気機関車の発明、鉄道建設時代へ（1814）
ワーテルローの戦い。穀物法制定（1815）
ラッダイト運動激化（1816）
人身保護法停止（1817）
ピータールー事件。六か条法（1819）
カトリック教徒解放法（1829）
リバプール―マンチェスター間に鉄道完成（1830）
第１次選挙法改正、英帝国内の奴隷制廃止（1832）
新救貧法（1834）
反穀物法同盟結成（1839）
アヘン戦争（1840－42）
アイルランド自治法（1840）
南京条約（1842）
アイルランドで大飢饉（1845）
チャーチスト最後の示威運動、公衆衛生法（1848）
第１回万国博覧会がロンドンで開催（1851）
クリミア戦争（1853－56）
アロー戦争（1856－60）
天津条約、インドの直接統治開始（1858）
北京条約（1860）
第２次選挙法改正（1867）
アイルランドでフェニアンの暴動鎮圧（1869）
初等教育法、アイルランド土地法（1870）
労働組合法（1871）
秘密投票法（1872）
スエズ運河株買収（1875）
第３次選挙法改正（1884）
初等教育の無料化（1891）

独立労働党結成（1893）
ボーア戦争（1899－1902）
労働党代表委員会成立（1900）
20世紀
日英同盟。新教育法（1902）
英仏協商（1904）
労働者保障法、労働代表委員会が労働党と改名（1906）
英露協商（1907）
炭鉱法（8時間労働規定）（1908）
老人年金法、ロイド=ジョージの人民予算（1909）
議会法、議員俸給の実施（1911）
労働組合法（1913）
第1次世界大戦勃発、対独宣戦。アイルランド自治法（1914）
徴兵制導入。アイルランドでイースター蜂起（1916）
第1次大戦終了。議会改革法（婦人参政権一部賦与）（1918）
アイルランド統治法（1920）
炭坑スト（1921）
アイルランド自由国成立（1922）
金本位制復活（1925）
ゼネスト（1926）
労働争議・労働組合法（1927）
普通選挙法（1928）
英連邦成立（1931）
金本位制離脱、保護貿易策へ（1932）
アイルランド自由国がエールと改名（1937）
対独宣戦、第2次世界大戦勃発（1939－45）
英軍、ダンケルク撤退、独軍、英国空襲（1940）
ベヴァリッジ報告書、発表（1942）

ブレトン・ウッズ協定。バトラーの教育法（1944）
第２次大戦、終了。イングランド銀行を国有化（1945）
チャーチル「鉄のカーテン」演説、国民健康保険法施行、炭坑・道路・鉄道輸送国有化（1946）
電機産業国有化。インドとパキスタンが独立（1947）
独占禁止法、ガス供給国有化。ビルマ独立、エールが英連邦脱退（1948）
対日宣戦。アイルランド共和国独立（1949）
鉄鋼業国有化（1950）
ヨーロッパ石炭・鉄鋼共同体（ＥＣＳＣ）設立案を拒否（1952）
エジプトがスエズ運河を国有化、スエズ動乱でエジプトに派兵（1956）
水爆実験（1957）
英ソ不可侵条約（1959）
ＥＥＣ（1958年発足）への加入申請。南アフリカ連邦が英連邦から脱退（1961）
ウガンダ自治獲得、ジャマイカ、トリニダード・トバゴ独立（1962）
ＥＥＣ加盟が仏ドゴールにより拒否される。プロフューモ事件（1963）
死刑制度廃止決定（1965）
ローデシア（1965年、独立宣言）と国交断絶（1966）
ポンド切り下げ（1967）
北アイルランド暴動（1969）
十進法通貨制導入。ロールス・ロイス社国有化（1971）
炭坑スト、電力危機。北アイルランドで「血の日曜日」事件（1972）
欧州共同体（ＥＣ）に加盟。ＩＲＡの爆破事件頻発、北アイルランド会議（1973）
北アイルランドの直接統治再開（1974）
国民投票でＥＣ残留決定（1975）
北海油田開発成功（1980）
社会民主党結成（1981）
フォークランド戦争（1982）

炭坑スト拡大。電気通信公社の民営化。労働組合法案可決。ＩＲＡによるブライトンのホテル爆破事件（1984）
大ロンドン市議会を廃止する地方政府法成立。北アイルランド協定、調印（1985）
英国航空の民営化、発表。サッチャー首相がソ連を訪問し、ゴルバチョフ書記長と友好な関係を築く（1987）
公立学校に競争原理を導入する、教育改革法制定（1988）
医療制度改革。英在住の作家サルマン・ラシュディにイランの最高指導者が死刑のファトワを出す（1989）
ロンドンで、人頭税導入に抗議する大規模デモ。為替相場メカニズム（ＥＲＭ）に加盟（1990）
米英軍を中心とする多国籍軍がイラク軍を攻撃（湾岸戦争）（1991）
紛争中のボスニアに軍を派遣。「暗黒の水曜日」でポンドが大幅下落し、ＥＲＭから離脱（1992）
労働組合改革・雇用法成立、マーストリヒト法案を可決、鉄道民営化法成立（1993）
ロンドンでＩＲＡによる爆弾テロ。保健相がＢＳＥが人間の認知症などと因果関係がある可能性を認める。チャールズ皇太子とダイアナ妃の離婚が正式発表（1996）
香港を中国に返還、金利設定の権限をイングランド銀行に付与。ダイアナ元妃がパリで死去（1997）
英国とアイルランドが、北アイルランド和平の「グッド・フライデー合意」に調印。カトリック系政党のジョン・ヒューム党首とプロテスタント系政党のデービッド・トリンブル党首がノーベル平和賞を受賞（1998）
スコットランド議会選挙とウェールズ議会選挙。上院での世襲貴族の議席廃止を決定（1999）
史上初のロンドン市長選で、無所属で出馬したケン・リビングストンが当選（2000）
21世紀
警察など公的機関における人種差別の除去を目指す人種関係法成立。最低賃金の引き上げ。反テロリズム法成立。9・11米テロを受けてアフガニスタンに空爆開始（2001）
「イラクが45分以内に大量破壊兵器の配備が可能」とブレア首相が政府文書で述べる。国連安全保障理事会が、イラクに査察官を送り込む1441号決議案を可決（2002）
イラクの大量破壊兵器に関わる２つめの政府文書発表。ロンドンでイラク侵攻に反対する抗議デモが発生。イラクへの空爆開始。大量破壊兵器問題でＢＢＣと官邸が対立、国防省顧問自殺（2003）

ハットン報告書がイラク問題に関し官邸の情報操作を否定する報告書を発表。ＢＢＣのディレクター・ジェネラルと経営委員会委員長が辞任。ＥＵ憲法条約合意。バトラー報告書がイラク問題の政府報告書が情報を誇張したとする（2004）	
国際オリンピック委員会が2012年夏季オリンピック開催地をロンドンと決定。ロンドン・テロ発生（2005）	
容疑者の拘束期間を延長した反テロ法成立。政府が原子力発電所の新規建設容認。協力支持者からの秘密融資疑惑でブレア首相が警察から事情聴取を受ける（2006）	
英軍の北アイルランド駐留が終了。中堅金融機関ノーザン・ロックで取り付け騒ぎ発生（2007）	
英国国教会としては初となる女性主教を任命。米リーマン・ブラザースが破綻し金融危機始まる（2008）	
閣僚や国会議員の経費乱用問題が表面化（2009）	
保守党と自由民主党による連立政権発足。緊縮財政案を発表（2010）	
王位継承権順位第２位のウィリアム王子とケイト・ミドルトンが結婚（2011）	

（『新版　概説イギリス史』、『イギリス現代政治史』、『概説イギリス文化史』などを参考に作成）

王　朝（14世紀末〜2011年）

イングランド王国
ランカスター朝（1399－1461）
ヨーク朝（1461－85）＊
チューダー朝（1485－1603）
ヘンリー７世（1485－1509）
ヘンリー８世（1509－47）
エドワード６世（1547－53）
ジェーン・グレイ（1553）
メアリー１世（1553－58）
エリザベス１世（1558－1603）
前期スチュアート朝（1603－49）
ジェームズ１世（1603－25）
チャールズ１世（1625－49）
共和制・護国卿体制（1649－59）
オリバー・クロムウェル（1653－58）
リチャード・クロムウェル（1658－59）
後期スチュアート朝（1660－1714）
チャールズ２世（1660－85）
ジェームズ２世（1685－88）
メアリー２世（1689－94）
ウィリアム３世（1689－1702）
アン（1702－07）

グレートブリテン王国（1707－1801）
アン（1707－14）
ハノーヴァー朝（1714－1800）
ジョージ１世（1714－27）
ジョージ２世（1727－60）
ジョージ３世（1760－1800）
グレートブリテン及びアイルランド連合王国（1801－1927）
ジョージ３世（1801－20）
ジョージ４世（1820－30）
ウィリアム４世（1830－37）
ビクトリア（1837－1901） （1877よりインド帝国の提督兼ねる）
サウス＝コバーグ＝ゴーダ朝
エドワード７世（1901－10）
ジョージ５世（1910－17）
ウィンザー朝に改名（1917）
グレートブリテン及び北アイルランド連合王国（1927－）
ジョージ５世（1917－36）
エドワード８世（1936）
ジョージ６世（1936－52）
エリザベス２世（1952－）

＊1470－71年、ランカスター家一時復帰

首相・内閣

「ホ」＝ホイッグ党、「ト」＝トーリー党、「自」＝自由党、「保」＝保守党、「労」＝労働党

ウォルポール（1721－42）、ホ
ウィルミントン（1742－43）、ホ
ペラム（1743－54）、ホ
ニューカッスル（1754－56）、ホ
デヴォンシャー（1756－57）、ホ
ニューカッスル②（1757－62）、ホ
ビュート（1762－63）、ト
グレンヴィル（1763－65）、ホ
ロッキンガム（1765－66）、ホ
チャタム（大ピット）（1766－68）、ホ
グラフトン（1768－70）、ホ
ノース（1770－82）、ト
ロッキンガム②（1782－82）、ホ
シェルバーン（1782－83）、ホ
ポートランド（1783－83）、ホ
ピット（小ピット）（1783－1801）、ト
アディントン（1801－04）、ト
小ピット②（1804－06）、ト
グレンヴィル（1806－07）、ホ
ポートランド②（1807－09）、ト
パーシヴァル（1809－1812）、ト
リバプール（1812－27）、ト
カニング（1827－27）、ト
ゴードリッチ（1827－28）、ト
ウェリントン（1828－30）、ト
グレイ（1830－34）、ホ
メルバーン（1834－34）、ホ
ウェリントン②（1834－34）、ト
ピール（1834－35）、保
メルバーン②（1835－41）、ホ
ピール②（1841－46）、保
ラッセル（1846－52）、ホ
ダービー（1852－52）、保
アバディーン（1852－55）、ホ
パーマストン（1855－58）、ホ
ダービー②（1858－59）、保
パーマストン②（1859－65）、自
ラッセル②（1865－66）、自
ダービー③（1866－68）、保
ディズレーリ（1868－68）、保

グラッドストン（1868－74）、自
ディズレーリ②（1874－80）、保
グラッドストン②（1880－85）、自
ソールズベリー（1885－86）、保
グラッドストン③（1886－86）、自
ソールズベリー②（1886－92）、保
グラッドストン④（1892－94）、自
ローズベリー（1894－95）、自
ソールズベリー③（1895－1902）、保
バルフォア（1902－05）、保
キャンベル＝バナマン（1905－08）、自
アスキス（1908－16）、自
ロイド＝ジョージ（1916－22）、自
ロー（1922－23）、保
ボールドウィン（1923－24）、保
マクドナルド（1924－24）、労
ボールドウィン②（1924－29）、保
マクドナルド②（1929－31）、労
マクドナルド③（1931－35）、労、挙国一致
ボールドウィン③（1935－37）、保、挙国一致
チェンバレン（1937－40）、保、挙国一致
チャーチル（1940－45）、保、連立
チャーチル②（1945－45）、保、選挙管理
アトリー（1945－51）、労
チャーチル③（1951－55）、保
イーデン（1955－57）、保
マクミラン（1957－63）、保
ダグラス＝ヒューム（1963－64）、保
ウィルソン（1964－70）、労
ヒース（1970－74）、保
ウィルソン②（1974－76）、労
キャラハン（1976－79）、労
サッチャー（1979－90）、保
メージャー（1990－97）、保
ブレア（1997－2007）、労
ブラウン（2007－10）、労
キャメロン（2010－）、保、連立